20世紀の 独裁者 列伝

Dictators of 20th century

イカロス出版

目次

※本書は2012年12月30日発行のムック「にょたいか!!世界の独裁者列伝」の解説記事に加筆修正を加え、再構成したものです。

本文執筆／桂令夫、瀬戸利春、司史生、中西正紀、福田誠、松代守弘
企画監修／松代守弘　原案／鳥山仁
写真／National Archives, IWM, Nationaal Archief, Bundesarchiv, U.S.DoD, U.S.Army, U.S.Navy, U.S.Air Force, Wikimedia Commons

はじめに

20世紀は独裁者の世紀

20世紀は、良くも悪くも様々な独裁者が登場して歴史を彩った時代だった。2度の世界大戦を独裁者抜きに語ることはできないし、植民地の独立運動や国の近代化を主導し、国家の英雄として名を残す独裁者もいる。こうした独裁者にはヒトラー、スターリンのような超有名どころから、一般には知られていないような者もいて、その顔ぶれは実に様々だ。これら多彩な独裁者を一挙に紹介してしまおうというのが本書の狙いだ。

独裁者のイメージ

ところで読者の皆さんは独裁者をどのようにイメージされるだろうか。軍服のような制服を着用し、国民生活を顧みずひたすら軍備拡大に力を注ぎ、一方で自分や自分の一族はぜいたくな生活を送る。政治を思うままに動かし、敵対者や自分の意にそぐわない者は情け容赦なく処刑するといったところだろうか。確かに、こうしたステレオタイプな独裁者というものも存在する。

しかし独裁者の全てがこうしたイメージにそのまま当てはまるかというと、必ずしもそうともいえない。政敵に容赦の無いことは共通するところだが、私生活は意外に質素な独裁者もいる。

逆に歴史上にはこうした独裁者像に当てはまるにも関わらず、独裁者とは呼ばれない人物もあまた存在している。例えばフランスのナポレオンは独裁者的であったが、彼は皇帝であって独裁者と呼ばれることは少ない。ロシアのピョートル大帝、プロイセンのフリードリッヒ大王もそうだ。おそらく私生活の豪華さ、あるいは権力の大きさでいえば、中国の皇帝の方が上だろうが、一般的にいう独裁者とは何か違う。彼らは立場上あるいは法律上は国家の最高権力者であったが、独裁者とは違うのである。

独裁とは

独裁とは語源的には古代ローマの独裁官（ディクタトール）に由来している。これは戦争などの非常時に一定の期限付きで政治的権限を一人の人間に集中させる、つまり独裁を認める制度であった。そこから独裁とは法律に基づきつつも、平時の法秩序を越えた支配などと定義される。

要するに、もともと独裁の行われていない、言ってしまえば本来なら民主主義的であるはずの体制の中で、法的な枠を踏み出して個人や特定少数集団に権力を集中させることが独裁といえる。だから、古代国家の専制や中世の王政などは独裁的であっても、それが民主的でないことが政治形態として当たり前だから独裁とは言わない訳だ。

もちろん権力集中など簡単にできるはずもないから国家の防衛、国家の発展、国家の危機を乗り越えるためといった理由が付けられる。

ある国の独立時や革命の最中、敗戦の衝撃から立ち直ろうと試みる時に独裁に陥りやすいのは、強力な指導者を国民が待望することに加え、権力集中の理由付けがやりやすいということもあるのだ。極論するなら民主主義国だからこそ、気をつけないと独裁者を生んでしまうともいえるのだ。実際、ヒトラーを生んだドイツやムッソリーニを生んだイタリアも民主主義国だった。逆に言えば民主主義国家は体制を維持するには、あえて異なる考えの政治団体を容認せざるを得ないということでもある。

今日、民主主義国家で独裁者が悪者あつかいされるのも、多数の犠牲者を生んだとか、民衆の生活悪化を招いたといった道義的なことだけでなく、独裁者が民主主義と本質的に相容れない、あってはならない存在だからなのだ。

しかし、例えばユーゴスラヴィアのチトーのような戦争の英雄は非常時のリーダーという理由付けと、祖国を救ったというカリスマによる強力な指導者という点が国民を納得させやすい。また共産主義や民族主義などイデオロギーに基づく国家では、特定の思想を貫くため他の政党を排除することになりやすい。20世紀はこうした条件がととのっていたからこそ、独裁者を多数生むことになったのである。

（文／瀬戸利春）

《ヨーロッパ編》

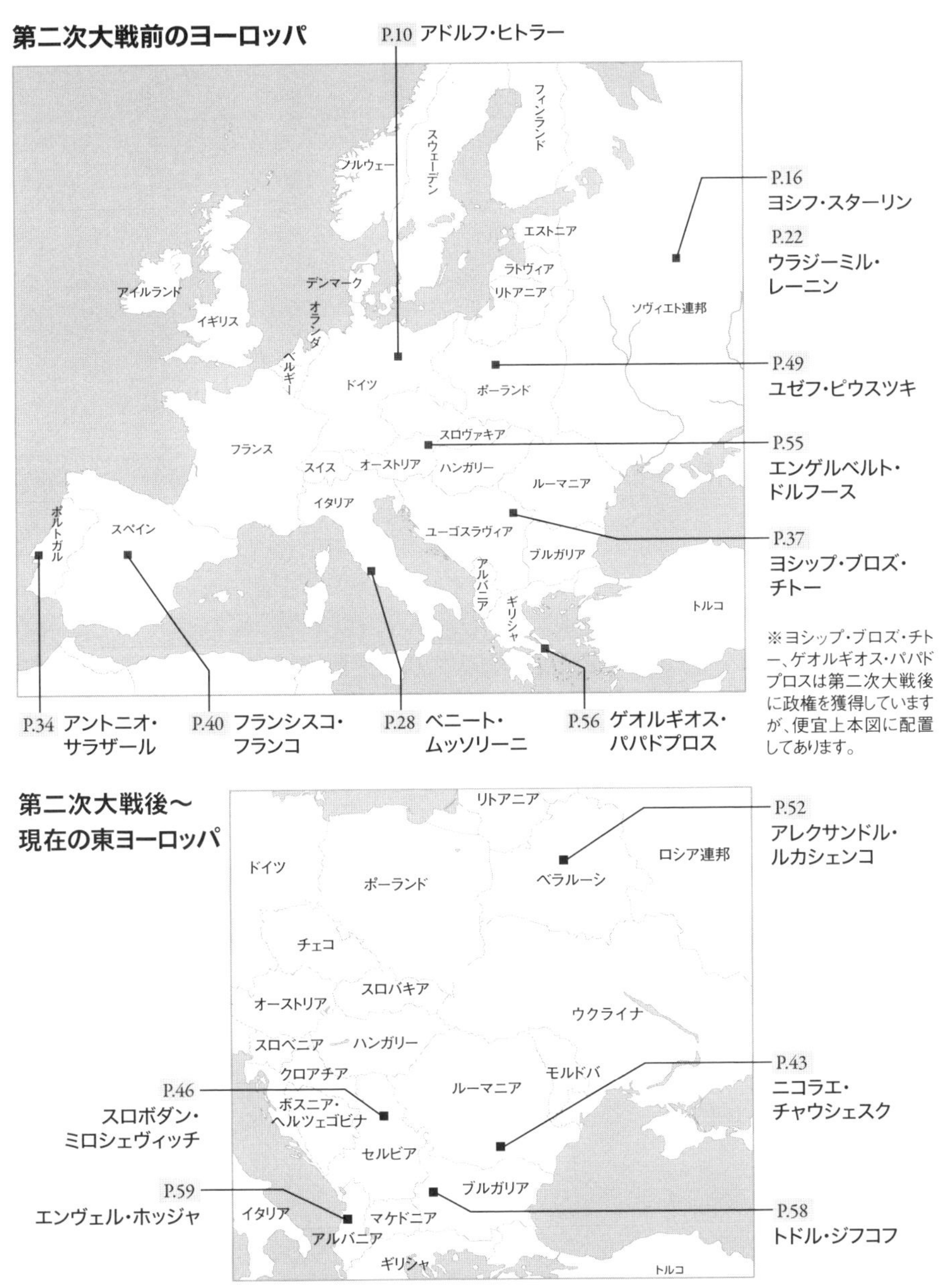
第二次大戦前のヨーロッパ
P.10 アドルフ・ヒトラー
フィンランド
スウェーデン
ノルウェー
P.16
ヨシフ・スターリン
P.22
ウラジーミル・
レーニン
エストニア
ラトヴィア
リトアニア
デンマーク
アイルランド
イギリス
オランダ
ベルギー
ソヴィエト連邦
P.49
ユゼフ・ピウスツキ
ドイツ
ポーランド
スロヴァキア
P.55
エンゲルベルト・
ドルフース
フランス
スイス
オーストリア
ハンガリー
ルーマニア
イタリア
ポルトガル
スペイン
ユーゴスラヴィア
P.37
ヨシップ・ブロズ・
チトー
ブルガリア
アルバニア
ギリシャ
トルコ
※ヨシップ・ブロズ・チトー、ゲオルギオス・パパドプロスは第二次大戦後に政権を獲得していますが、便宜上本図に配置してあります。
P.34 アントニオ・
サラザール
P.40 フランシスコ・
フランコ
P.28 ベニート・
ムッソリーニ
P.56 ゲオルギオス・
パパドプロス
第二次大戦後～
現在の東ヨーロッパ
リトアニア
P.52
アレクサンドル・
ルカシェンコ
ロシア連邦
ドイツ
ポーランド
ベラルーシ
チェコ
スロバキア
オーストリア
ウクライナ
スロベニア
ハンガリー
P.43
ニコラエ・
チャウシェスク
クロアチア
モルドバ
P.46
スロボダン・
ミロシェヴィッチ
ボスニア・
ヘルツェゴビナ
ルーマニア
セルビア
P.59
エンヴェル・ホッジャ
ブルガリア
イタリア
マケドニア
P.58
トドル・ジフコフ
アルバニア
ギリシャ
トルコ

ドイツ第三帝国

未曽有の災禍をもたらした独裁者の中の独裁者
アドルフ・ヒトラー

生没年　：1889年4月20日～1945年4月30日
独裁期間：1933年（首相就任）～1945年（自殺）

画家志望から政治活動へ

独裁者の代名詞ともなったアドルフ・ヒトラーは1889年4月20日、オーストリア・ハンガリー帝国の田舎町ブラウナウに生まれた。父親は貧しい境遇から税関吏に叩き上げた努力家で、慎ましくも恵まれた中産階級であった。画家を志望したヒトラーは両親の死後、ウィーンに上京するが美術学校の受験に失敗、親の年金に頼りつつ絵葉書を描いて暮らしながら、当時流行していたドイツ民族主義と反ユダヤ主義に染まる。不安定な生活の中で自己承認を求めて排他的民族主義にいきつくのは現代の青年にも見られる傾向である。ヒトラーは多民族国家オーストリアでの徴兵を嫌い、ドイツ帝国バイエルンの首都ミュンヘンに移住するが、第一次世界大戦が勃発するとドイツ軍に志願した。ヒトラーの階級は伍長勤務上等兵（ゲフライター）どまりで、規律になじめず指揮官向きではないと言うのが上司の評価であったが、勇敢な伝令だったことは確か

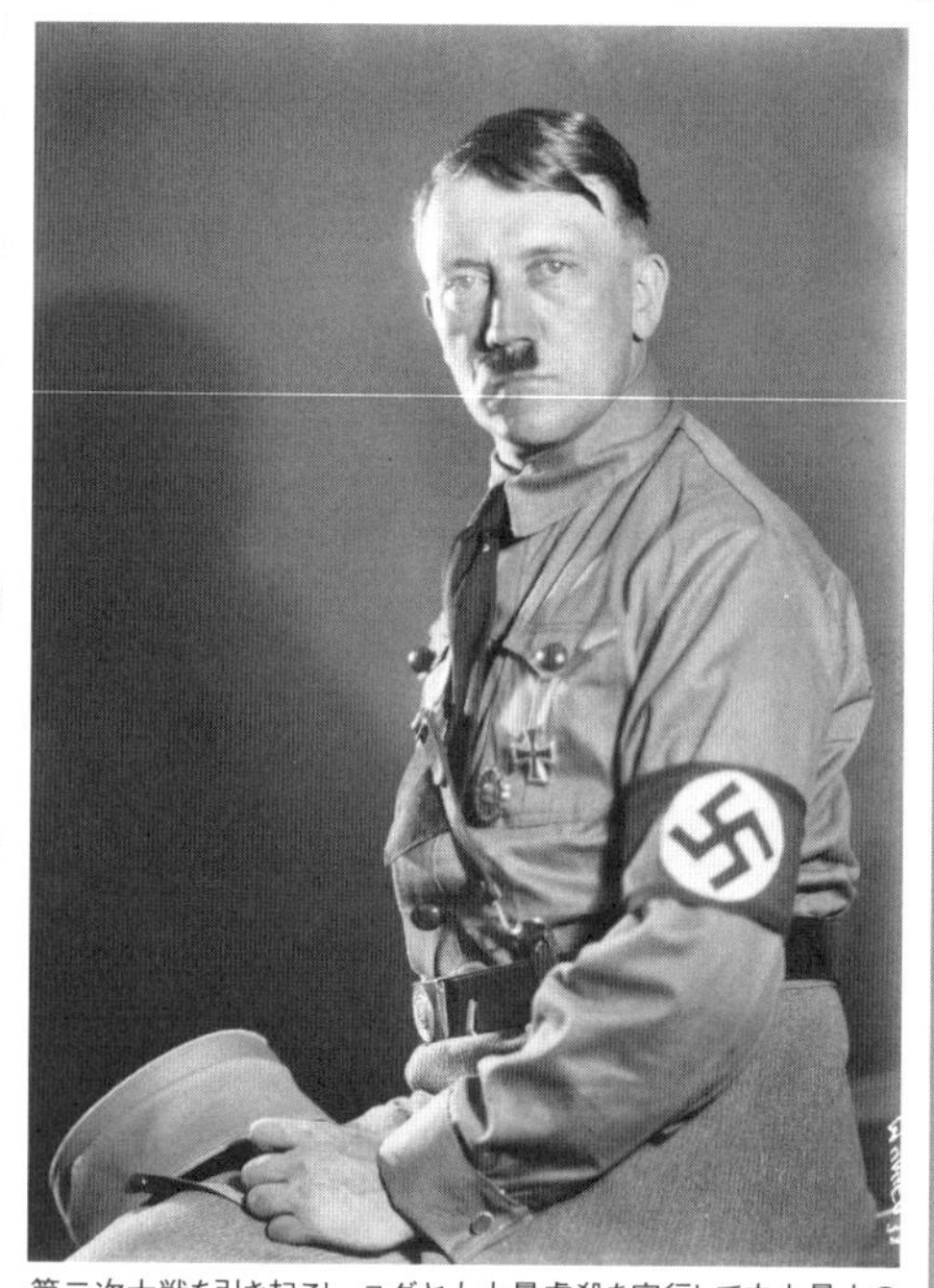

第二次大戦を引き起こし、ユダヤ人大量虐殺を実行して史上最大の独裁者として名を残したアドルフ・ヒトラー。最後はソ連軍に包囲されたベルリンの大本営地下壕で自殺を遂げたが、遺体の損壊が激しかったため生存説が囁かれたこともある

で、鉄十字勲章を受勲している。

ドイツ敗戦後、ヒトラーは軍の上官から政治団体の調査を命じられたことがきっかけでミュンヘンの国家社会主義ドイツ労働者党（NSDAP（※1）、通称ナチス）に入党する。初期のナチスは国家主義者の小サークルに過ぎなかったが、ヒトラーは稀に見る弁舌で立て続けに演説会を成功させ勢力を拡大させた。いまやナチスに不可欠の存在となったヒトラーは古参の反対派を押さえ込み、党首となって全権を掌握する。

第一次大戦中のヒトラー（写真左端）。祖国オーストリアではなく、当時ドイツ帝国を構成していたバイエルン王国の兵士として従軍したヒトラーは、伝令として二度の鉄十字章を受勲した。激戦となったソンムの戦いでは脚に重傷を負ったほか、大戦末期には連合軍のマスタードガス攻撃により一時的に失明している

この時期のヒトラーはドイツ共和国の民主政を打倒しようとする右派勢力の中の一扇動家でしかなかった。1923年11月8日、国家主義者の大物ルーデンドルフ（※2）将軍を担いだヒトラーは、ムッソリーニのローマ進軍を真似てミュンヘンで蜂起を試みるが警官隊に鎮圧、逮捕される。このミュンヘン一揆の裁判で弁明に汲々としたルーデンドルフ将軍に対し、自己の信念を披瀝（ひれき）したヒトラーの人気はかえって高まり、世論の同情もあって軽い判決を受ける結果になった。

ナチスの政権獲得と全権委任法による全権掌握

ヒトラーは獄中生活を読書と『我が闘争』の著述に宛て、1924年に出獄すると禁止されていたナチスを再建し合法活動に転じる。経済の安定で国家社会主義運動は一時低迷していたが、ヒトラーのカリスマと腹心ゲッベルスの先進的な宣伝戦術の効果によりナチスは支持を拡大、1928年の選挙で議会第二党に躍進した。翌年に世界大恐慌が起きて社会不安が増す中、ナチスはドイツの救世主として期待を集めていく。1932年、ヒトラーは正式にドイツ国籍を取得して大統領選挙に立候補、

※1…Nationalsozialistische Deutsche Arbeiterpartei の略称。

※2…エーリッヒ・ルーデンドルフ。第一次大戦ではヒンデンブルクの補佐役を務めタンネンベルクの戦いで大勝し、参謀本部次長として軍内部で大きな実権を握った。

1933年2月27日夜、炎上するドイツ国会議事堂。この事件を機にナチスは共産主義者を弾圧、政敵を排除して直後の選挙で第一党に踊り出た。事件はナチスによる自作自演とする説もあったが、現在は実行犯として逮捕・処刑されたオランダ共産党員マリヌス・ファン・デア・ルッベの単独犯とする説が有力視されている

前大戦の英雄として人気の高いヒンデンブルク（※3）大統領に敗れるが、国会選挙で第一党に躍り出た。当時のドイツの議会政治は混乱し無力を露呈しており、ヒンデンブルク大統領の側近たちが首相に任命されて内閣を組閣していた。ナチスの獲得議席は過半数に達していなかったが、ヒトラーは大統領側近の対立に乗じる形で1933年1月、ヒンデンブルクから首相に任命され、ナチスと国家主義者の連立内閣が成立する。その直後に国会議事堂が放火で全焼すると、ヒトラーは共産党を禁止、首相が立法権を握る「全権委任法」を議会で可決させ、ドイツの民主政治は滅びた。経緯を見ると、国民の多数が選挙でナチスの独裁を選んだわけではなく、議会政治の制度の不備をついたヒトラーが国民の不満に乗じて民主国家の政府を乗っ取ったというべきだろう。

ナチスの暴力装置として200万人の隊員を擁していた突撃隊のレーム司令官は、ナチス政権の発足により、突撃隊が国防軍にとってかわる第二革命の完遂を主張していた。だがヒンデンブルク大統領と軍部の支持で政権に就いたヒトラーは、忠実なヒムラーの親衛隊に命じて1934年6月30日、突撃隊幹部を粛清。この「長いナイフの夜」事件でレーム一派だけでなく党内反対派や大統領側近など、ヒトラーに楯突いた300名以上が問答無用で殺害された。国内の政敵を文字通り抹殺したヒトラーは1934年8月、ヒンデンブルク大統領の死去により大統領代行の職務を兼任し、公式に「総統（フューラー）」の称号を用いるようになった。この頃よりドイツは「第三帝国」（神聖ローマ帝国、近代ドイツ帝国に続く三番目の帝国を意味する）を標榜するようになる。

第三帝国ではナチス以外の政党は解散させられ、政府や地方自治体はナチスと一体化し、労働組合やメディア

※3…パウル・フォン・ヒンデンブルク。第8軍司令官としてタンネンベルクの大勝利で国民的英雄となり、第一次大戦後半はドイツ陸軍参謀総長を務める。戦後の1925年にドイツ大統領に就任、1934年死去。

もナチスに統制された。市民はナチス党組織と秘密警察（ゲシュタポ）に監視され、反対者は裁判抜きで親衛隊の管理する強制収容所へ投獄された。１９３５年に布告されたニュルンベルク法によりユダヤ系国民は市民権を剥奪されて国外に追いやられ、残った者は強制収容所へ送り込まれた。自由と人権が奪われたにもかかわらず、軍拡と公共工事により失業が解消し、生活水準も向上したため、大半のドイツ国民はナチスを支持し続けた。

ヒトラーの統治システム

第三帝国を支配した「指導者原理（フューラープリンチプ）」を簡単に言えば「総統が命じ、我々が従う」である。だがヒトラーは全てについて把握し細かく命令するタイプでは無かった。気の向いた分野に口を挟むが、それ以外はナチスの高官に仕事を丸投げしていた。総統から任務を委任された高官たちは絶大な権力を振るいながら、互いの権限を競い争った。ヒトラーは閣議を開かず部下を対立させておいて、最終判断を下したり対立を調停することで自らの権力を維持していた。「分割して統治せよ」（※４）の実践だが、それは表面上は一枚岩であっても、一皮剥けばあらゆる分野と階層で権力者が互いを蹴落としあう混乱の帝国であった。

この支配体制はヒトラー個人の気質を反映していた。ヒトラーは勤勉さや几帳面さを持ち合わせておらず、夜型の朝寝坊で書類仕事や会議を面倒くさがった。元来は内向的で思いこみの激しい性格のヒトラーは、その意思の強烈さで支持者を魅了したが、独断を一方的にまくしたてるだけで人に耳を傾ける性格ではなかっ

1934年、ムッソリーニと会談したヒトラー。いち早くファシズム国家を建設したムッソリーニを、ヒトラーは尊敬していたとされるが、ムッソリーニは当初、成り上がり者で学歴も低いヒトラーを軽蔑していたという

※4…統治者が被統治者を分割して相互の対立・競争を促すことで、被統治者間の連帯や統治者への反抗を阻止する統治手法。古くは古代ローマの征服地統治から、近代イギリスの植民地統治などにその典型が見られる。

た。多くの本を乱読したが、自分の関心に沿って拾い読みしては独断を補強するソースを片端から頭に詰め込む読み方であった。こうした性格は現代日本の「おたく」にもしばしば見られる傾向である。ヒトラーは建築おたく、兵器おたく、ワーグナーおたくであり、関心を持つ分野について専門家も驚くほど細部に精通していたが、真のプロに必要な実務的知識や総合的な分析能力は身につけていなかった。ヒトラーは自分の直感に自信を抱き、専門家の狭量さを軽蔑したが、その悪癖は彼が開始した戦争で明らかになる。

拡大政策と第二次大戦

ヒトラーは再軍備を宣言して1938年に故国オーストリアを併合すると、国防軍幹部への演説で東方への野心を露わにした。同年、ミュンヘン会談で英仏の譲歩を引き出してチェコスロバキア連邦を解体併合。さらに1939年、ソ連と不可侵条約を締結するとポーランドに侵攻、これが第二次世界大戦の始まりとなる。

ヒトラーの野望は東方に領土を拡大し「劣等な」スラブ民族やユダヤ民族を追放して「優秀な」ゲルマン民族の生存圏（レーベンスラウム）を確立することであった。ヒトラーは英仏とは妥協が成立すると考えたが、スターリンが支配する共産主義国家ソ連は究極的な打倒の対象だった。この拡大政策には差し迫った事情もあった。見た目の景気こそ回復していたが、強引な軍拡により財政と国際収支の破綻が目前に迫っており、破滅を避ける道は征服による周辺諸国からの略奪しかなかったのだ。

兵器オタクのヒトラーはグデーリアン将軍の提唱する「電撃作戦」（※5）に賛同し、戦車部隊を強化したが、対フランス戦では古参の将軍たちのプランを退け、マンシュタイン将軍の提案した大胆な奇襲（※6）を採用した。ヒトラーの直感は的中し、フランスは早期に降伏するが、この成功により自己の能力を過信したことが破滅をもたらしていく。対英戦争が行き詰まったヒトラーは1941年夏、300万もの大軍を集めてソ連を侵略する。スターリンの油断をついた侵略は最初は順調にいったが、ソ連の広大な国土と膨大な兵力により短期決戦の思惑は潰え、厳しい冬の到来により泥沼の消耗戦に陥る。ヒトラーが自分の戦略に反対する優秀な将軍を更迭して退却を厳禁したため、ドイツ軍は柔軟な反撃ができず、

※5…戦車部隊などの機動力に優れた機械化部隊を集中して前線を突破、後方の中枢部を攻撃して指揮・通信を麻痺させ、敵の戦線全体を崩壊させる戦術。

※6…エーリッヒ・フォン・マンシュタイン将軍の発案による作戦。英仏軍の裏をかき、敵の防備の手薄なベルギー南部、アルデンヌの森林地帯から主力を進攻させるというもの。

多くの兵士や装備がロシアの凍てついた大地に失われていった。

この戦争の間に人類史上最大の犯罪のひとつ、ユダヤ人虐殺が親衛隊により進められた。正式な命令文書は残っていないが、ヒトラーが忠実なヒムラー親衛隊長官に口頭で抹殺を命令したことは確実である。当初はユダヤ人の国外追放を考えていたヒトラーが抹殺に踏み切ったのは、戦争で追放先が無くなったうえに占領地の膨大なユダヤ系住民を抱え込んだ結果の口減らしが真相に近いようだ。いずれにせよ「最終的解決」を称した虐殺で600万人ものユダヤ人が殺害された他、ロマ（ジプシー）やスラブ人さらに精神障害者が数十万人単位で虐殺されている。

第三帝国の終焉

細部まで情報を管理せねばならない戦争は、几帳面から程遠いヒトラーには重圧となった。戦勢の不利と同時に持病のパーキンソン病も悪化し、ヒトラーは廃人のような虚脱状態と狂騒的な興奮状態を繰り返すようになる。1944年、北フランスのノルマンディーに連合軍が上陸すると、敗北を悟った国防軍の将軍たちは講和を結ぶためにヒトラーの排除を目論んだ。だが1944年7月20日のヒトラー暗殺計画は失敗し、700名以上が処刑される。もはや軍隊も信用できなくなったヒトラーはベルリンの総統地下壕に籠りきりとなり、現実を見なくなっていった。東西から連合軍がドイツ国内に侵攻するとヒトラーは「敗北した民族は存在すべきではない」と国内のあらゆる産業とインフラの破壊を命じたが、お気に入りのシュペーア軍需相の裏切りにより命令は阻止された。そして1945年4月30日、ベルリンに突入したソ連軍が総統地下壕に近づく中、次々と部下に見捨てられたヒトラーは愛人エヴァ・ブラウンと結婚式を挙げる。そのエヴァは服毒し、ヒトラーは拳銃で自決した。遺体はガソリンで焼かれ、のちにソ連軍が頭蓋骨を回収している。

第二次世界大戦におけるヨーロッパ戦線の死者・行方不明者は、虐殺の被害者を含め5000万人以上にのぼり、この惨事を引き起こしたアドルフ・ヒトラーは人類史上最悪の独裁者として歴史に名を残したのである。

（文／司史生）

ソヴィエト
社会主義共和国連邦

鋼鉄の書記長
ヨシフ・スターリン

生没年：1878年12月18日〜1953年3月5日
独裁期間：1929年（独裁を確立）〜1953年（病死）

汚れ仕事で党を支えた青年期と権力基盤となった書記局

ヒトラーと並ぶ20世紀最大の独裁者スターリンは2000万人以上を殺害したとされる。

ヨシフ・スターリン、本名ヨシフ・ヴィサリオノヴィッチ・ジュガシビリは1879年、ロシア帝国領グルジアの貧しい靴屋の息子に生まれた。神学校に入学するが窮屈な規律と神学教育に反発し、社会主義に傾倒したため神学校を退学となる。1901年に社会民主党に入党後は職業革命家となり、精力的な活動で「奇跡のグルジア人」と呼ばれ頭角を現す。党の活動資金を強盗や恐喝といった荒仕事でかき集めたヨシフは、何度も逮捕されシベリア流刑となるが、その度に脱走するといくつもの変名を使い分け地下活動を続けた。この不屈の活動が亡命中のレーニンに認められ、1912年、社会民主党中央委員に任命されるが、この頃よりスターリン（鋼鉄の男）と名乗りはじめる。

1917年の二月革命でロシア帝政が倒れ、レーニン率いる社会民主党左派（ボリシェヴィキ、のちのソ連共産党）が十月革命で臨時政府を打倒すると、スターリ

ソ連国内における絶対的な権力を確立した1937年ごろのスターリン。パイプがトレードマークとなっているように愛煙家で、大酒飲みの健啖家と、同時期のライバル的存在であるヒトラーとは好対照な嗜好の持ち主だった

ンは民族問題委員に任命され、続く内戦では前線で赤軍を指導してボリシェヴィキ政権の崩壊を食い止めた。この時期のスターリンはレーニンの下で職務を忠実にこなす地味な人間で、その精力的な仕事ぶりと組織者としての才能が評価され、1922年に新設された書記局の書記長に選出される。当初、共産党の日常業務や人事を扱う書記局は重要性の低い裏方とみられていた。しかし共産党が国家を支配するソビエト連邦では、党官僚制の中心となる書記局こそが権力の源泉であることをスターリンは見抜き、忠実な部下を各所に配置して影響力を強めていった。

1902年頃、革命家としての道を歩みはじめた時期のスターリンの肖像。スターリンは銀行強盗や金品の強奪などで党の活動資金を集め、何度も流刑を受けながらその都度脱獄を繰り返した

レーニンの後継者として台頭するスターリン

革命を指導し、内戦を苛烈な弾圧と物資徴発でしのいだレーニンは1922年に卒中で倒れ、1924年に再度の発作を起こし死亡する。レーニンは遺言状でスターリンについて「粗暴で礼儀を欠き、権力を個人的な野心に使う危険がある」と述べ書記長の解任を提案したが、この遺言は党幹部によって揉み消される。後継者として有力視されたのが赤軍を創設し世界革命路線を主張するレオン・トロツキーだが、新参者で才能をひけらかすため党幹部から警戒されていた。スターリンは古参同志のジノヴィエフやカーメネフと手を組みトロツキーを失脚させ、クレムリンの前に建てた廟にレーニンの亡骸を安置して神格化を進めた。

マルクス主義の理論からすれば、農民が人口の大半を占める工業後進国ロシアは社会主義革命の条件を満たしていなかった。レーニンもトロツキーも、ロシア革命がヨーロッパ全土の革命の起爆剤になることを期待したが、ドイツ革命の敗北でその希望は潰えていた。スターリンはソ連だけで社会主義を建設できるとする一国社会主義論を提唱、今度は右派のブハーリンと組んでジノヴィエフとカーメネフを失脚させる。1928年に五カ年計画を開始したスターリンはブハーリンを失脚させて工業化を進めた。工業化のための生贄が農民だった。農業の強制的集団化とクラーク（一定以上の経営規模を持つ富農）の絶滅が進められたが、それは農民たちが革命で得た土地や私財を再び取り上げられ、事実上の農奴に戻ることを意味していた。各地の抵抗は武力で容赦なく鎮圧されたが、インフラは破壊され家畜の数は半減した。さらに天候不順による飢饉が重なり１９３３年までに餓死者は６００万人に達した。農民を死に追いやってかき集めた穀物は外貨獲得のために輸出され、輸入した資材により工業化が進められる。農村の惨状は覆い隠され、劇的な工業生産の伸びを報告するプロパガンタに都市部の市民は熱狂し、工業化を支持した。さらに外国でもソ連の成功に魅了された知識人たちが共産主義に共鳴する。

暗殺、追放、粛清を駆使して絶対的な権力を確立

１９３４年、セルゲイ・キーロフ党書記が暗殺される。人気を集めつつあったキーロフの死により党内から競争者が消えたが、スターリンは暗殺を国外追放したトロツキーの陰謀と主張した。１９３６年に制定した新憲法で民主主義や民族の平等を掲げたが、翌１９３７年の党大会で反対派への闘争を宣言した。古参党員を一掃して自分に忠実な若手に世代交替させようと目論んだスターリンは、あらゆる疑わしい人間を抹殺しようとした。これが大粛清のはじまりである。起訴状や弁護士抜きの裁判で判決後ただちに被告を処刑できる法律が制定され、数万の共産党員が逮捕された。陰謀の首魁として失脚していたジノヴィエフとカーメネフ、ブハーリンが裁判にかけられ処刑される。１９３７年には赤軍の近代化を進めていたトハチェフスキー元帥と１５００人の高級将校、さらに共産党員の軍人15万人が処刑され、赤軍首脳部は実質的に消滅した。トロツキーは１９４０年に亡命先のメキシコで暗殺された。１９３７年から38年にかけての大粛清により60万人以上が処刑、ほぼ同数が強制収容所（ラーゲリ）に送られ、飢餓状態で死ぬまで重労働に酷使された。前後の期間もあわせれば２００万以上の人間がラーゲリに送られたと推測されるが、視点を変えれば大粛清は安価な労働力の調達であり、ラーゲリは事実上の国営奴隷制度だった。だが大粛清の手足となった内務

人民委員部（ＮＫＶＤ）の長官ヤーゴダはやり方が手ぬるいとスターリンから睨まれて後任のエジョフに処刑され、そのエジョフもさらに後任のベリヤによって処刑されている。

大粛清と並行してスターリンへの個人崇拝が進められた。いたるところに銅像や肖像画が飾られ、国歌はスターリンを称える歌詞となった。かつてロシアの皇帝（ツァーリ）が神から権力を授けられたように、唯物史観という神の使徒たるレーニンから聖別された絶対権力者としてスターリンは振る舞った。それはロシア民衆の歴史的な記憶に合致するもので、スターリンは何も知らない民衆から崇められたが、皇帝たちと同様にスターリンの私生活も知られていなかった。等身大のスターリンは身長１６５cmと小柄で顔にあばたがあり、左手は麻痺していたが、赤の広場の閲兵は台の上に乗って身長を誤魔化し、公開された写真は修正されていた。容貌はともかく青年時代から漁色家で、生涯に三度結婚し何人もの愛人を使い捨てにした。パイプ煙草を愛用するヘビースモーカーで、ロシアの支配者らしく健啖家で大酒を呑み、部下を呼びつけ深夜まで宴会するのが常であったが、楽しいものではなかったろう。スターリンは極めて猜疑心が強く、自分以外のありとあらゆる人間に疑いの目を向け、側近に対しても盗聴器やスパイによる監視を行い、隙あらば本音を吐かせようと試みていた。

最大の勝利者となった第二次世界大戦

スターリンはナチスドイツと日本を警戒していたが、１９３９年に独ソ不可侵条約を締結してドイツと共にポーランドを侵略分割、その際にポーランド兵捕虜２万５０００人をカティンの森で殺害させている。さらにバルト三国を併合し、フィンランドから苦戦の末に領土を割譲させた。ドイツとの提携が一時的なものであることはスターリンも計算済みだったが、手を切るタイミングは見通しを誤った。１９４１年、首相を兼務したスターリンは、ドイツ軍の侵攻準備の情報を受け取りながらまだ開戦はないと信じ込み、ドイツ軍の奇襲で初めて現実に直面した。スターリンはショックで数日間引きこもったものの立ち直り、ヒトラーが自信過剰に陥ったその時期に、面子を捨てて適切な将軍たちに作戦を任せること

ができた。大粛清で弱体化した赤軍の連敗で自分と共産党への信頼が揺らぐと、この戦争を「大祖国戦争」と呼んでソ連国民の民族主義に訴えた(※)。ロシア帝国の将軍の名前を冠した勲章を制定し、ロシア正教会から協力を取り付けると、容赦のない人的資源の動員によりドイツ軍を消耗戦に引きずりこんだ。さらにこの間、忠誠心の疑わしい少数民族数百万人の移住を強制し、多数を死に追いやっている。独裁者同士の総力戦はソ連邦に2600万人の犠牲を強いた末、1945年5月のベルリン陥落とヒトラーの自決で決着する。スターリンは戦後の権益についてルーズベルト、チャーチルと交渉、日ソ中立条約を破棄すると満洲・千島列島に侵攻し、日本の降伏によりアジアにも共産勢力を拡大させた。

独ソ不可侵条約に調印するソ連外務人民委員(外務大臣)モロトフ。後列中央はドイツ外相リッベントロップで、その隣、右から2人目がスターリン

最大の犠牲を払うことで最大の勝者となったソ連はアメリカと並ぶ超大国の地位を確立するが、それはアメリカを盟主とした自由主義陣営との40年以上続く冷戦の始まりであった。スターリンは東ヨーロッパの諸国を次々と共産化して衛星国とし、1949年には原爆の開発も成功させた。しかし1948年のベルリン封鎖はアメリカの膨大な空輸により頓挫し、1950年に起きた朝鮮戦争では金日成の南進に同意したもののアメリカを中心とした国連軍に反撃され、東アジアでの勢力拡大も潰える。

猜疑心の塊となった晩年と不明瞭な死因

※…1812年のナポレオンによるロシア遠征を撃退した戦役をロシアでは「祖国戦争」と呼ぶことにちなむ。

1950年代に入り老いたスターリンは別荘に籠もることが多くなったが、その猜疑心は健在であった。1953年「医師陰謀事件」による粛清の嵐が吹き荒れた。猜疑心は明らかにユダヤ人全体に向けられていたが、今度のスターリンの目論見については永遠の謎となった。同年3月1日朝、スターリンは寝室に倒れているところを発見され、意識不明のまま4日後に世を去った。公式には脳溢血(のういっけつ)と報告されたが、最期の状況についての関係者の証言は矛盾だらけで、側近による毒殺説や意図的な治療放置による死という説が唱えられている。

スターリンの亡骸はレーニンの隣に安置される。しかし権力を掌握した後任のフルシチョフはスターリン批判演説を行い、遺骸をレーニン廟から撤去した。多くの囚人が釈放され、処刑者に死後の名誉回復措置が取られた。スターリン時代の犠牲者の総数はいまだにはっきりしないが、戦争を除いても2000万に達すると言われる。スターリンがレーニンから継承し、完成させたソ連邦の支配システムと勢力圏は次第に停滞と衰退に向かい、1991年にソ連邦は解体した。だがアメリカに対抗する超大国であったソ連を懐かしみ、強大な支配者に憧れるロシアの守旧派にとって、スターリンは今なお偶像として存在している。

(文/司 史生)

1944年2月のヤルタ会談で、ウィンストン・チャーチル英首相(前列左)、フランクリン・ルーズベルト米大統領(同中央)ら連合国首脳とともに写真におさまるスターリン

ソヴィエト
社会主義共和国連邦

史上初の社会主義国家を建設

ウラジーミル・レーニン

生没年：1870年4月22日〜1924年1月21日
独裁期間：1917年（革命による政権奪取）〜1924年（病死）

兄の死を契機に革命の道へ

　ボリシェヴィキとソ連の創設者として知られるレーニンは、1870年、ロシアのシンビルスクで国民学校督学官の子に生まれた。レーニンは革命運動家としての偽名で、本名はウラジーミル・ウリヤーノフである。ソ連時代には農奴階層の出身とされたこともあるが、実際には世襲貴族の出身だった。ただしウリヤーノフ家は3代前に解放農奴から世襲貴族まで成り上がった家系なので、広い意味では農奴階層出身といえなくもない。

　父親がインテリだったレーニンは中学校に進み、更に弁護士を目指してサンクトペテルブルク大学に進む。その後、弁護士となり実務も経験している。

　17歳の時に大学生の兄が皇帝アレクサンドル3世暗殺計画事件に連座して刑死した。

　これが強く影響して革命家の道を歩みだしたと言われるが、近年の研究では否定的な見方もある。帝政ロシア末期の革命運動が強まっていく情勢と、19世紀末から20

ボリシェヴィキの指導者として、史上初の社会主義革命となるロシア革命を成功に導き、ソヴィエト社会主義共和国連邦を築いたウラジーミル・レーニン。その遺体は今もモスクワのレーニン廟に保存されている

世紀にかけてのマルクス主義の流行を考えると、高等教育を受けたレーニンが当時は新時代の思想であったマルクス主義に感化されることは避けがたかったといえよう。

以後、学生運動に参加するかたわら著作活動を続けたが、20代半ばで逮捕されシベリア流刑となった。そして１９００年に赦免(しゃめん)され帰還すると活動を再開。１９０３年にロシア社会民主党第2回大会で党がメンシェビキ、ボリシェヴィキに二分して以後は、ボリシェヴィキ（多数派）の指導者として活動した。

第一次世界大戦とレーニンの帰還

１９１４年に第一次大戦が始まるとスパイ容疑で逮捕されたが釈放され、スイスに亡命した。１９１７年にロシアで二月革命が勃発すると、ロシアの敵国ドイツの手引きでスイスから帰還した。ドイツはロシアを弱体化させるため革命を激化させようと目論んでいたのだ。一方、レーニンの方は帝政ロシアの敗北を利用して革命を成功させようと考えていた。レーニンにとってロシアの敗北は帝政という国家体制の敗北に過ぎず、ロシアそのものの敗北を意味してはいなかったのだ。ドイツとレーニンの利害が一致したことでレーニンの帰国は実現した。

ボリシェヴィキの指導者レーニンは帰国するや労働者、農民の集会であるソヴィエトの実権を掌握して武装蜂起を準備する。１９１７年11月（ロシア暦10月25日）、レーニンはソヴィエトの武装組織である赤衛隊やソヴィエトに同調する水兵を使い、サンクトペテルブルクにおいて臨時革命政府を武力で打倒する。これが世に言う十月革命である。

ソヴィエトの武力と政治力を背景に強権的に政権を奪取したレーニンは、１９１７年11月にソヴィエト連邦最高指導者兼ロシア共和国人民委員会議議長に就任すると革命を推し進め、社会革命党や社会民主党のメンシェビキを政権から強引に排除していった。共産党一党独裁の基礎を作り上げる一方で、赤軍創設にも関与し、赤軍トップである国防労働会議議長にもなった。こうして政権中枢と軍の統帥権を得て、レーニンは独裁的な国家指導者となった。

反革命勢力への弾圧

政権を獲得したレーニンにとって最初の大きな課題は

1920年5月、モスクワで兵士たちに向かって演説するレーニン。レーニンは英語やドイツ語など外国語も堪能で、演説家としての才能にも秀でていた。また、マルクス・レーニン主義と呼ばれる、独自の共産主義思想を構築した理論家でもあった

第一次大戦からの離脱であった。ボリシェヴィキは「パンと平和と土地」を公約として民衆の支持を取り付けていたから、休戦は何が何でも実現する必要があったのだ。レーニンはドイツと講和を目指したが、軍事力が実質的に崩壊したソヴィエト政権はドイツ軍の侵攻を止めることはできず、やむなく、大幅に譲歩したブレスト・リトフスク条約を結び、多額の賠償金支払いと多大な領土の放棄を約束させられた。この苦い経験からレーニンは赤軍建設の重要性を悟り、徴兵制度による赤軍の建設となる。

国内的にはブルジョワ系の新聞の発行停止、秘密警察「チェーカー」(反革命、投機、サボタージュ取締委員会の略)を創設して反政府派を弾圧し、宗教勢力も弾圧された。同時に反革命軍との内戦を国家指導者として戦い、勝利を収めた。このさなかに戦時体制維持のため強引な土地改革、赤軍維持のため食糧調達が行われている。内戦後もクロンシュタット軍港の水兵反乱などの危機に見舞われたが、これらも徹底的に弾圧しソヴィエト政権の基礎固めを行った。

内戦終結後は戦時共産主義の行きすぎを是正して、1

921年に新経済政策（ネップ）を施行。これは食料税の導入と、納税後に余った余剰農産物の市場での自由売買を認める政策で、部分的ではあるが私的商業も認められた。

しかし革命と戦争指導の激務は、レーニンの体を確実に蝕んでいった。1921年末ごろから健康状態が悪化したレーニンは、翌年には発作を繰り返したため職務を離れて静養に入る。その後も療養のかいなく病状は進み、1924年1月21日、脳梗塞により病没した。

（文／瀬戸利春）

レーニンに対する周囲からの評価

戦時共産主義体制や、ネップや、教会財産の没収については、これを場当り的であったとして批判する者もあれば、計画的であったとして批判する者もある。

実際、レーニンについては全方向からあらゆる相反する批判がある。そしてそれは少なからずレーニン自身のせいでもあった。

元来、レーニンは攻撃的で議論に手段を選ばず、普通に考えればとても人好きのする性質ではなかった。ところが、この男が実際には敵対党派の中にも多くの肝胆相照らす友人を持ち、論敵からもしばしば愛着を持って語られたのだから世の中は解らない。レーニンと3人の「論敵」のスケッチを以下に掲げ、その人物像を見てみよう。

ボグダーノフという男がいた。1905年、スイスで孤立したレーニンにただひとり援助の手をさしのべた同志だった。だからといって対立すれば批判の手を抜くレーニンではない。1909年、レーニンはボグダーノフとボリシェヴィキの指導権を争う中で、相手のマルクス主義哲学の理解を微に入り細に入って（ボグダーノフの依拠する翻訳の細かな誤訳まで含めて）難詰する論文『唯物論と経験批判論』を著した。一読に値するひどい代物であったが、その一方では当のボグダーノフと親しく語りあい、好きなチェスを挑んだ。そうして負けると腹をたて、しょげこむのだった。

チャーチルという男がいた。マールバラ公ジョン・チャーチルの末孫で、後にイギリスの首相までのぼりつめた人物だ。警句を好み、面白い回想録を書いたことで知られている。対ソ干渉戦争の時には地図上で白軍部隊を指して「わたしの部隊」と呼び、白軍将官を唖然とさせた。イギリス亡命時代のド・ゴールはこの人の美点を問われて「元気がいい」と答えた。さてこの元気者がレーニンを評して大否認者——言うまでもなくサタンの異名の一つ——と呼んだ。「彼（レーニン）はあらゆるものを否認した。神を、国王を、国家を、道徳を、条約を、債務を……」。とうとうレーニンはマルチン・ルターやピョートル1世アレクセーヴィチと同様、敵対者から悪魔と呼ばれるに至ったわけである。

トロツキーという男がいた。赤軍の創設者であり、内戦中には敵前逃亡した赤軍将兵の即時銃殺を命じた。この過酷な措置はレーニンをはじめとする共産党首脳部との対立と議論を招かずにはいなかった。レーニンの死後、トロツキーと対立するスターリンは、かつてトロツキーがレーニンと交した激烈な議論を取り上げ、「諸君、このようにトロツキーはレーニンの敵だった」と宣伝した。単純な手口の例にもれず、この手口は大成功を収めた。

レーニンとスターリンの関係は時とともに悪化し、スターリンを書記長の座から降ろすよう遺書にも残した。ただし、反対派への容赦ない弾圧や秘密警察による監視など、両者の政策には共通する部分も多い

第二次大戦においてスターリンの赤軍で逃走した将兵の銃殺がしばしば行われたことと、チャーチルが大否認者の弟子スターリンにジョージ6世王からの名誉の剣を手渡したことは、いずれも歴史にはざらにある皮肉の一つであろう。

レーニンの遺書

巷間レーニンの遺書と呼ばれる文書群がある。年齢よりも早いまだらボケの始まっていたレーニンが病床にあって「ボケていない時に」口述筆記させた切れ切れの断片である。

この「遺書」には世の常の遺書にある個人的な事柄は何一つなく、党の分裂に対する懸念が中心にあった。そしてその主張は数日の間に二転三転している。ある日には党の直面する問題は個人の性格ではなくスターリンとトロツキーの対立にあるといい、数日後にはスターリンの性格に注意を促す。しかもその相矛盾する主張のすべてに道理があった。

この一個の老病人のドラマを偉大と見るか滑稽と見るか哀切と見るかはむしろ読者個人の資質によるところが大きいであろう。

ずっと昔、兄アレクサンドルが経済学の小冊子を読み、レーニンが兄の椅子の足に背中をもたせかけてツルゲーネフを読んでいたころがあった。その頃レーニンが唱じて倦まなかったツルゲーネフの一節は「最大の罪とは55歳以上長生きすること」というものであった。1924年1月、ウラジーミル・イリイチ・レーニンはその55歳に3カ月足りない一生を終えた。同年5月、党大会はレーニンの「遺書」を公開しないことを決定する。党内の権力闘争は激しさを増しつつあった。そしてこの闘争に勝ち残るのが煉瓦を積むごとく着実に得点を重ね続けたスターリンである。

レーニンが「ソビエトがパリ・コンミュンより1日長く生きのびたことを祝った」そのソ連邦は、彼の死後も変容とダッチロールを繰り返しながら数十年にわたって生きのびることになる。

（文／桂令夫）

1923年9月、静養中のレーニン。同年3月の発作以降は会話もままならず、1924年1月に死去した。生前は個人崇拝を忌避していたものの、死後その遺体はレーニン廟で保存され、神格化が進められている

イタリア王国

ベニート・ムッソリーニ

ファシズムを打ち立てた黒シャツの独裁者

生没年：1883年7月29日～1945年4月28日
独裁期間：1922年（首相就任）～1943年（クーデターにより失脚）

ファシズムの創始者

第二次世界大戦における枢軸側の国家指導者、ベニート・ムッソリーニは1883年にイタリア中北部アドリア海寄りのフォルリ州プレダッピオに生まれた。父親は無政府主義者、反教会権力の社会主義者で、後にファシズムを打ち立てるムッソリーニもその影響を受け社会主義者となった。実はファシズムは日本語訳の「国家社会主義」でも解るように社会主義と関連があるのだ。

ムッソリーニは師範学校を経て18歳で教師となるが、徴兵を避けるためスイスに逃れ、この地で本格的な社会主義運動に接し左翼ジャーナリストとなった。その後、故郷に戻り兵役に就いたが、引き続き社会主義運動に身をゆだね社会党機関紙の編集長も務めている。1911年には伊土（イタリア＝トルコ）戦争に反対して投獄され、釈放後にドゥーチェ（統領）と呼ばれるようになった。

ムッソリーニが社会主義と別離するのは、第一次世界大戦のイタリア参戦問題がきっかけだった。最初、ムッソリーニは参戦反対の立場であったが、参戦派に転じ社

ファシズムの創始者でありながら、今も一定の支持を受けているムッソリーニ。ソ連のレーニンや、第二次大戦では敵同士となった英首相チャーチルなどからも高い評価を受けていた

会党と決別した。これが独自の国家主義的な社会主義すなわち国家社会主義の道への第一歩だ。

参戦派に転じた理由は、オーストリア領であった「未回収のイタリア」（※）と呼ばれる地域の奪回を強く望む世論に迎合したためらしい。参戦を主張するムッソリーニの元には英仏の資金援助が与えられ、ムッソリーニはこの資金で日刊紙「ポポロ・ディタリア」を創刊して参戦キャンペーンを展開した。実際にイタリアが参戦するとムッソリーニも一兵卒として従軍、奇しくも後の盟友ヒトラーと同じく伍長となって復員した。

大戦後は社会主義運動の高まる中、ムッソリーニは危機感を抱く旧軍人等を結集して１９１９年に「戦闘者ファッショ」を結成。社会主義者、共産主義者と激しく対立、武力衝突に及んだ。この「戦闘者ファッショ」は「黒シャツ隊」と呼ばれる部隊を使って勢力を延ばし、１９２１年には25万の勢力になり議会でも35議席を獲得するまでになった。同年11月「戦闘ファシスト」は「国家ファシスタ党」に改名、ムッソリーニはその統領に納まっている。

１９２２年、ムッソリーニは黒シャツ隊によるクーデ

「ローマ進軍」で行進するファシスト党の党員。政府はクーデター弾圧のため戒厳令の布告を求めたが、国王ヴィットーリオ・エマヌエーレ3世がこれを拒否し、ムッソリーニに組閣を命じた

※…イタリア人居住地でありながら、19世紀後半のイタリア統一後もオーストリア領とされた南ティロルやトリエステ、イストリアといった地域。

ターを実行、最終的に黒シャツ隊と共に首都ローマに乗り込む「ローマ進軍」によって政権奪取をこころみる。この動きにイタリア国王と政府は屈し、ムッソリーニは政権を獲得することになった。

強引に政権を奪取したムッソリーニは、秘密結社の禁止、集会の報告義務制、新聞検閲制度など非自由主義的処置を取ったのち、１９２６年にファシスト党以外の政党を解散（非合法化）して一党独裁体制を確立した。

ムッソリーニの業績

ムッソリーニは政権を獲得すると、人口増加政策をとり、未婚者に重税をかけ多産家庭に報奨金を出すことで、実際にイタリアの人口は10年で４００万程増加した。

元が社会主義者であっただけに、社会主義政策を導入し、労災保険、医療保険、母子保健、結核保険を設置し識字率の向上に努めた。

国土総合開発にも手を着け、灌漑（かんがい）や干拓などで５７０万ヘクタールの農地拡大を目指した。またマラリアの巣窟となっていたローマ近郊の巨大な沼地を埋め立ててマラリアを根絶して6万ヘクタールの農地を生んだ。その他、鉄道の電化促進、自動車道路の建設も行っている。

対外政策では反共産主義の立場から日独と共に防共協定を締結、後にこれは三国同盟に発展、いわゆる枢軸国となる。

領土拡大のため19世紀にイタリアが征服を試みて失敗したエチオピアに侵攻して、国際的な非難を浴びた（後に同盟を結ぶ日本もこの時は非難している）上に、近代装備の乏しい現地軍相手に大苦戦となり、毒ガスを使用したことで更に非難を浴びた。

スペイン内戦では、ドイツと共にフランコ側に肩入れして兵器供給等多くの支援を行ってフランコ側を勝利させたが、イタリアの国力を疲弊させることとなった。

（文／瀬戸利春）

第二次大戦と失脚

第二次大戦が始まった１９３９年におけるイタリア軍は近代化途上で、大規模な戦争が可能となるのは１９４９年以降とみなされていた。ただ、ムッソリーニはヒトラーへの対抗意識に加え、ドイツがイタリアへ事前通告せず開戦したので腹を立てていたようだ。そのため、当初は中立を守って様子をうかがっていたものの、フランス政府がパリを放棄した1940年6月10日に対仏参戦し、南フランスの獲得を目論んだものの、ほとんど前進できず火事場泥棒に失敗する。

ローマ帝国再建を夢想したムッソリーニは、それでも戦勝国への配分としてコルシカなどのフランス領土や北アフリカの植民地、海軍の艦艇などを要求したが、ヒトラーにあっさり拒絶された。ただ1940年9月には日本も巻き込んだ三国同盟を締結し、枢軸諸国による新世界秩序の中心であることを全世界に誇示してもいる。そして、この三国同盟締結がムッソリーニの絶頂期であった。

同年10月には独力での戦果を求めてギリシアへ侵攻したものの、冬季装備を持たないうえに山岳戦も余儀なくされ、逆に苦境に陥ったばかりか、12月には北アフリカでも英軍が反攻に転じ、投入していた戦力の大半を失うなど、各所で敗退を重ねた。翌41年にはドイツの援軍を得てなんとかギリシアを占領し、北アフリカでも反攻に転じたが、それはイタリア独力での戦争遂行が事実上不可能となっていたことをも意味していた。

加えて1943年になると連合軍が北アフリカを制圧し、イタリア本土上陸も現実味を帯びたことで、ムッソリーニの政権掌握を手助けした国王やファシスト党の政治家、軍、さらには娘婿であり周囲から後継者と目されていたガレアッツォ・チャーノ（チアノ）伯爵らが反抗し、ムッソリーニは権力を奪われ逮捕、幽閉される。ただ、ムッソリーニから権力を奪った国王らは連合国との単独講和を図るが、交渉は不調に終わって無条件降伏を

ヒトラーとともに写真に収まるムッソリーニ。自らファシズムを構築した政治理論家であったムッソリーニは当初、学識の無い成り上がり者のヒトラーを嫌っていた。ナチスの外交戦略や人種政策にも、はじめは否定的だったとされる

余儀なくされた。

ところが、ドイツは北部イタリアを急襲、占領したうえ、同時にムッソリーニ救出作戦を実行した。ドイツに救出されたムッソリーニは北イタリアに逃れ、ヒトラーと会談した上で連合国への降伏を拒んだ強硬派らとイタリア社会共和国（サロ共和国）を建国、その元首（国家統領）となった。とはいえこの共和国はドイツの傀儡に過ぎず、行政組織もドイツによる監視、指導下にあり、独立した裁量権がほとんどなかった。

また、降伏からドイツによる事実上の占領にいたる混乱のさなか、娘婿のチャーノがドイツ軍により逮捕、後にサロ共和国で処刑されている。娘婿が逮捕された直後、ムッソリーニはドイツ側へ助命を願い出たとされるが、サロ共和国での処刑に際しては恩赦を与えなかったとされる。これは、ムッソリーニ自身がチャーノの行動に怒っていたとか、ドイツの圧力に屈した、あるいは手続き上の行き違いとも言われているが、真相はわからない。

サロ共和国の支配地域では反ファシストの左翼系パルチザンが活動し、パルチザンが支配する「解放区」が生まれたり、ミラノやトリノなどの大都市ではゼネストが決行されるなど、ムッソリーニの支持基盤は非常に脆弱だった。サロ共和国の力ではパルチザンなどの制圧も困難で、ドイツ軍や親衛隊の力を借りなければならなかった。だが、パルチザンと目されたミラノ市民がドイツの武装親衛隊に処刑され、市内のロレート広場に上半身裸で吊るされた事件については、流石のムッソリーニも秘書に「ロレート広場の流血は、高いものにつくぞ！」と言ったとされる。

そして１９４５年には連合軍の攻勢が激化して防衛線も崩壊、北からスイスへ逃れようとしたところを、パルチザンに捕われて処刑された。処刑後、ムッソリーニと同時に処刑された愛人のクラーラ・ペタッチ、そして共和ファシスト党幹部の遺体はミラノへ移送され、因縁の「ロレート広場」で愛人ともども吊るされたのである。

だが、ムッソリーニが処刑されても、政治運動としてのファシスト党は根絶されなかった。第二次大戦後、サロ共和国の共和ファシスト党は、ムッソリーニ失脚以前の国家ファシスト党ともども活動や再結党を禁じられた。ところが、イタリア社会運動党として再出発し、曲折を経て下院議会の一角を占めている。また、孫娘のアレッサンドラ・ムッソリーニもファシスト的な極右会派を結成し、イタリアの上下両院議員や欧州議会議員を歴任するなど活発な政治活動を展開したが、現在（2020年）は欧州議会選挙に落選して失職中だ。

その要因が、ファッショ的主張を受け入れやすいイタリアの複雑な社会構造そのものが、いまもなお変わっていない点にあるのは間違いないだろう。しかし、ムッソリーニの政権獲得を支援しながら、状況が悪化すると切り捨てた国王に対するイタリア国民の不信や、ドイツ占領時代に傀儡とされたことからむしろヒトラーへの反感が強いことなど、手駒として使い潰された事への同情が背景にあるのは否めない。

1945年4月29日、ミラノのロレート広場で吊るし上げられるムッソリーニの遺体（左から2番目）。ムッソリーニの右側に吊るされた遺体は愛人のクラーラ・ペタッチのもの

そのほか、本妻であるラケーレ・ムッソリーニの回想録で家庭人としての一面が描かれたり、ドラマなどでは愛人との悲劇的な最後がロマンティックな感傷とともに描かれるなど、愛に生きつつも本妻には頭が上がらないラテン男としてのイメージが定着しつつあることも、再評価とまでは行かなくても悪評を和らげる一助になっているのだろう。

（文／松代守弘）

ポルトガル共和国

アントニオ・サラザール

独裁者になった経済学者の静謐な晩年

生没年：1889年4月28日～1970年7月27日
独裁期間：1932年（首相就任）～1968年（病により引退）

大学教授から独裁者へ

独裁者の中には教授や博士といった肩書きを持つ者はいるが、多くは実績が疑わしい。しかしその中で本物の学者と呼べるのが、ポルトガルのアントニオ・サラザールである。

サラザールは1889年、ポルトガルの貧しい農家に生まれた。苦学して名門コインブラ大学法学部に進んだ彼は抜群な成績を修めて母校の教授となり、財政学の権威として名声を博する。当時のポルトガルは軍部によるクーデターが頻発し政治と経済が混乱していたが、サラザールは1926年に軍部出身のカルモナ首相に請われて蔵相に就任する。この時は建策が容れられずすぐ辞職したが、1928年に再度蔵相に就任すると

元々は聖職者志望で大学教授から財務相に招聘、その実績を評価されて首相に昇格という、独裁者の中でも異例な経緯で政権の座に就いたサラザール。本来が学者肌のためか、個人崇拝や国家の私物化を行うこともなく、あくまで彼なりの「ポルトガルの国益」を追求したと見ることができる

徹底した緊縮政策で破綻しかけた国家財政を建て直し、通貨の価値を安定させた。理論だけでなく実行面でも優れた経済学者であることを実証したサラザールは、国民

と軍部の圧倒的な支持を集め政府中の最有力者となる。サラザールは1930年に全政党を糾合した国民同盟を組織して挙国一致体制を確立、その力を背景に1932年、首相兼蔵相に就任。憲法を改正すると1936年に外相と国防相を兼務し、事実上ポルトガル政府の全権を握ることになった。

サラザールの目指した新国家体制〝エスタド・ノヴォ〟

サラザールの支配体制はエスタド・ノヴォ（新国家）と呼ばれ「神、祖国、そして家族」をスローガンとした。保守主義者であるサラザールは民主主義・社会主義・議会主義に反対し、カトリック信仰を柱とするポルトガルの伝統的な農村を理想の社会と考えた。そのため伝統的な社会秩序を破壊する元凶として工業化に否定的で、近代的な公教育や社会福祉には消極的だった。エスタド・ノヴォでは軍隊・警察・教会の三者に特権が与えられ、メディアは検閲の下に置かれ、政治警察が捕えた反体制分子はヴェルテ岬沖の孤島に設けられた収容所に投獄された。

サラザールはカリスマ性の発揮とは無縁の独裁者だった。人付き合いを好まない物静かな性格で、人気取りには全く関心が無く、傘下の国民同盟に個人崇拝を行わせることもなかった。ファシズムが得意とした大衆動員によるデモ行進や大集会などはサラザールが忌み嫌うところだった。公務以外で人前に顔を出すことの無いサラザールの私生活は謎に包まれていたが、平素は素性の知れない二人の少女を左右にはべらせて暮らしていたという。

保守主義者であったサラザールは反共の立場でドイツやイタリアと協調しながらも、ヒトラーやムッソリーニの国家社会主義には全く共鳴していなかった。このため第二次大戦ではスペイン同様に中立政策を採用し、連合国との貿易で利益を挙げている。その一方でサラザールは大航海時代の栄光の遺産である植民地からの収奪を強化し、独立運動に対しては軍事力を強化して武力弾圧を加えた。

古き良きポルトガルの栄光を目指したエスタド・ノヴォだが、農業を重視した復古的な政策により工業化に乗り遅れたポルトガルは、西欧諸国の経済成長から取り残された貧しい国となっていった。そのうえサラザールが執着した植民地はポルトガルの重荷となっていた。アフリカのアンゴラとモザンビークでは民族主義者によるゲリラが蜂起し、インドのゴア植民地は１９６１年にインドに軍事力で併合された。一連の植民地紛争ではポルトガル軍の旧態依然としたお粗末な現状が露呈し、軍隊の建て直しと戦争の長期化のために軍事費は膨れ上がり国家予算の４割にも達してしまう。

あっけない幕切れと幸福（?）な晩年

行き詰まりに直面しながらも独裁者として君臨したサラザールであったが、１９６８年に誰もが予想もしなかった出来事によって権力を失う。静養先で昼寝をしていたサラザールはハンモックから転がり落ちて頭を打ち、そのまま意識不明となってしまったのだ。意識を回復した時には、腹心のカエターノが首相として実権を握っていたが、側近たちは執務室を以前と同じ状態に保つと、捏造した新聞を届けて騙し続けた。サラザールは自分が今なおポルトガルの独裁者だと信じ込んだまま間もなくその生涯を閉じた。彼の死の４年後、カエターノ首相に対し軍が民主化を求めて決起した「カーネーション革命」により、ほぼ無血のうちにエスタド・ノヴォは覆され、サラザールが執着していた植民地も相次いで独立を果たす。サラザールが夢見た古き良き祖国は、ポルトガルの欧州連合加盟により永遠に過去のものとなった。

（文／司 史生）

1969年、晩年のサラザール。すでに実権を失っていたが、側近たちはサラザールがその事実に気づかないよう偽の新聞を執務室に送り続け、現実のポルトガルの混乱を知らないまま1970年に死去した

ユーゴスラビア
社会主義連邦共和国

ヨシップ・ブロズ・チトー

多民族国家をまとめ、ソ連に盾突いた独裁者

生没年：1892年5月7日〜1980年5月4日
独裁期間：1946年（首相就任）〜1980年（病死）

ユーゴの独自解放を成し遂げたチトーとパルチザン

チトーの本名はヨシップ・ブロズ。チトーという名は、共産党の地下活動時の偽名で「お前（ti）、あれをしろ（to）」が口癖だったことに由来する。共産主義国の独裁的指導者でありながらスターリンに叛旗を翻し、独自路線を歩んだことで知られる。

チトーは1892年に当時はオーストリア・ハンガリー帝国領であったクロアチアで農民の子として生まれた。

若くして労働問題に関心を持ち1910年に社会民主党員となった。左翼思想に傾斜したのは、19世紀末からヨーロッパで左翼思想が流行していたことと無関係ではなかろう。1914年に始まった第一次大戦ではオーストリア軍兵士として参戦、ロシア軍の捕虜となり、ロシアで共産主義に触れる。1918年にロシア共産党に入り、大戦後の1920年には帰国してユーゴ共産党の党員となった。第一次大戦後、クロアチアはセルビア、ボ

俗に「6つの共和国、5つの民族、4つの言語、3つの宗教、2つの文字、1つの国家」と称されるユーゴスラビアを、そのカリスマと民族主義の弾圧によって連邦として維持したチトー。しかし彼の死後は歴史的・経済的要因などにより急速に民族主義が勃興し、連邦は瓦解した

スニアなどと共に新たに王政のユーゴスラビアとして独立していたのだ。

１９２８年には共産党のザグレブ地区委員会書記となるが、逮捕されて5年間投獄された。その後、１９３４年に共産党政治局員、１９３７年には共産党の事実上のトップである共産党書記長に就任した。この時期、共産党のトップになったことは、以後のチトーとユーゴの運命に大きな影響を及ぼすことになる。

１９４１年のドイツ軍のバルカン半島侵攻の結果、ユーゴは隣国ギリシアともども独伊、ブルガリアの枢軸国に分割占領された。枢軸国の占領後ほどなくして、ユーゴではパルチザン活動が発生。そうした中、チトー率いる共産党は地下で様子をうかがっていたが、独ソ戦が開始されると、ソ連に呼応してパルチザン活動を開始した。

チトー率いる共産党がパルチザン活動を始める少し前から、セルビアでは旧ユーゴ軍人ミハイロビッチ率いるチェトニクと呼ばれるグループがパルチザン活動を開始していた。

ともに対枢軸の目的を掲げながらチェトニクは反共の立場を取り、王政を支持したことから共産党とは相いれず。共産党とチェトニクは対立、時に戦火を交えた。

共産党は枢軸国軍やウスタシャなどユーゴ内の親枢軸勢力と戦いつつ次第に勢力を延ばし、１９４２年夏頃までにはユーゴ全土に勢力を延ばすことに成功。全土にまたがる行政組織と軍事組織を作り上げる。この間、ユーゴ共産党はソ連を含む連合国からまったくといってよいほど、援助を受けることがなかったことは特筆に値する。

１９４３年には共産党パルチザンは枢軸側の大攻勢を受けて危機に陥るが、ネレトバの戦いでこれを独力で切りぬけ、イタリア降伏後はユーゴ占領イタリア軍の過半を武装解除して武器弾薬を入手、軍事力を増大させた。これら一連の成功は英国の注目を浴び、１９４３年末からユーゴ共産党勢力は英国の軍事援助を受けることになる。一方、この段階でもソ連はユーゴ共産党を積極的に支援することはなかった。

同年11月末、チトーは第二回反ファシスト人民会議を開く、この会議はユーゴの様々な民族グループや政治団体の代表を集めた事実上のユーゴ代表機関であった。この会議でチトーは元帥、首相に任命された。

１９４４年には英国は、反枢軸活動に不活発なチェトニクを切り、ユーゴ共産党支持へと態度を替えた。1944年前半、ユーゴのパルチザンはまたしても枢軸軍の攻勢にさらされ、ドイツ軍は特殊部隊によるチトー暗殺も試みた（これは失敗に終わった）。同年後半にはパルチザン側は反攻に転じ、ソ連と軍事協定を結びソ連軍の協力も取り付けた。1944年中にパルチザンはユーゴのほぼ全土を開放しソ連軍の協力で首都の奪回にも成功した。

非同盟主義を掲げ民族融和を目指す

戦後、チトーはミハイロビッチはじめチェトニク等の抵抗勢力を処刑、追放して王政も廃止し、社会主義国としてのユーゴスラビアを打ち立てた。政治的にはスターリン路線を歩まず独自路線に進み、1948年にはユーゴ共産主義者同盟はコミンフォルム（※）から除名、ソ連からの軍事援助も打ち切られた。ソ連はチトー暗殺を数度にわたり試みたともいわれる。

ソ連と対立したユーゴは非同盟主義を掲げ、東西両陣営に加わらない第三世界のリーダー的存在となった。変わった所では西側の戦争映画製作に積極的に協力したりもしている。ユーゴの指導者として、反ドイツ・パルチザンの英雄としてのカリスマに支えられて宗教、民族と言語が多様で複雑なユーゴを死ぬまでまとめ続けたことは評価される。反面、そのために秘密警察を用いて民族主義は徹底的に弾圧し、体制批判も認めなかったことも事実である。

（文／瀬戸利春）

チトーは冷戦下にあって東西どちらの陣営にも所属しない非同盟主義を掲げ、第三世界のリーダーの座に就いた。そのため社会主義国でありながら西側諸国との関係も比較的良好であった。写真は1978年3月、ジミー・カーター米大統領とホワイトハウスの大統領執務室にて

※…Cominform＝共産党情報局。各国共産主義政党の情報交換を主目的として、スターリンとチトーの提言により結成された国際機関。スターリン死後の1956年に解散。

スペイン国

幸運なる総統（カウディーリョ）

フランシスコ・フランコ

生没年　：1892年12月4日～1975年11月20日
独裁期間：1936年（内戦により権力掌握）～1975年（病死）

軍司令官から統領に スペイン内戦とフランコ

スペインの統領（カウディーリョ）フランシスコ・フランコ・バアモンデはガリシア地方の海軍軍人の家庭に生まれた。陸軍軍人の道を選んだフランコは1910年、士官学校を卒業する。卒業席次は312人中の251番で、とうてい優秀とは言えず、風采もさえなかった。しかしフランコはスペイン領モロッコに派遣され現地住民の反乱軍との戦争で活躍、その豪胆さで「バラカ」（幸運と神の加護を持つ者）と呼ばれるようになる。武勲によりスペイン陸軍最年少の将軍となったフランコは植民地兵を使った労働者ストの鎮圧で功績を挙げ、1935年には参謀総長に就任する。

フランシスコ・フランコは内戦の中から軍事的成功でのし上がった独裁者でありながら、スペインで安定した長期政権を築いた。その死後は独裁者の失脚後にありがちな混乱も無く、王政復古から立憲君主制へと移行している

1920年代のスペインは不安定で、国王の任命した将軍による軍事政権の失敗が続き、1931年には国王

自身が亡命して共和国になっていた。この頃のフランコは国王にも共和国にも肩入れしておらず、職業軍人としての職務に専念していた。1936年の総選挙で社会主義者と共産主義者の連合した人民戦線派が勝利すると、右派勢力とにらまれたフランコはカナリア諸島に左遷されるが、7月17日、メリリャで右派軍人(ナショナリスト)が人民戦線政府打倒のため決起する。フランコは彼らの反乱計画に関与していなかったが、決起を知るとモロッコに移動してアフリカ軍の指揮権を掌握、スペイン本土に侵攻した。内乱当初のフランコは反乱軍側の司令官の一人に過ぎなかったが、同僚の将軍たちが戦死や敗退で次々と脱落する中、トレド市攻略の功績を挙げてナショナリスト側の筆頭に躍り出る。10月に反乱軍側の元首に選出され統領を名乗ったフランコは、国家社会主義政党ファランヘ党を傘下に収め、ドイツやイタリアから武器弾薬、さらにはゲルニカ爆撃で知られるコンドル軍団(※)などの援軍を得て内乱を有利に進め、1939年4月1日にマドリードを降伏させて血塗れの内戦に勝利を収めた。内戦の犠牲者60万人のうち40万人はナショナリストによるテロや処刑、獄死と推定されている。

玉虫色のバランス政策で安定した長期政権を実現

フランコは機を見るに敏だが、明確なイデオロギーを持たない機会主義者だった。人民戦線政府を打倒すると、ナショナル・カトリシズムを標榜して王政を宣言したが、君主政への移行時期については明言せず、はぐらかし続けた。フランコは秘密警察やファランヘ党を用いて人民戦線派の残党をはじめ自由主義者や労働組合、バスク独立派などを容赦なく弾圧し、独裁政治を支える柱としてファランヘ党による一党支配を敷いたが、フランコ自身はファランヘ党の掲げる国家社会主義には共鳴せずブレーキをかけた。教会や資本家、地主制度など既成勢力を温存する一方で、国家権力の干渉による経済統制を推し進めた。フランコは保守勢力と右派を味方につけながら、その誰も勝たせないという玉虫色の政策で支配を握り続けた。そしてフランコの友人や協力者などの取り巻きが「二百家族」と呼ばれる新たな支配層を形成し、統制経済に寄生して利益を貪った。

フランコは反共主義の立場から日独伊防共協定に参加

※…ナチス・ドイツからスペイン内戦に派遣された部隊で、名目上は義勇兵とされたが、空軍を中心とするドイツ国防軍で構成されていた。

するが、第二次大戦がはじまると中立を宣言する。１９４０年10月22日にはジブラルタル攻略のため参戦を迫るヒトラーと会見するが、内戦の疲弊を理由にヒトラーの要求をぬらりくらりとした態度ではぐらかし、参戦を回避した。しかしドイツの顔を立てる必要を感じたフランコは１９４１年、義勇部隊「青師団」を東部戦線に派遣している。

1940年10月23日、スペイン・フランス国境の町アンダイエでヒトラーと会談したフランコ。ヒトラーは英領ジブラルタルの占領とスペインへの譲渡などを条件に、スペインの参戦を求めたが、フランコは内戦による疲弊などを理由に参戦の確約を与えなかった

　大戦が連合国の勝利に終わると、深入りしなかったもののの親枢軸派であったスペインは国際的な孤立に陥る。フランコはこの孤立をユダヤ人＝フリーメーソン＝共産主義者の陰謀だと主張して自給自足経済を進める。だが米ソの冷戦がはじまるとフランコは反共の尖兵としてスペインをアメリカに売り込み、軍事援助を受けて国際社会への復帰に成功する。フランコはモロッコなど海外植民地を手放し、ファランヘ党を切り捨て統制経済を自由化し、１９６０年代にはブルボン王家のファン・カルロス王子を後継者に指名して体制の安定を図った。だが１９７３年には腹心のブランコ首相がバスク民族主義者に爆殺され、フランコの体調悪化と共に彼の巧妙な手腕で維持されてきた独裁体制は揺らぎはじめる。

　１９７５年10月、病に倒れたフランコは１カ月以上の闘病の末、11月20日に死亡。統治権をファン・カルロスが継承しスペインは王政となった。ファン・カルロス国王の下でスペインは民主化された立憲君主国家に移行し、安定した発展を遂げる。その台頭から死後にいたるまで、終始幸運に恵まれ続けた独裁者であった。

（文／司史生）

ルーマニア
社会主義共和国

「反逆」と「溺愛」の果てに

ニコラエ・チャウシェスク

生没年：1918年1月26日～1989年12月25日
独裁期間：1967年（最高指導者就任）～1989年（革命中の軍事裁判により処刑）

独自の外交路線で注目を集めたチャウシェスクの「逆張り」戦略

ニコラエ・チャウシェスクは、ソ連に支配された東欧社会主義陣営の「逆張り」を狙った冒険者だった。それは一時的に成功したように見えたが、過信と偏愛によって最後に破滅へ追い込まれ、後世まで禍根を残した独裁者である。

農村出身ながら若くして首都ブカレストで工場労働者になったチェウシエスクは1932年にルーマニア共産党に加盟した。当時のルーマニア王国は共産党を非合法とし、さらに1941年には第二次世界大戦に枢軸国側で参戦したため、チャウシエスクは常に生命の危機にさらされ、数度の逮捕を経て1943年には強制収容所へ送られたが、チャウシェスクは後に妻となるエレナと共

当初はソ連と適度な距離を置く外交政策などで国内外の支持を集めたニコラエ・チャウシェスク。しかし政権後期になると対外債務返済のため国民生活は窮乏、さらに人口政策の失敗なども重なり、東欧革命の中で処刑される

に生き延びた。1944年にルーマニアが連合国側に寝返り、さらにソ連の圧力で1947年に人民民主主義政権が成立すると、チャウシェスクは強制収容所で一緒だったゲオルゲ・ゲオルギウ＝デジ書記長兼首相の下で順調にキャリアを重ねた。私生活でもチェウシェスクは1946年にエレナと結婚し、2男1女の父親となった。

1965年、デジの病死でナンバー2のチャウシェスクが第一書記になると、党名を労働者党から共産党に戻し、国名を社会主義共和国へと変更して、前任者の地盤を活かしながら権力を拡大した。農業生産力が高く、当時の欧州では貴重な産油国でもあったルーマニアはソ連に服属する必然性が低く、チャウシェスクは1968年の「プラハの春」でソ連主導のワルシャワ条約機構軍介入を批判した。これは西側諸国から歓迎され、投資の誘致やIMF（国際通貨基金）加盟も実現した。中ソ対立中の1971年には北京も訪問して中国の毛沢東と会談。一方、アルバニアのような対ソ断交やユーゴ型の非同盟主義路線には踏み込まず、ワルシャワ条約機構や経済相互援助会議（コメコン）に残留してソ連との友好関係を維持したチャウシェスクは「理想的な社会主義指導者」と称賛され、1974年には初代大統領に就任した。

崩壊するチャウシェスク体制と現在まで残る禍根

しかし、「逆張り」で成功したチャウシェスクを「愛情」が狂わせた。文化大革命を指導したのが江青夫人という影響もあり、実体のない「科学者」として台頭した妻のエレナが発言力を強め、1980年には第一副首相に就任して事実上のナンバー2となった。さらに次男のニクは1982年に共産党中央委員となって後継者に浮上したが、強力な秘密警察（セクリタテア）（※1）を支配した粗暴な振る舞いで悪名も高まった。

80年代に入ると積極的な外資導入が徒となり、ルーマニアは巨額の対外債務に直面した。チャウシェスクは「飢餓輸出」（※2）で西側諸国との友好関係を維持したが、巨大な「国民の家」（議事堂宮殿）の建造や親族起用の偏重は飢餓や燃料不足に苦しむ国民から怨嗟を呼んだ。また「国母」エレナによる避妊と堕胎の禁止は「チャウシェスクの落とし子」と呼ばれた大量の孤児を生んだ。

それでもチャウシェスクは自らの体制維持に自信を

※1…ルーマニア社会主義共和国の秘密警察機関。主に孤児院出身者で構成され、防諜活動、反体制派の監視や尋問、大統領周辺の要人警護などを任務としていた。
※2…外貨獲得のために、食料など国民に必要な物資をも輸出に回すこと。

持っていたが、ソ連でペレストロイカが進み、東欧諸国で続々と社会主義体制が民主化すると、チャウシェスク体制は存続の必然性も推進力も失った。先を読んだ独自色と全方位外交で生き残った異端児は、世界の変化に取り残された時代錯誤の独裁者となっていた。ニクの横暴も止まらず、女子体操の「妖精」ナディア・コマネチにも愛人関係を強要してアメリカ亡命を招いた。

1989年12月、反政府運動が拡大するとチャウシェスクはセクリタテアに徹底鎮圧を指示し、自らは官製集会で健在のアピールを狙ったが、観衆からの野次と混乱にうろたえ、演説を中断した姿が国営テレビの生中継でルーマニア全土に伝えられた。直後に軍が決起し、セクリタテアとの壮絶な市街戦へ突入した。次にチャウシェスクが映されたのは、大統領宮殿からの脱出後に拘束され、エレナと共に即決軍事裁判で処刑された後だった。血を流して横たわる二人の死体がルーマニア革命の終結を告げたのである。

1973年、ホワイトハウスで撮影されたチャウシェスク夫妻（写真左側）と米大統領ニクソン夫妻。社会主義陣営の一員でありながら、西側とも親密な関係を築いたチャウシェスクの全方位外交だったが、冷戦構造の変化によって次第に苦境に立たされていった

現在のルーマニアではチャウシェスクの影響はほぼネガティブ一辺倒である。革命時に愛人と共にテレビで晒されたニクは1996年に45歳で死去し、両親の支配体制に無関与だった長男のヴァレンティンのみが健在である。もっと深刻なのは「落とし子達」、即ち孤児院出身者で、施設での虐待は成人後も大きな問題となった。更にエレナが「自国には不在」として一切の対策を放棄したエイズは麻薬と共にルーマニアに蔓延し、現在まで深刻な社会問題となっている。

（文／中西正紀）

セルビア共和国

セルビアの吸血鬼 スロボダン・ミロシェヴィッチ

生没年：1941年8月20日〜2006年3月11日
独裁期間：1989年（大統領就任）〜2000年（デモにより退陣）

セルビア民族の庇護者として

スロボダン・ミロシェヴィッチは1941年、セルビアに生まれた。スロボダンの父親は司祭だがだらしない人物で、夫と離婚した小学校教師の母親から厳しく躾られたスロボダンは、強い女性に頭が上がらない優等生に育った。スロボダンは1958年、生涯の伴侶となるミリャナ・マルコヴィッチと出会う。1965年、ベオグラードの大学を卒業すると二人は結婚、妻が大学で教鞭を執る一方、スロボダンは共産党員として活動し、国営企業やベオグラード市政でキャリアを積んでいく。

チトー没後の1987年にセルビア共産党議長となったミロシェヴィッチはコソボ自治州を訪問する。コソボはアルバニア系住民とセルビア系住民の対立を抱えた地域であったが、ミロシェヴィッチはセルビア系住民を擁護する発言をした。この発言が民族の融和を国是とする連邦の体制を脅かすものとみなされたミロシェヴィッチは非難の矢面に立たされ窮地に立つが、妻ミリャナの繰り広げたメディアキャンペーンによってセルビア民族の

セルビア共和国大統領時代のスロボダン・ミロシェヴィッチ。セルビア民族主義を煽動することで国内から熱狂的な支持を集めたが、国際社会の中では孤立を深めることとなった

支持を集めた。窮地を脱したばかりか発言力を強めたミロシェヴィッチはセルビア共和国の党組織を掌握する。1989年に新設のセルビア大統領に就任、共産党解体後の1990年には共産党を鞍替えしたセルビア社会党党首として大統領選挙に勝利し、政権基盤を固めた。

ミロシェヴィッチ自身は権力獲得のため時流に便乗した機会主義者で、この時も共産主義から民族主義に乗り換えただけであった。頑固なセルビア民族主義者としてプロパガンダを繰り広げたのが妻ミリャナで、スロボダンは生涯を通じて激しい性格のミリャナの影響下にあった。ミロシェヴィッチ夫妻は民主主義と排他的民族主義を結びつけることで支配を固めたが、それは多民族国家ユーゴスラビア連邦を崩壊させるパンドラの箱となった。

崩れ去る多民族国家
ユーゴ紛争の混乱と結末

ミロシェヴィッチ夫妻のセルビア民族主義は連邦構成国の反発を強め、1991年にはスロヴェニア、クロアチア、マケドニアが連邦からの離脱を宣言、チトーがまとめあげ鉄腕の下に統一を保ってきたユーゴスラビア連邦は事実上崩壊した。クロアチアとボスニア・ヘルツェゴビナではセルビア系住民の対立が激化した。パルチザン時代の伝統に従った国民皆兵制主義を採っていたユーゴスラビアでは、市民が平素から訓練され身近なところに武器が保管されていた。そのため激化した対立はたちまち近代兵器による内戦に陥った。ミロシェヴィッチはセルビア系住民の民兵組織を支援し、1995年の停戦までに数十万人以上の民間人が犠牲となった。この内戦では互いの民兵による一般市民への虐殺や略奪が繰り返されたが、国際社会はセルビア系民兵を後押しするミロシェヴィッチを内戦の主犯とみなし、セルビアに経済制裁を加えた。

ミロシェヴィッチは国際社会からの孤立を逆に結束の手段として国民を煽動し、その権勢は絶大なものとなっていた。経済制裁を加えられたセルビアでは闇取引が横行したが、ミロシェヴィッチ夫妻は闇取引を牛耳る経済マフィアと結託し、セルビアの国家予算の実に40%に達する不正利得を得ていたという。この間ミロシェヴィッチの専横を批判する者は公安警察に逮捕拘禁されるだけでなく刺客が差し向けられ、ミロシェヴィッチの元上司スタンボリッチなど夫妻の政敵が次々と拉致殺害されている。

内戦終結後の1997年、セルビアとモンテネグロの二国のみとなったユーゴスラビア連邦の大統領に就任したミロシェヴィッチは、因縁の地であるコソボ自治州の弾圧に乗り出した。だが国際社会を嘲笑するかのようなミロシェヴィッチの強硬路線に対し、NATO軍はセルビアへの爆撃に踏み切った。経済制裁に加え首都ベオグラードへの爆撃による経済の麻痺により、ミロシェヴィッチは1999年、コソボから撤兵し、事実上の独立を承認せざるをえなかった。コソボの喪失によりミロシェヴィッチの専横と経済制裁に甘んじてきたセルビア国民の忍耐も限界に達した。2000年の連邦選挙で不正選挙が指摘されるとセルビア全土でデモとストが巻き起こり、ついにミロシェヴィッチは権力の座から滑り落ちた。

2001年4月1日、職権濫用と不正蓄財の容疑で新政権に逮捕されたミロシェヴィッチは6月28日、ハーグの国際戦犯法廷に引き渡され、コソボにおける住民虐殺容疑で裁判にかけられた。ミロシェヴィッチは無罪を主張し続けたが、ハーグに収監中の2006年3月11日、心臓発作で死亡した。ミロシェヴィッチの墓には生前の専横を恨む反体制活動家が伝統に則った悪魔祓いの儀式を行い、埋葬された遺体が復活しないよう杭を打ち込んだという。

(文/司史生)

ポーランド共和国

ユゼフ・ピウスツキ

「民主・反ナチス」の独裁者

生没年：1867年12月5日～1935年5月12日
独裁期間：1926年（軍事クーデター）～1935年（病死）

ポーランドの独立維持のため多方面外交を展開

ロシア帝国（現リトアニア領）に住むポーランド没落貴族の家に生まれたピウスツキは医学生となったが、1887年の皇帝アレクサンドル3世暗殺未遂事件に兄ブロニスワフが連座、自身もシベリアで5年間の強制労働を強いられた。これでピウスツキは社会主義者となり、釈放後はポーランド社会党の設立に参加して地下新聞の発行を続け、後に国外から民族運動を指導した。第一次大戦ではドイツやオーストリアと協力した「ポーランド軍」を指揮してロシアと戦ったが、戦後のポーランドの扱いを巡る対立から1917年にドイツによって逮捕された。

結果として分割占領の憂き目を見たが、独ソ双方と不可侵条約を結ぶなど、ポーランドの安定のために尽力したピウスツキ。また多民族国家の建設を目指したピウスツキ政権下ではユダヤ人政策も比較的穏健で、現在でもポーランド国内における彼の評価は高い

1918年11月、釈放されたピウスツキはワルシャワに戻り、共和国の独立を宣言して大統領に就任した。18

世紀末のポーランド分割（※1）以来、123年ぶりに独立国となったポーランドは革命で混乱するソヴィエト・ロシアに侵攻。このポーランド・ソヴィエト戦争はポーランドの勝利で終わり、同軍初の元帥となったピウスツキは分割前の領土の多くを奪回した英雄となった。

　ピウスツキは1923年に一度政界を去るが、ポーランドは大統領の暗殺などで政情不安が続き、その収拾を望む軍部に担がれる形で1926年、再び表舞台に登場した。社会党のイグナツィ・モシチツキを大統領とし、自らは首相兼国防相として国政と軍隊を掌握したピウスツキは独裁体制を築いて多民族国家の安定を図ったが、これはクーデターによる数百人の死者と、フランス革命まで欧州で最も先進的だった議会主義の伝統という犠牲の上に成立していた。ピウスツキは1928年に首相を辞任（1930年に短期間復帰）して国防相兼陸軍最高司令官に専念したが、首相は自らが組織した「親政府無所属ブロック」から選ばれ続け、最終的に社会党も野党に転じて、民主主義の維持をうたったピウスツキ体制はその実を失っていた。

　外交では1929年からの大恐慌で英仏中心のヴェルサイユ体制が動揺すると、1932年にソ連と不可侵条約を締結。また、ドイツのヒトラー政権とも1934年に不可侵条約を結び、ポーランドの安全は確保されたように見えた。

　しかし、ソ連の指導者スターリンがポーランドに潜在的な敵意を持つ事も、ナチスが「ポーランド回廊（※2）」奪回を含む東方への「生存圏拡大」やユダヤ人迫害を提唱している事もピウスツキは承知していた。特にヒトラー政権誕生の直後にはフランスに先制攻撃による「予防戦争」を提案したが却下されている。独ソとの不可侵条約は時間稼ぎにすぎず、表面上の平穏の陰で祖国に再び危機が迫っている事を知りながら、ピウスツキは他の手段を選ぶ事が出来ず、それを模索する時間も残されていなかった。

ピウスツキの評価と兄ブロニスワフ

　1935年5月12日、ピウスツキは首都ワルシャワの大統領宮殿で死去した。ポーランドはピウスツキ派による集団指導体制へ移行し、1939年には英仏と相互援助条約を結んだが、独ソ不可侵条約の秘密議定書（※3）

※1…18世紀後半、ポーランド・リトアニア共和国の領土が3度に渡り、プロイセン王国、オーストリア帝国、ロシア帝国の3国によって分割併合された事件。

※2…第一次大戦後、ドイツからポーランドに割譲されたバルト海沿岸地帯。これにより東プロイセンはドイツ本土と離れた飛び地となった。

によってその運命は決した。１９３９年９月１日に始まったドイツ軍の侵攻、及び17日からのソ連軍の侵攻でポーランドは再び東西に分割され、第二共和国は21年間で消滅した。

しかし、ピウスツキの足跡はその後もポーランドに残った。ロンドンで発足したポーランド亡命政府は第二次大戦で連合国側に立ち、戦後にソ連の後押しで成立した社会主義国家、ポーランド人民共和国の正統性を拒否した。社会主義体制放棄後の１９９０年、自由選挙で自主管理労組「連帯」の元代表レフ・ワレサが大統領に就任する時、亡命政府はその権限を全て移譲し、現在のポーランド第三共和国はピウスツキの第二共和国の正当な後継者を自称し、現在もピウスツキは高い評価を与えられている。

1923年に政界を一度退いたピウスツキだったが、国内の混乱を鎮めるべく1926年5月12日にクーデターを起こして実権を握った。写真はクーデター開始の翌日（1926年5月13日）、ワルシャワ市内で撮影されたピウスツキ（写真一番手前の人物）

なお、兄のブロニスワフは流刑先のサハリンで先住民のニヴフや樺太アイヌの言語研究に刑期満了後も従事し、その女性と結婚して２人の子供が産まれた。日露戦争後に同地が日本に編入された１９０５年、ブロニスワフは日本に渡り、二葉亭四迷と共に日本・ポーランド協会を設立、その後は主に西欧のポーランド人コミュニティで民族主義運動を続けたが、弟が独立ポーランドの復活を宣言する半年前、パリで自殺した。ブロニスワフの子供は第二次大戦後も日本に住み、孫が民主化後のポーランド政府に招かれている。自らも日露戦争中に日本からポーランド民族運動を指揮したピウスツキは、独裁体制を敷いた後の１９２８年に同戦争中の対露工作に従事した日本軍人に勲章を授与している。

（文／中西正紀）

※3…ドイツとソ連によるポーランドの分割占領の他、フィンランドやバルト三国をソ連の勢力圏とすることなどが定められた。

ベラルーシ共和国

欧州最後の独裁者

アレクサンドル・ルカシェンコ

生没年：1954年8月30日～
独裁期間：1994年（大統領就任）～

自国より「ソ連」を求めて

アレクサンドル・ルカシェンコはソ連の「最後の落とし子」である。その社会システムの中で成長し、その崩壊の混乱を利用して権力の座を奪取したが、ソ連の復活はかなわず、奇行と制裁ばかりが注目される存在となっている。

ルカシェンコの生い立ちについては謎が多いが、当時の白ロシア社会主義共和国の東部、モギリョフ州の農村で貧しい家庭に育ち、そもそもベラルーシ人ではなく隣国のウクライナ人という説もある。地元のモギリョフ教育大学に入学すると、ソ連共産党の青年組織（コムソモール）で活動し、その後はソ連軍の政治将校となった。この経歴は当時のソ連の指導者、レオニード・ブレジネフとも重なるコースだった。

ベラルーシで1994年から長期政権を続けているアレクサンドル・ルカシェンコ大統領。大のスポーツ愛好家としても知られており、国内にスポーツ施設を多数建設している

ここからルカシェンコは時代の変化に立ち向かう。農業アカデミーの通信科で学んだ後、モギリョフ州の国営農場（ソフホーズ）の支配人となったルカシェンコは、

当時のソ連社会に巣くう腐敗や飲酒と対決した結果、1989年末の共和国最高会議（国会）選挙で政界に進出し、若いリーダーとして広く知られるようになった。

白ロシアはチェルノブイリ原発事故で深刻な被害を受けた後、1991年のソ連崩壊によりベラルーシ共和国として完全独立したが、ロシアの影響を抑える自由化・民族主義的政策に反発が強まっていた。最高会議の汚職追放特別委員会議長として政府の混乱を見ていたルカシェンコはロシアとの再統合を掲げ、初代大統領を選ぶ1994年の選挙で当選した。この大統領選では旧KGBのロシア連邦保安庁がルカシェンコを支援し、ライバル候補をスキャンダルで攻撃したという噂がある。大統領になったルカシェンコは早速国旗のデザインを変え、赤い星と旧国章（鎌とハンマー）を除いただけのソ連時代の白ロシア国旗に戻し、本来の自国語であるベラルーシ語も「下品な田舎言葉」として厳しく制限した。ウクライナのような独立経験に乏しいベラルーシでは、独自色よりロシアとの一体化を求める国民が多かったのである。

さらに1999年、弱体化したボリス・エリツィン政権が続くロシアと連合国家創設条約を結んだ。両国が対等な立場で統合を目指す国家機構はベラルーシの首都ミンスクに置かれ、ルカシェンコは復活したソ連の最高指導者になる夢を拡げたが、2000年末にロシアの新大統領となったウラジーミル・プーチンはこれを潰した。KGBのエリートだったプーチンにすればルカシェンコは粗暴な増長者でしかなく、ウクライナの民族派政権と違ってアメリカやEUがルカシェンコ政権を利用する可能性もないので、プーチンは連合国家構想を有名無実化した上でロシア主導の経済体制を作り上げた。プーチンの中継ぎでロシア大統領になっていたドミトリー・メドヴェージェフからは「人間としての礼儀すらない」とまで非難された。

奇行と迷走、そして……

ソ連復活の野望は潰えてもルカシェンコ政権は続き、各種の選挙でも欧米からの不正選挙非難を跳ね返し続けた。EUはルカシェンコを含むベラルーシ高官に入国禁止令を出してルカシェンコのロンドン五輪開会式出席を阻止し、その奇行はゴシップ誌の定番になったが、厳しい情報統制と野党指導者の亡命、地政学上ベラルーシを手放せないロシアの支援で延命し続けた。

果てなく見えたルカシェンコ政権だったが、２０２０年に世界を襲った新型コロナウイルス問題が思わぬダメージを与えた。石油製品の国際需要激減は低迷する経済を一層悪化させた上、ロシアでは延期された対独戦勝75年軍事パレードを5月に首都ミンスクで強行し、「ウォッカを飲む」「サウナに入る」「トラクターを運転する」という謎の対処法をとった結果、最終的にルカシェンコ自身が無症状の感染者となった。それでもルカシェンコはマスクをせずに全国を回り、野党の有力候補を軒並み拘束して8月の大統領選挙に「圧勝」で6選したが、野党系ブロガーの妻で本人は政治経験のなかったチハノフスカヤへの支持行動は全国で高まり、辞任を拒否するルカシェンコとの溝は深まった。政権の存続は「カラー革命」を避けたいロシアや、ベラルーシ産石油製品の顧客としてその民主化に期待するEUの意向に左右される情勢になっている。

ルカシェンコには妻と2人の息子がいるが、特に妻は全く表に出てこず、大統領の謎をさらに深めている。ただし別の女性との間に生まれた息子は上記のパレードなどで父親に同行している。

（文／中西正紀）

オーストリア共和国

ナチスに殺されたファシスト

エンゲルベルト・ドルフース

生没年：1892年10月4日〜1934年7月25日
独裁期間：1932年（首相就任）〜1934年（暗殺）

エンゲルベルト・ドルフースは1892年、オーストリアのニーダーエステルライヒ州に生まれたが、両親が正式な結婚をできず、継父に育てられた。幼年期はカトリックの神学校で学び、その後はウィーン・ベルリンの両大学で学んだ。153cmの低身長のため徴兵検査で一度落とされるなど、彼の経歴には影がつきまとった。

第一次大戦後のドルフースは政府の農業部門で働き、1927年には故郷の州で農政局長になっていた。1930年、カトリックをベースとした保守主義政党、キリスト教社会党（CS）に加入したドルフースは政界に転じて国有鉄道の総裁、次いで農林大臣に任命されたが、主要ポストの経験はなかった。

一転したのは1932年5月、ミクラス大統領によるドルフースへの首相任命である。世界恐慌への対策はまだ39歳の新進政治家に委ねられた。ドルフースは社会不安への解決策をカトリックとの協調に求め、イタリアでムッソリーニが進めるファシズム（権威主義）体制を導入した。1933年、ドルフースはCSを元にした愛国戦線を組織し、これで非合法化された社会民主党による1934年2月の反乱も抑えて強権体制を完成させた。

しかし、ドルフースにはもう一つの難敵、ナチスがい

ドイツで勃興するナチズムに対抗するため、イタリアのファシズムとの連繋を選択したドルフース。当時、独伊の関係は後年ほど緊密ではなく、ムッソリーニとも懇意だったドルフースの暗殺は両国が軍事的に衝突しかける危機に発展した

た。1933年1月に政権を獲得したヒトラーが短期間で強力な独裁体制をドイツで築くと、オーストリアは併合の危機を迎えていた。元々同民族の両国はつながりも深く、ドルフース自身もプロテスタントのドイツ人女性と結婚して子供もいたが、自国を捨てた元伍長が率い、新参でカトリックからも遠いナチス体制に呑み込まれるのは論外だった。1933年6月、ドルフースはムッソリーニの支持も得てオーストリアのナチスを禁止し、1934年4月には新憲法を制定して民主主義を否定する「オーストロ・ファシズム」体制を完成させた。

しかし1934年7月25日、オーストリア・ナチス党の党員が首相官邸に侵入し、ドルフースを射殺した。これによるクーデター計画はミクラス大統領の命を受けたシュシュニック文相により鎮圧され、暗殺に激怒したムッソリーニがオーストリア国境に4個師団を派遣してドイツの介入を阻止した。オーストリアの危機は一度去ったが、それは4年弱の延命だった。1938年3月、最後通牒の前にシュシュニック首相とミクラス大統領は辞任し、ウィーンはムッソリーニと組んだヒトラーを新たな支配者として迎えたのである。

（文／中西正紀）

ギリシア王国

政争の国で迷走する「大佐」
ゲオルギオス・パパドプロス

生没年：1919年5月5日～1999年6月27日
独裁期間：1967年（クーデターによる政権奪取）～1973年（クーデターにより失脚）

ゲオルギオス・パパドプロスはギリシア南部のアカイアに生まれ、父は教師を務めていた。パパドプロスが陸軍士官学校を卒業した1940年、ギリシアはイタリアの侵攻で第二次大戦に巻き込まれ、1941年にはドイツにより全土を占領された。しかしパパドプロスは最初、ドイツ占領軍の下で左派レジスタンスを弾圧し、大戦後期は中東に脱出してイギリス軍に協力する右派軍事組織を作った。ただ、戦後のギリシアは英米の支援を受けた右派政権が共産主義勢力との激しい内戦に勝利したため、パパドプロスの行動は問題とならず、逆に内戦での活躍により昇進を重ねた。当時からその強硬姿勢は知られ、1951年には非合法だったギリシア共産党の指導者、ベロヤニスに軍法会議で死刑を宣告している。

しかしギリシア情勢は混乱が続き、1963年に右派与党の選挙妨害を跳ね返した中道派のパパンドレウ政権も、左右からの攻撃の末に国王コンスタンティノス2世の政治介入で崩壊した。軍の情報機関の高級将校となり、アメリカＣＩＡも支援したとされるパパドプロスはこの状況に不満を強めていた。

１９６７年４月、パパンドレウ政権の復活が予想された総選挙を前にパパドプロス大佐は決起し、中東時代の仲間と共に首都アテネを制圧した。政治家は軒並み投獄・監禁され、国王ですら同年12月に反クーデター決起の失敗で亡命して、治安警察が支えアメリカが支持するパパドプロス独裁が確立した。彼は言論統制の延長でギリシアの古典劇も上演禁止し、男性の長髪や女性のミニスカートも禁止という奇妙な政策を続け、西欧の知識人から非難と嘲笑を浴びた。彼自身も１９７０年、２人の子を作った後に長年別居した妻と離婚するため個人的に法律を作り、離婚成立直後に同法を廃止して、既に娘もいた愛人と再婚した。

１９７３年６月、パパドプロスは正式に王政を廃止して大統領となり、クーデター以来の戒厳令も解除したが国民の反発は根強く、11月に学生デモの武力鎮圧で80人の死者を出した。直後、部下達のクーデターでパパドプロスは失脚し、自宅軟禁となった。権力は「大佐団」と呼ばれる陸軍将校達に移行したが、１９７４年にキプロス介入で失敗すると政権を投げ出し、文民政権が復活した。新政権は軍人達を断罪し、今度はパパドプロスが死刑判決を受けた。これは後に終身刑に減刑されたが、パパドプロスは恩赦を拒否し、１９９９年に病死した。

（文／中西正紀）

ブルガリア人民共和国

トドル・ジフコフ

時代の流れまでソ連を引き写した指導者

生没年：1911年9月7日〜1998年8月5日
独裁期間：1956年（共産党第一書記でスターリン批判）〜1989年（民主化運動で辞任）

トドル・ジフコフはブルガリア西部、首都ソフィアの近郊で農民の家庭に生まれた。当時のブルガリアは王政で共産党は非合法だったが、ジフコフは1928年に青年組織への加入で社会主義運動に参加し、1934年に国王ボリス3世が全政党を禁止した後も活動を続け、第二次大戦中もブルガリアに進駐したナチス・ドイツへの抵抗運動を組織した。

1944年、ドイツを破ってソ連がブルガリアを占領するとジフコフはソフィアの警察責任者となった。1946年、正式にブルガリアで共産党政権が成立するとジフコフの地位も高まり、1948年に党中央委員、1951年には政治局員に選ばれた。

そして1954年、ジフコフは党の第一書記に就任した。前任者のチェルヴェンコフは「ミニスターリン」型の粛清を続けたが、本家のスターリンが1953年に死去した事で立場が危うくなった結果だった。ただし当初はいわば代理と見られていたが、1956年にフルシチョフがスターリン批判に踏み込むとジフコフはこれに同調し、党内の主導権を握った。さらに1962年には首相、ソ連がブレジネフ政権で保守回帰した1971年には国家元首となった。

以後、ジフコフはソ連指導部の動きを見ながら慎重な行動を続けた。元々ブルガリアはロシアの支援でトルコから独立した国で、「ソ連邦16番目の加盟国」とすら言われる施政を続けても大きな抵抗は無かった。当然、それはソ連同様に共産党と秘密警察が厳しく社会を統制したためでもあり、言論の自由は乏しく、党高官親族の縁故登用も類似していた。ただし、政治局員になった娘のリュドミラは1981年に38歳の若さで亡くなっている。

このように「停滞の時代」を大過なく生き抜いたジフコフ体制だったが、ペレストロイカから始まった1989年の東欧民主化、特に11月9日のベルリンの壁崩壊には対応できなかった。少数民族のトルコ人に対する改姓強制からはじまった混乱に対し、党政治局員のムラデノフらはジフコフに引退を迫り、11月10日にジフコフは高齢を理由に党第一書記を辞任、続いて国家元首からも退いた。１９９０年１月にジフコフは党を除名され、公金横領の罪で起訴されたが、１９９６年に最高裁で無罪が確定して、１９９８年に86歳で死去した。隣国ルーマニアのチャウシェスクがたどった、無理な工業化や苛酷な統治が招いた軍事裁判での銃殺という運命からは逃れたのである。

（文／中西正紀）

1950年代半ばから1980年代末までブルガリアで長期政権を築いたトドル・ジフコフ。対外的には一貫してソ連指導部に追従する姿勢を取ったものの、その結果、ソ連からの支援によってブルガリアの工業化が進められたのもまた事実だった

アルバニア人民共和国

孤高の「真正スターリン主義者」
エンヴェル・ホッジャ

生没年：1908年10月16日〜1985年4月11日
独裁期間：1944年（首相就任）〜1985年（病死）

アルバニア南部のギロカストラでイスラム教徒の商人の家に生まれたホッジャは、１９３０年に当時の王国政府（※）の奨学金でフランスに留学したが、程なく退学してフランス共産党に加入し、反王政記事を寄稿した。１９３６年に帰国して中学校教師になっても変わらず、１９３９年にアルバニアを占領したイタリアへの協力を拒絶して解雇されると、首都ティラナで開いたタバコ屋を拠点に共産主義者を密かに集めた。

独ソ戦開始後の１９４１年11月、ホッジャは創設されたアルバニア共産党の中央委員となり、１９４３年には党第一書記に選ばれた。なお、この時に女性同盟の書記に選ばれた元ティラナ大学生のネジミエと戦後に結婚する事になる。同党はチトーらユーゴスラビア共産党と連動したパルチザン運動へと移行し、１９４４年に祖国解放に成功した。ホッジャは王政復帰を拒否し、１９４６

※…アルバニアは1914年にオスマン帝国からアルバニア公国として独立し、第一次大戦後の1925年に共和国、1928年には王国となっていた。

年には人民共和国の首相となって、共産党から改称した労働党の第一書記として全権を掌握した。

その後、ホッジャは徹底的な国粋化を進め、1948年にはチトー独裁体制のユーゴと断交し、これに反対した国防相を処刑した。同時期のギリシア内戦で反共政権が勝利したため、アルバニアの陸上国境は封鎖された。この結果、ホッジャはチトーを修正主義と攻撃するスターリン主義へ本人以上に傾倒した。従って、1956年にフルシチョフが行ったスターリン批判は全く受け入れられず、ソ連とも断絶した。

そこでホッジャは中国に接近し、1960年代の中ソ対立でも両国は協力してソ連修正主義を攻撃した。アルバニアの活動は1971年に中国を国連加盟へ導き、アルバニア国内では毛沢東の文化大革命を称賛する宣伝が溢れた。これはネジミエ夫人の影響力を強める事にもなり、1967年の「無神論国家」宣言による全国でのモスク・教会閉鎖で頂点に達した。ところが、毛沢東の死後に鄧小平が「改革開放」路線に進むとホッジャは再び激怒し、協力関係は破綻した。ホッジャは1981年に首相を含む多くの高官を粛清し、全土に60万個の防御用トーチカを作ったが、アルバニアは貧しいままだった。

1985年、ホッジャは40年を超える独裁の末に病死した。「弔問外交の阻止」を理由に外国人参列を一切拒絶する態度は変わらなかったが、アルバニアはわずか6年後、ホッジャの後継者のアリアが社会主義を放棄し、ネジミエ夫人も参加した共産党は弱小政党へ転落したのである。

（文／中西正紀）

ホッジャがスターリン主義に固執し、スターリン批判や修正主義を激しく非難したことで、アルバニアは東側陣営の中でも孤立を深めた。ホッジャの政権末期には事実上の鎖国状態となり、ニュージーランド共産党など一部の「アルバニア派」を除いて交流は途絶えていた

《アジア編》

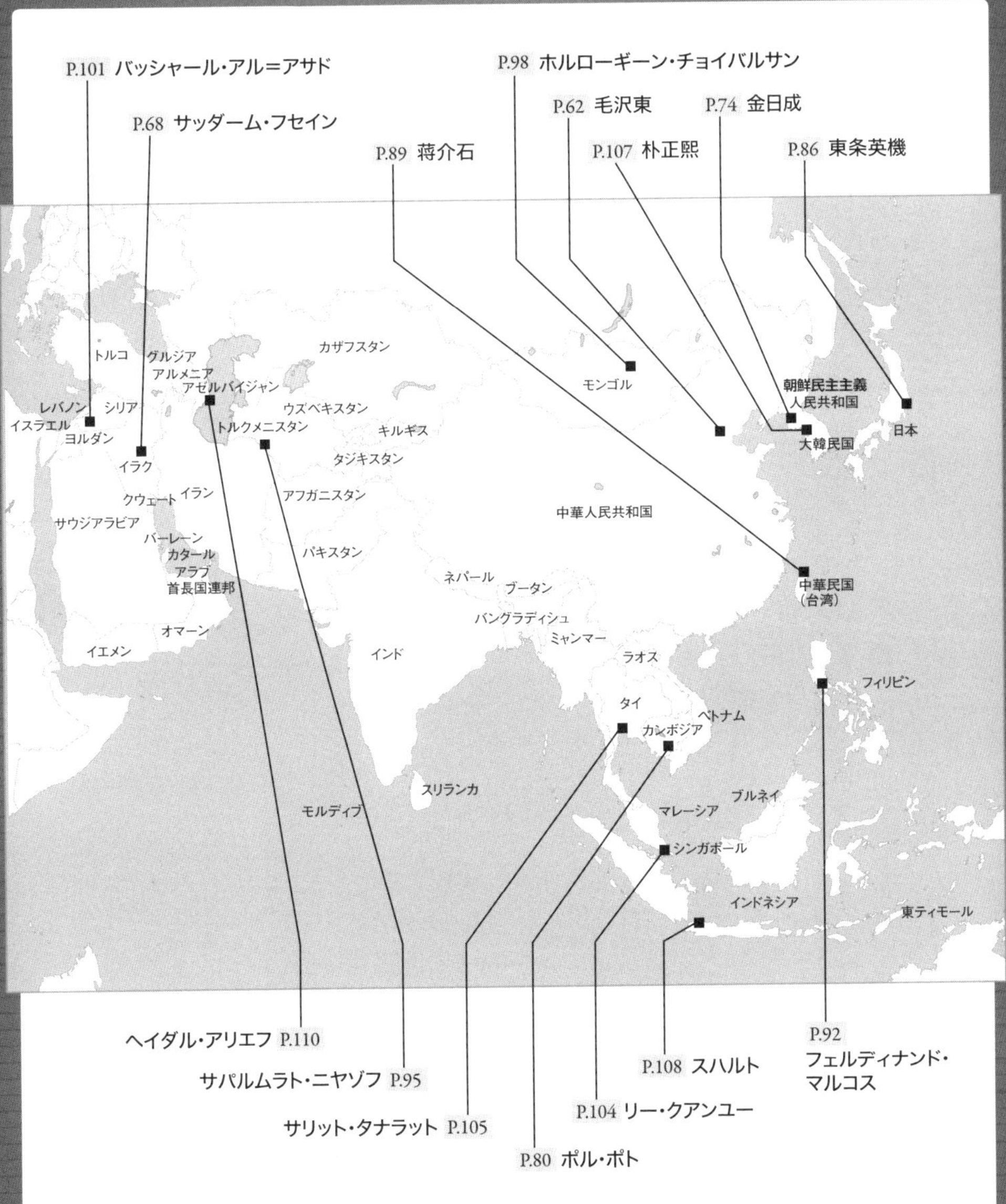

P.101 バッシャール・アル＝アサド
P.68 サッダーム・フセイン
P.89 蒋介石
P.98 ホルローギーン・チョイバルサン
P.62 毛沢東
P.107 朴正煕
P.74 金日成
P.86 東条英機
トルコ
グルジア
アルメニア
アゼルバイジャン
カザフスタン
モンゴル
朝鮮民主主義
人民共和国
大韓民国
日本
レバノン
シリア
イスラエル
ヨルダン
イラク
トルクメニスタン
ウズベキスタン
キルギス
タジキスタン
アフガニスタン
イラン
クウェート
サウジアラビア
バーレーン
カタール
アラブ
首長国連邦
パキスタン
中華人民共和国
ネパール
ブータン
中華民国
（台湾）
バングラディシュ
ミャンマー
オマーン
イエメン
インド
ラオス
フィリピン
タイ
ベトナム
カンボジア
スリランカ
モルディブ
ブルネイ
マレーシア
シンガポール
インドネシア
東ティモール
ヘイダル・アリエフ P.110
サパルムラト・ニヤゾフ P.95
サリット・タナラット P.105
P.80 ポル・ポト
P.104 リー・クアンユー
P.108 スハルト
P.92
フェルディナンド・
マルコス

中華人民共和国

毛沢東

中国革命の混乱に終止符を打った〝毛主席〟

生没年：1893年12月26日～1976年9月9日
独裁期間：1954年（国家主席就任）～1976年（病死）

革命家・毛沢東の経歴 農村中心の革命理論を提唱

孫文の辛亥革命に最終的な決着を付け、中華人民共和国を打ち立ててタイム誌の「20世紀の重要人物100人」にも選ばれた毛沢東（マオ・ツォートン）は政治家、軍事戦略家、思想家の独裁者であった。

毛沢東は1893年、湖南省の農家に生まれ、私塾に学び16歳で高等小学堂に入校、そこで西欧の学問から世界に目を向け、ナショナリズムに引き寄せられた。毛沢東は中学に進んだ後に辛亥革命が勃発すると革命軍に参加。しかし革命政権はすぐに潰れ、毛沢東は革命から離脱し師範学校に入校、ここで共産主義に影響され革命運動を再開する。当時の中国は軍閥の割拠する内戦状態だが、その中でソ連が後援する中国共産党が1921年7月に発足。毛沢東もこれに参加した。中国共産党はコミンテルンの

1966年8月18日、紅衛兵たちの歓呼に応える毛沢東。大躍進政策の失敗や文革による混乱を招いたものの、中国共産党をまとめ上げて内戦に勝利し、中華人民共和国の現在における地位を築いた功績もまた大きかった

影響下にあったが、毛沢東は中国に密着した独自路線を主張して共産党中央からしばしば批判された。この後も毛沢東は終生、ソ連の指導下には入らず、しばしば対立している。

１９２３年６月の第３回党大会で毛沢東は中央執行委員会の委員となり、共産党の政治家としての第一歩を踏み出した。

コミンテルンの指導で国共合作（国民党と連合する政策）が決められると、毛沢東は国民党の指示で長沙に赴き、１９２４年には国民党上海支部の幹部に任命となった。ここで同志を募る運動を行ったが、うまくいかずに革命に幻滅して一時離脱した。しかし翌１９２５年に上海と広州で暴動が発生すると、再び革命熱に燃えて国民党に復帰した。

使える人材と思われていたのか、自己宣伝がよほどうまかったのか、広東入りした毛沢東は、１９２５年10月には国民党中央宣伝部長となっている。１９２７年には毛沢東は「農民をよりどころとして、農村に革命根拠地を築く」という独自の革命理論を考えはじめたとされている。

当時の中国共産党はソ連の影響から都市型革命、つまりロシア革命がペテルスブルクの兵士・労働者を中心に始まったように、都市部から共産主義革命を起こそうと考えていた。毛沢東は、これとは異なり中国の大部分を占める農村を基盤に革命を成し遂げる、農村で都市を包囲する戦略を考え党中央と対立した。

１９２７年に上海クーデター（※1）が発生し、中国共産党と国民党との対立が決定的なものとなると、毛沢東も湖南省で武装蜂起を行うが失敗。毛沢東は配下の農民兵を率い井崗山（せいこうざん）を根拠地に立てこもると周囲の農村部に根拠地を拡大し、１９３１年には瑞金で中華ソヴィエト共和国臨時中央政府を打ち立てた。

第二次国共合作から内戦へ 日本、国民党との戦い

しかし、この根拠地は国民党軍の執拗な包囲攻撃にさらされた。ここでも毛沢東は共産党と対立し軍事指揮権を奪われた。しかし１９３４年、中国共産党が国民党の攻撃の前に根拠地を維持できなくなり延安まで長駆撤退する「長征」へと追い込まれると、失敗の責任を取る形

※1…国民党の蒋介石の指示により、上海で共産党が弾圧された事件。四・一二事件とも。

でソ連留学組が失脚、毛沢東は書記処のメンバーとして返り咲いた。以後、次第に実権を拡大し、1935年には中国共産党の軍事上の最高指導者となる。そして1936年、長征を終え延安に着いた時には、中国共産党はほぼ完全に毛沢東の支配下となっていた。その直後の12月12日に西安事件（※2）が発生すると中国共産党と国民党は第二次国共合作を結んだ。

第二次国共合作により、共産党軍は国民党軍と共に日本軍と戦うことになったが（八路軍という名称も国民党軍の第八路軍を意味した）、しかし毛沢東が蒋介石に従ったのは表向きだけで、実質的には分離して活動し、共産党の部隊が国民党軍の攻撃を受けたこともあった程だ。そのかたわら、毛沢東は日中戦争の最中に少しずつソ連の影響下にある人物を排除して自身の勢力を拡大していった。1945年の第7回党大会で毛沢東思想を党規約に盛り込み、6月19日の第7期1中全会（※3）で中国共産党の最高職である中央委員会主席に就任、中国共産党支配下における最高指導者となった。

第二次大戦中の1944年、支持者へ向けて演説する毛沢東。当時は第二次国共合作が成立していたが、国民党軍が日本軍との戦闘で疲弊したのに対し、共産党軍は実質的に戦力を温存、広報活動で勢力を拡大して後の国共内戦を有利に導いた

1945年8月15日に共通の敵であった日本が連合国に降伏すると、共産党と国民党の対立は決定的となり、1945年10月10日、山西省で双方の部隊が衝突したのをきっかけに国共内戦へ突入した。共産党軍はゲリラ戦を展開するも、国民党軍の攻撃を受けて根拠地の延安をも放棄する程に戦局は不利となった。しかし中国北部に撤退してソ連からの軍事援助（ソ連が捕獲した旧日本軍の武器多数も含まれていた）を受けると息を吹き返し、反撃に転じた。共産党軍は人民解放軍と改称、数を生かして国民党軍を包囲殲滅（せんめつ）すると、その兵力を組み込むことで（将官も含む投降者多数が人民解放軍の一員に迎え入れられた）一段と兵力を増強させた。戦いながら勢力

※2…国民党東北軍指揮官の張学良らによって国民党指導者の蒋介石が拉致・監禁された事件。これを契機に第二次国境合作が結ばれた。
※3…中国共産党第7期中央委員会第1回全体会議の略。

を増した人民解放軍は1948年から1949年にかけて勝利を重ね、北京（北平）や国民党政権の首都南京も攻略、国民党軍を台湾に追い出し、1949年10月1日、中華人民共和国を成立させた。毛沢東は、この新国家の国家元首である中央人民政府主席に就任した。

急進する社会主義政策 大躍進政策の失敗

国家を統一した中国共産党はチベットへも侵攻しこれを併合。チベット独立運動は激しく弾圧することで、現在まで続くチベット問題となっている。台湾に逃れた国民党政権を打倒すべく、金門島事件（※4）などで侵攻を試みるも海軍力が弱体なため失敗、台湾との長い対立の時代が続くことになる。

国家元首となった毛沢東は社会主義を掲げ、建国直前から「向ソ一辺倒」という親ソ路線を選択しソ連への接近を図った。1949年末には毛沢東は自ら訪ソして、スターリンの誕生日を祝ったほどだ。こうしてソ連に取り入ることで毛沢東は、ソ連との中ソ友好同盟相互援助条約を締結。これによりソ連からの援助を引き出すことに成功し、ソ連に多数の留学生を送り込んで新技術を取り入れることもしている。

1950年に起きた朝鮮戦争では北朝鮮を支援、国連軍が中朝国境付近にまで迫ると、中国人民志願軍を派遣して、国連軍を南へと押し返した。しかし参戦の代償は大きく、多大な損害を出し毛沢東の長男も戦死した。

国内では地主から土地を取り上げ農民に分配する「土地革命」、贈収賄や横領等に反対する「五反運動」を進めたが、後者は資本家が狙われ商工業にダメージを与えている。

1957年にソ連のフルシチョフ書記長が、ソ連は工業農業生産で米国を15年以内に追い抜くと発言すると、毛もそれに触発され、1958年に当時世界第2位の経済大国だった英国を15年で追い越

1949年10月1日、中華人民共和国の建国を宣言する毛沢東。建国当初こそ社会主義は将来的な目標とされ、「新民主主義」と呼ばれる穏健な改革路線が打ち出されたが、1952年ごろから急進化し、5カ年計画などの社会主義政策が進められた

※4…1958年、中華民国の軍事拠点・金門島に対して人民解放軍が砲撃を行った事件。米国の支援を受けた中華民国軍の反撃により徐々に終息した。

すという壮大な計画を提言した。これが大躍進政策の始まりであった。まもなく目標期間は3年に短縮され、国を挙げての生産増大運動が巻き起こった。しかし人民に現実を無視したノルマを課し、ずさんな管理体制で増産を行おうとしたことから政策は無残な失敗に終わる。鉄の増産を目指す大製鉄、大製鋼運動では金属工学の専門家もおらず製鉄設備もなく、原材料も欠いたまま農村での製鉄を実行させたが、素人に製鉄業ができるはずもなく、プリミティブな溶鉱炉（土法炉）建設用のレンガを求めて歴史的建造物が破壊された。燃料には木炭が使われた結果、全土で樹木が伐採されたが、無秩序に実施されたため果樹園の樹木まで伐採された。農民はノルマ達成のため鍋、釜、農具を溶かして役に立たない鉄塊を作り出しただけに終わり、農業生産に重大な支障をきたした。同時期に害虫、害鳥を駆除する四害駆除運動も実施されたが、生態系を完全に無視した駆除政策は逆に駆除対象にならなかった害虫の大量発生を招き、これも農業生産激減につながった。こうして農業生産が滞った結果は2000万から5000万の餓死となった。このため毛沢東はスターリン、ヒトラーと並ぶ三大独裁者と批判されることがある。

これら大躍進政策には当初から彭徳懐（ほうとくかい）による批判が出されたが、毛沢東は逆に裏切り者として彭徳懐を失脚させたため、政策に異を唱えるものはいなくなり、決定的な失敗へと突き進んだのであった。これは毛沢東を頂点とした独裁体制ゆえの悲劇といえよう。

中国全土を吹き荒れた文化大革命の嵐

1966年には「資本主義の復活を阻止する社会運動」として政治・社会・思想・文化の改革運動としての文化大革命（通称、文革）が開始された。その名目とはうらはらに、大躍進政策の失敗、劉少奇（りゅうしょうき）の台頭で、実権を失いつつあった毛沢東が、トップへ返り咲くための運動であった。当初、運動は毛沢東の指示で林彪（りんぴょう）が主導していたが、やがて毛沢東と林彪は対立、林彪によるクーデター未遂と国外逃亡へと発展した。林彪は空路脱出する最中に事故死、実情が不明な諸外国を驚かせた。

文化大革命では毛沢東の熱烈な支持者であった青少年により組織された紅衛兵が、毛沢東思想を掲げて多数の著名な文化人、政治家をつるし上げ自己批判を迫り迫害した。最後には、その暴威は文革を進める側にもコントロールできなくなり、国内の混乱を助長する結果となった。林彪死後は毛沢東夫人の江青ら「四人組（※5）」を中心に文化大革命が進められ、10年にわたり中国国内は政治的混乱の嵐に巻き込まれた。文化大革命の大混乱の結果、50万の政敵が葬られたが、紅衛兵の迫害などにより数百万から１０００万にも及ぶ莫大な犠牲者が生まれた。その中には小説家・老舎のように謎の自殺を遂げたもの、彭徳懐のように発病後まともな治療を受けられず「病死」したものも多い。また長期にわたり経済活動が停滞し、文化の破壊がもたらされた。

対外政策では、ソ連の援助を受けながらもフルシチョフのスターリン批判以後、次第に独自路線を取る毛沢東はソ連と対立を深めていった。１９６０年にはソ連が派遣技術者を引き上げ、１９６2年には中国がソ連を批判する中ソ論争となり、同年の中印国境紛争ではソ連がインドを支援するまでに対立は深まる。フルシチョフ失脚後も関係改善はならず、１９６９年には国境紛争「ダマンスキー島事件（※6）」が発生した。その一方で、中国はソ連と共にベトナム戦争で北ベトナム側を援助し続けたが、ベトナム戦争解決を模索する米国からの働きかけにより、１９７２年、突如ニクソン大統領が電撃的な訪中を果たして各国を驚かせた。これを契機に中国は西側との対立を解消、ついには台湾の中華民国に代わり国連の中国代表として認められるまでになった。

農民の子から中国の国家指導者にまで成り上がった毛沢東は、１９７６年9月9日に北京の自宅で病気により82歳で死去した。

（文／瀬戸利春）

1972年2月、電撃訪中したニクソン大統領と握手を交わす毛沢東。この米中接近で中国とソ連の対立は決定的となったが、同年には日本の田中角栄首相が訪中し、日中国交正常化を実現するなど、西側との関係は劇的に改善された

※5…文化大革命を主導した江青、張春橋、姚文元、王洪文の四人を指す。毛沢東死後も文革路線を維持しようとしたが、反文革派により逮捕され全員が党籍を剥奪され懲役刑を受けた。
※6…中国東北部の中ソ国境を流れるウスリー川の中洲、ダマンスキー島（中国側呼称:珍宝島）の領有権を巡り、中ソ両軍の軍事衝突が発生した事件。

イラク共和国

サッダーム・フセイン

アメリカに敗れた中東の暴君

生没年：1937年4月28日〜2006年12月30日
独裁期間：1979年（大統領就任）〜2003年（敗戦）

20世紀の終わりから21世紀初頭にかけて超大国アメリカを、そして世界を振り回した独裁者こそ、イラクの大統領だったサッダーム・フセインその人であろう。石油市場を左右し、イランへ侵攻してイラン・イラク戦争を引き起こし、クウェートへ侵攻して湾岸戦争を引き起こした。そしてアメリカ同時多発テロの黒幕と名指しされてアメリカの懲罰的な攻撃を受け、ついにフセイン・イラクは「滅亡」した。

サッダームの波乱の後半生とその最期は、テレビやネットをはじめとした映像メディアで流され、残虐な独裁者としての強烈な印象を全世界に焼きつけたのである。

バアス党で立身

サッダーム・フセイン・アル・ティクリットは1937年4月28日、イラク北部の都市、ティクリート近郊のアル・アウジャの農家に生まれた。実父フセイン・アブドゥル・マジードはサッダームが生を受ける前に他界。母スブハ・タルファーフと再婚した継父イブラヒム・アル・ハサンに虐げられたサッダームは母方の叔父、ハイ

反体制派の弾圧や対外戦争など、圧政的な独裁者のイメージも強いサッダーム・フセイン。一方でイラクの近代化を推し進めた功績も確かだったが、湾岸戦争での敗北でそれも水泡に帰し、さらにイラク戦争の敗戦により政権は崩壊した

ラッラー・タルファーフのもとに預けられた。

ハイラッラーは敬虔なスンナ派イスラム教徒で、第二次大戦中の1941年、イラク国粋主義者と駐留英国軍の間で起きたアングロ・イラク戦争に参加した。サッダームの攻撃的な性格やイラク民族主義的思想は、ハイラッラーから多大な影響を受けている。

当時のイラクはハーシム王家によって1932年に独立を果たしていたが、石油採掘権を独占していたイギリスの保護国的な存在だった。しかし、第二次大戦中に反英機運が高まり、戦後になって中東アラブ諸国で昂揚した汎アラブ主義がイラクにも波及した。

首都バグダードに移り住んだサッダームは1957年、汎アラブ主義を掲げたバアス党に入党した。その翌年の1958年7月14日、自由将校団のクーデターによってハーシム王家が打倒され、イラクは共和制国家に移行した。

首相の座に着いた首謀者のアブド・アル・カリーム・カーシムは権力を独占し、汎アラブ主義からかけ離れた親共的な政策を推進した。1959年、サッダームは他のバアス党員とともにカーシム暗殺を謀ったが失敗。ベドウィンに変装してイラクを脱出し、シリア、ついでエジプトに亡命した。

1963年2月8日、アブドゥル・サラーム・アーリフによるクーデターでカーシム政権が打倒され、アーリフを大統領としたバアス党政権が成立すると、サッダームはイラクに帰国して党の要職につき、民兵組織「国民防衛隊」の創設に関与した。またこの年、ハイラッラーの娘で幼なじみだったサージダ・ハイラッラーと結婚している。

その後、アーリフ政権内部での対立が激化すると、反アーリフ派のサッダームは大統領暗殺未遂のかどで投獄されたが、脱走して政権転覆の地下工作に暗躍し、1968年7月17日の無血クーデターで重要な役割を果たした。

イラク近代化に貢献

アーリフ政権が打倒され、アフマド・ハサン・アル・バクルが大統領に就任すると、サッダームは配下に置いた治安組織や情報機関を使って次々に政敵を粛清し、アル・バクル政権の安定化とバアス党の一党独裁化、そしてサッダームの権力強化に努めた。その功績により、サッダームは革命指導評議会副議長に任命された。

アル・バクル政権でナンバー2の地位を占めることになったサッダームは、実質的な指導者としてイラクの近代化と改革を推進した。その源泉は石油だった。国有化したイラク石油産業を支配したサッダームは国際的にも大きな影響力を持ち、1973年に第4次中東戦争が勃発すると、劇的に高騰した石油価格によって莫大な収益を獲得することに成功した。

イラク近代化にあたり、サッダームが重視したのは国民の教育水準向上と女性の自由化だった。非識字者撲滅運動の実施や義務教育の無料化などによって教育水準の底上げを図り、識字率を飛躍的に向上させた功績により、サッダームはユネスコから表彰された。また、イスラムの戒律によって厳しく制限されていた女性の解放は、欧米諸国に対して大きなイメージアップとなった。

サッダームはさらに石油採掘を推進し、その利益は国家の近代化に投入された。僻地や離島に至るまで道路交通網や電力供給網などのインフラ整備に全力を挙げ、先進設備が整った大学や病院を設立して、高等教育と公衆衛生の向上に努めた。

当時、イラク国民の6割以上は農民であったが、サッダームはここに着目して農村部の近代化を推進した。バアス党が農業協同組合を設立して農民に土地を分配し、補助金を支出して、農業の大規模な機械化を実現したのである。これはきわめて効果的で、農村部ではバアス党に、そしてサッダームに忠誠を誓う者が増大した。

その一方で、国家政府に反逆を企てる者はサッダームの秘密警察によって容赦なく粛清された。いわゆる「アメとムチ」政策であったが、教育水準と生活水準の大幅な向上により、恩恵を受けた国民の方が圧倒的に多かった。また、残虐で政争に明け暮れたこれまでの指導者とは異なり、サッダーム自身も国家近代化のため勤勉に励

石油輸出による莫大な利益を背景に、サッダームはインフラ整備や教育水準の向上、女性解放などの諸政策を実施し、国民から絶大な支持を集めることに成功する。その反面、秘密警察による監視や粛清が、国民を恐怖で支配する体制でもあった

んだことから、知的で頭脳明晰なリーダーとしても国民の支持を獲得した。

外交面では、1972年にソ連との友好条約を締結するという英断に出た。アル・バクル、サッダームとも反共主義者であったが、イラク軍近代化に必要なソ連製兵器の獲得と士官育成を優先した。この反動でアメリカとの関係は冷却化したが、石油で得た外貨にものをいわせて欧州各国からも各種兵器を購入し、さらなる軍拡を図った。1974年にはフランスとの友好関係を強化し、核技術の取得にも成功したのであった。

教育水準向上と女性の自由化と並んで、サッダームが力を入れたのが軍備拡張で、ソ連からの兵器輸入により、イラクは世界第4位の軍事大国に発展した。写真はソ連のT-72戦車のイラク版"アサド・バビル"(2003年のイラク戦争で米軍に接収された車両)

大統領就任とイラン・イラク戦争

かくして、近代化を推進したイラクは中東でもっとも成功した国家のひとつとなり、政治家として不動の地位を築き上げたサッダームは1979年7月16日、病身のアル・バクル大統領を引退させると、自ら大統領に就任したのであった。

大統領となったサッダームは革命指導評議会議長、バアス党地域指導部書記長、国軍最高司令官などの要職を兼任して権力を独占。1979年7月22日の党臨時会議を皮切りに党内の反サッダーム派を粛清し、さらに反体制派やイスラム教シーア派、クルド人などを激しく弾圧した。

一党独裁の恐怖政治によってその残虐性を表に出したサッダームであったが、大多数の国民にとっては自由と利益をもたらす理知的な救世主であり、メディアを駆使したプロパガンダによって、その熱狂的ともいえる個人崇拝は最高潮に達した。

サッダームにとって最大の懸念となったのは、隣国のイラン情勢だった。政教分離と近代化を実現したイラクに対し、イランではイスラム革命が起き、アヤトッラー・ルーホッラー・ホメイニーを最高指導者としたイスラム原理主義がイランを支配した。

革命の主役であったシーア派教徒が多数を占めるイラクに革命が波及することを恐れたサッダームは、1980年9月22日、突如としてイランに侵攻を開始した。軍近代化によって世界第4位の規模にまで拡大したイラク軍に対し、革命の影響でイラン軍は弱体化していると判断しての攻勢であったが、狂信的な士気に支えられたイラン軍の抵抗は予想以上に激しく、たちまち戦線は膠着状態に陥った。

サッダームはイラクを「革命の防波堤」としてアピールし、同様にイスラム革命の拡大を恐れたアラブ湾岸諸国やヨーロッパ、冷戦状態にあったアメリカとソ連までがこぞってイラクを支援した。イラン軍の徹底抗戦にあって苦戦したイラク軍はついに毒ガスを使用したが、世界はこれを黙認した。ミサイルや空爆による無差別都市爆撃によってようやくイランの戦意を挫くことに成功したイラクは、1988年にイランとの停戦を実現した。

アメリカとの対決

イラン・イラク戦争の損害はきわめて大きく、経済は破綻状態となったが、米ソ両大国の支持を取りつけたことで、中東の庇護者としてイラクが信任されたものと判断したサッダームは、イランでの失敗を挽回するため、次のアクションを起こした。2年後の1990年8月、今度はクウェートに侵攻したのである。

だが、これは失敗だった。アメリカをはじめとした国際社会はサッダームの横暴を許さなかった。1991年1月にアメリカ軍を中心とした多国籍軍は「砂漠の嵐作戦」を発動してクウェートを奪回し、イラク南部にも進撃した。一方的な空爆で士気の低下したイラク軍はたちまち降伏し、地上戦は100時間で終結したが、サッダームの権力まで失われることはなかった。

この湾岸戦争の後、石油輸出禁止の国連制裁が課せられたイラクの経済は破綻し、サッダームに対する反乱が全国規模で発生したが、サッダームの戦力は予想以上に温存されており、反乱勢力はたちまち鎮圧された。イラクの再興を警戒したアメリカはサッダームの圧政を非難し、大量破壊兵器を保有しているとして国連査察団を送り込んだが、これらが発見されることはなかった。

このようなときに起きたのが、2001年9月11日の同時多発テロであった。アメリカのジョージ・ブッシュ（Jr）大統領は、イラクが国際テロ組織アルカーイダを支援している「悪の枢軸」であると断罪し、いまだ発見されない大量破壊兵器の脅威を排除するという口実のもと、米軍を中心とした多国籍軍が2003年3月20日にイラク進攻を開始した。

弱体化していたイラク軍はたちまち撃破され、4月9日に首都バグダッドが陥落、サッダーム・フセイン政権はついに崩壊した。サッダーム一族は陥落前にバグダッドを脱出したが、7月にサッダームの息子が2人とも殺害され、サッダーム自身は12月13日に故郷ティクリートで拘束された。

サッダームの最期

イラク特別法廷で裁判にかけられたサッダームは巧みな弁舌で特別法廷の正当性を否定し、裁判はアメリカの茶番だと非難したが、2006年11月5日、ドゥジャイル村虐殺事件で有罪となり、死刑判決が下された。

サッダームの控訴に対し、イラク高等法廷は12月26日に控訴を棄却、死刑が確定するとそれからわずか4日後の12月30日に絞首刑が執行された。この様子はネットを通じて配信され、世界に衝撃を与えたのであった。

独裁者として断罪されたサッダーム・フセインはこの世から去ったが、イラクに平和が訪れることはなかった。イスラムの戒律によって信教の自由と女性の自由が失われ、宗教派閥と部族間の闘争はいまだに収束の気配がない。

（文／福田誠）

2004年7月、予備審問で自らの意見を述べるサッダーム・フセイン。翌年開廷した特別法廷でも終始強気の姿勢を崩さず、一貫して裁判の不当性を追及した。2006年12月26日に死刑が確定し、そのわずか4日後に刑が執行されている

朝鮮民主主義人民共和国

金日成

パルチザンのリーダーから永遠の主席となった独裁者

生没年：1912年4月15日〜1994年7月8日
独裁期間：1948年（最高指導者就任）〜1994年（病死）

ソ連の後押しを受け北部朝鮮の指導者に

金日成（キム・イルソン／きんにっせい）は1912年4月、平壌（ピョンヤン）西方の万景台で生まれた。親は抗日派であったという。1926年に朝鮮独立運動団体の軍事学校に入校し、その後は吉林の中学校に進んだ。共産主義に出合ったのはこの頃らしい。1930年代には中国共産党に入党し、その指導する抗日パルチザンである東北人民革命軍に参加した。1936年には再編された東北抗日連軍の一員としていわゆる満州国内で日本軍や警察等と交戦した。東北抗日連軍内では粛清も行われていたが、金日成は免れ第一路軍第二軍第六師の師長となる。

1937年、金日成率いる第六師は朝鮮の普天堡の町を攻撃、この戦いは金日成の名を高めることになった。以後、1940年まで金日成は200名程の部隊を率いて、パルチザン掃討を行う日本軍や警察と戦い、日本の140名程の警察部隊前田隊に壊滅的打撃を与えたこと

抗日パルチザンから戦後は北朝鮮の指導者となり、党内の政争を勝ち抜いて最高指導者にまで上り詰めた金日成

もあった。

しかし、東北抗日連軍全体としては日本軍との交戦や、日本側の工作によって次第に勢力を消耗していった。そのため金日成は1940年秋、再起をはかるべく十数名程度の部下を連れて、国境を越えたソ連領内へと脱出した。

ソ連入りした金日成は一時スパイとみなされて拘束されたが、ソ連にいた抗日派の身元保証により釈放され、ソ連軍内の抗日パルチザンを集成した部隊、第88特別旅団に部下と共に編入された。ここで金日成は、大尉の階級を与えられ、第1大隊長に任命された。以後、金日成とその部下は、ハバロフスク近郊の野営地でソ連軍による教育訓練を受け、日本軍との戦いに備えた。

ソ連は金日成を朝鮮半島に樹立する共産党政権の指導者と考えていたが、1945年夏にその実現の機会が訪れる。

1945年8月、ソ連が日本に対して宣戦布告を行い満州に侵攻すると、第88特別旅団も行動を開始、ソ連軍艦に乗り9月19日に朝鮮半島北部の元山港に海路から進攻した。金日成もこの時に帰国を果たしたが、民衆の前に姿を現したのは10月14日の「ソ連解放軍歓迎平壌市民大会」の場が初めてであった。

伝説の抗日英雄である金日成将軍の存在は1920年代から噂されていたことから、朝鮮民衆は金日成を相応に年配であると思っていたため、1945年時点で33歳の若い金日成の登場は民衆を驚かせた。中には金日成は白髪の老将軍と思いこんでいた者もいたとされる。その結果、金日成偽物説まで現れたため、ソ連軍は民衆の疑いをはらす宣伝に努めた。

金日成の出自に関しては様々にいわれ「金日成は四人いた」という説まであるが、1920年代から抗日闘争が行われたこと、金日成あるいは金一星と呼ばれた（どちらも発音はキムイルソンになる）抗日英雄がいたこと、1945年に姿を現した金日成が抗日パルチザンのリーダーの一人であったこと自体は確かだ。ただし伝説の金日成将軍が1945年に姿を現した金日成と同一人物とすることには異論もある。

国家と党のトップに

ソ連の支援で帰国し、ソ連影響下の朝鮮半島北部の指導者と予定された金日成ではあったが、いきなり国家指導者となることはできなかった。日本の敗戦後、朝鮮半島は北部がソ連、南部がアメリカの統治下に置かれた。アメリカ統治下の南部では一足先に朝鮮共産党が活動を開始していた。その他、ライバルというべき朝鮮独立運動の指導者も存在したことから、少しずつのし上がる必要があったのだ。ソ連の支持を受けた金日成も当初、既に存在していた朝鮮共産党と協力関係にあったが、次第に独立していった。

１９４５年10月10日に平壌に朝鮮共産党北部朝鮮分局を設置して分派活動を始め、12月17日の第3回拡大執行委員会で金日成が責任書記に就任した。翌１９４６年５月、朝鮮共産党北部朝鮮分局は北朝鮮共産党と改名し独自色は一層強化された。同年8月に北朝鮮共産党は朝鮮新民党と合併して北朝鮮労働党となり、金科奉が党中央委員会委員長に、金日成は副委員長となった。

ところで日本の敗戦後の１９４６年2月には、ソ連により朝鮮半島北部に北朝鮮臨時人民委員会が設立されて暫定的に統治を始めていた。金日成はその委員長でもあったが、これはソ連の後押しによった。１９４７年２月には北朝鮮臨時人民委員会は、臨時政府である北朝鮮人民委員会に発展を遂げたが、委員長は金日成が引き継ぐこととなった。金日成は朝鮮半島北部の正規の政治指導者となったのである。

第二次大戦直後の1946年頃に撮影された金日成。本名は金成柱で、伝説的な抗日運動の英雄の名声を利用するため、金日成に改名したとする説が現在では一般的となっている

１９４８年、アメリカ統治下の朝鮮半島南部で単独選挙が実施され、8月15日に大韓民国として独立した。これを機に既に独立の機運の高まっていたソ連統治下の朝鮮半島北部も独立することになり、１９４８年9月9日に朝鮮民主主義人民共和国として独立する（北朝鮮と呼ぶのは俗称）。新たに成立した朝鮮民主主義人民共和国

では、金日成が首相に就任することになった。金日成は正式に独立国家のトップとなった訳だ。

1948年4月、南北交渉で平壌を訪れた南朝鮮(当時はまだアメリカの軍政下にあり独立していない)の政治家・金九(写真右)を迎える金日成。金日成は当時まだ30代半ばの、若き指導者であった

朝鮮民主主義人民共和国の成立した翌年、北朝鮮労働党は南朝鮮労働党と合併し朝鮮労働党となるが、金日成はその党首である中央委員会委員長に選出された。この中央委員会委員長は、1966年10月12日に総書記となる。

こうして金日成は国家の指導者と、党の指導者を兼任する独裁者的存在となったのである。

朝鮮戦争と粛清

金日成にとって対外的に最も重大な出来事は、朝鮮戦争をおいて他にないだろう。この戦争は1950年6月25日に北朝鮮軍が国境となっていた北緯38度線を越えて韓国側に進攻したことで始まったとされている。ただし北朝鮮側はこれを認めず、中国側では国境紛争拡大説が有力である。

北朝鮮軍が南進した理由についても、スターリンの指示による、朝鮮人民軍が独断で行った、金日成が自身で始めたとする複数の説があり判然としない。このため、今のところ朝鮮戦争は金日成が始めたとは断定はできない。実際、金日成が朝鮮人民軍最高司令官に就任したのも開戦後の7月4日のこととされる。とはいえ、この戦争において金日成が国家指導者として、単独ではないにせよ戦争指導に従事したとはいえるだろう。

朝鮮戦争ははじめ北朝鮮側が優勢で、韓国軍と米軍を半島南端まで追い詰めたが、米軍主体の国連軍の仁川（インチョン）上陸作戦の成功により戦局が逆転、国連軍の反撃で、今度は北朝鮮側が半島北部の中朝国境付近にまで追い詰められ、金日成も一時、首都平壌を脱出し中国の通化に亡命したとも言われる。ところが10月25日に中国が志願軍を派遣して大攻勢に出るや、国連軍は再度撃退され後退を余儀なくされた。その後、戦局は中朝連合軍と国連軍が38度線付近で押し合いを繰り返す展開となり最終的には38度線付近で膠着状態となった。

中国志願軍参戦後は、兵力で勝る中国側が戦争指導の実権を握り、金日成が指揮する割合は低下した。

戦局の膠着後、休戦交渉が本格的に始まり１９５３年6月に休戦が成立した。その少し前の2月7日に金日成は、最高人民会議常任委員会政令で、朝鮮戦争における指揮・功積を認められて朝鮮民主主義人民共和国元帥の称号を与えられている。

ところで北朝鮮はその成立事情から国内政治の派閥が形成されていた。主要派閥はソ連国籍を有しソ連から共産政権樹立のため送り込まれたソ連派。中国共産党の下で独立を目指し、中華人民共和国成立後に北朝鮮入りした延安派（中国共産党が拠点としていた延安にちなむ呼称）、ソウルを拠点として活動していた南部の朝鮮労働党とつながりをもつ南労派などだ。金日成はそのいずれにも属さず、抗日パルチザンであった古くからの同志と共に、他から満州派と呼ばれる派閥を形成していた。これらの派閥はいずれも共産主義者であったものの、必ずしも仲が良いという訳ではなかったのだ。特に中国とソ連の共産党は毛沢東が中国共産党のトップになった時に路線対立を起していたことから、満州派と延安派の対立は避けられない運命にあったといえる。

満州派は当初ソ連派と共にソ連の影響下にあったことで共闘し、軍と警察を押さえて朝鮮戦争後に粛清を開始した。まず排除されたのは南労派で「戦争挑発者」として逮捕、処刑された。これを座視した延安派はフルシチョフがスターリン批判に転じるとソ連派と共に金日成批判を試みたが、失敗して逆に粛清されてしまった。ソ連派も粛清の嵐を免れず、大多数が排除されるかソ連に脱出して壊滅した。1967年には満州派以外の勢力は北朝鮮からほとんど消滅し「朝鮮労働党初代政治委員で生き延びたのは、金日成以外に皆無」と言われる程に徹底した粛清が行われたのである。

1969年以降、かつての同志であった満州派にも粛清の手が伸び、1977年には国家副主席すら政治犯収容所へと送り込まれている程だ。一方、1972年には憲法を改正して金日成への権力集中が合法化された。

金日成は国家元首である国家主席になると共に、朝鮮労働党総書記（党のトップ、共産主義国である北朝鮮は一党独裁体制である）、朝鮮人民軍司令官として国家・党・軍の全ての最高権力者となり、国内ではゆるぎない地位を築き、独裁者と評すべき国家指導者となった。

金日成は他国との関係樹立に力を注ぎ1972年から1年間で49カ国と国交を成立させた。この当時の北朝鮮は共産主義国が多数あったこともあり、孤立した国家ではなかったのだ。韓国とも互いに首都を訪問しあい祖国統一に関する会談を行い、また核拡散防止条約にも加盟している。

しかし1987年に大韓航空機爆破事件が発生すると、北朝鮮の犯行として国際社会からの激しい非難を浴びるようになっていった。

北朝鮮のトップに君臨した金日成が死去したのは1994年7月8日のことで、死因は過労による心筋梗塞とされる。

（文／瀬戸利春）

民主カンプチア

ポル・ポト
顔の無い優等生

生没年：1925年5月19日～1998年4月15日
独裁期間：1976年（首相就任）～1979年（敗戦）

内戦を契機にカンボジア全土を制圧

ポル・ポト、本名サロト・サルは1925年（※）、フランス支配下のカンボジア農村に生まれた。生家は富裕な地主で、姉は国王夫人の一人にもなった上流階級である。伝統に従い僧院で初等教育を受けた後、首都プノンペンのフランス式学校で中等教育を受けたサロトは1949年から52年にかけてフランスに留学。共産主義思想に傾倒して帰国後は非合法の人民革命党に参加する。

1953年にフランスから独立したカンボジアはノロドム・シアヌークが国王であったが、シアヌークは父に王位を譲ると政治に乗り出し、各勢力のバランスの上に立って独裁的な権力を振るった。この時期サロト・サルは高校教師を勤めていたが、穏やかで熱心な教師として生徒の人気は高かったという。しかしその裏でサロトは人民革命党プノンペン支部を掌握し党内で地歩を築いていった。ベトナム戦争が泥沼化する中、カンボジアの中立維持に腐心するシアヌークは、北ベトナム軍のカンボジア領内移動を黙認する一方で国内の左派勢力を弾圧した。このためサロトは1963年に地下に潜伏、同志名ポル・ポトを名乗り、党組織をカンボジア共産党に改称

クメール・ルージュを率いたポル・ポトことサロト・サル。原始共産制を理想として近代都市文明を拒絶、極端な農本主義を推し進めたが、飢餓と虐殺により多くのカンボジア国民が犠牲となった

※…生年については1925年または1928年の2説ある。

する。これがいわゆるクメール・ルージュである。ポル・ポトは援助を求めベトナムや中国を訪問し、文化大革命直前の中国で毛沢東思想の影響を受けることになる。だがベトナムはシアヌーク政権の中立政策を支持しており、ポル・ポトの革命運動には冷ややかだった。

状況が一変したのは1970年3月18日、シアヌーク外遊の隙をついてロン・ノル首相がアメリカの支援の下にクーデタを起こしてからである。中国に援助を求めたシアヌークはクメール・ルージュと統一戦線を結成し、ベトナムの援軍を借りた統一戦線は国土の6割を制圧。無能弱体なロン・ノル政権はアメリカ空軍の無差別爆撃の威力を借り、辛うじて戦線を維持する。だが1973年、パリ和平交渉が進展するとベトナムはロン・ノル政権との和平を統一戦線に勧告して撤兵する。伝統的な反ベトナム感情に加え、ベトナムの都合に振り回されたポル・ポトはベトナムに対する根深い怨恨を抱え込んだ。クメール・ルージュが主力となった統一戦線と弱体化したロン・ノル政権の内戦は2年余り続き、統一戦線は1975年4月17日に首都プノンペンを陥落させる。

クメール・ルージュによる殺戮の舞台と化したカンボジア

クメール・ルージュはシアヌーク元国王を統一戦線の看板にしてその実態を隠していたが、共産党内部でもポル・ポトは対外的に名前の知られた古参幹部を表に立て、その影に隠れていた。実際に党を取り仕切るポル・ポトが素顔を見せるのは少数の党幹部に対してだけであった。限られた党幹部の目に映るポル・ポトは、仏陀のように半目を閉じ、物静かで知的、ユーモアのセンスのある人物だった。彼は教師時代と同様にその人間的魅力で幹部たちに自らの思想を教育し、尊敬を得ていたのである。その一方でポル・ポトは国民の前から全く姿を隠していた。ポル・ポトは肖像画や銅像を飾らせず、人民に彼個人を崇拝させなかった。臆病で猜疑心の強い性格であったポル・ポトは民衆を信じず、彼らに見えないところから人民を監視し支配しようとしたのだ。

1975年4月17日、首都プノンペンを陥落させたクメール・ルージュはカンボジア全土を支配する。最初にクメール・ルージュが行ったのは市民の追放であった。

ロン・ノル支配地域にいた200万人の国民が「新人民」として、首都をはじめ各地の都市から徒歩で強制移動させられた。ロン・ノル政権の軍人や官吏も次々と処刑された。統一戦線の表看板であったシアヌークすら帰国を果たすとただちに軟禁され、その子供や孫たちは次々と殺害された。

カンボジア共産党は1976年に新憲法を公布し、民主カンプチア国の発足を宣言するが、この憲法はわずか23条しか無い特異なものだった。この民主カンプチア政府が発表した閣僚名簿に首相としてポル・ポトの名が記されていたが、はじめてその名が公になったポル・ポトが何者なのかは全く不明であった。ポル・ポトが顔の見えない謎めいた存在であったのと同様に、民主カンプチアの支配機構も組織（オン・カー）と素っ気なく呼ばれ、「組織はパイナップルの目を持っている」とその全知全能のみが強調された。外国から見て民主カンプチアは、誰がどのように支配しているのか、実態が謎に包まれた国になっていた。カンボジア共産党が自らの存在を公表し、ポル・ポトの本名がサロト・サルだと明らかになったのはようやく1977年9月のことであった。

ポル・ポトの急進主義は毛沢東思想の影響を受けたように見えるが、クメール・ルージュは毛沢東を含め外国からの影響を否定して自主独立を強調していた。ポル・ポト思想は都市と近代産業を敵視した農本主義だったが、それは現実離れした観念的なものだった。ポル・ポトはじめ党幹部には教師が多かったが、わずか23条の憲法しか作れなかったように、国家を運営するための実際的な知識や能力は持ち合わせていなかったのだ。

民主カンプチア政権の進める四カ年計画の下では貨幣と市場は廃止され、商業は事実上消滅した。農村では家族はばらばらにされて公共食堂での集団食事を義務づけられ、組織の命じる集団労働に従事させられた。ポル・ポト自身が教師出身だったにもかかわらず、クメール・ルージュは肉体労働しか認めず知識や技術を否定し、学校は解体され教師は殺害された。クメール・ルージュは強烈なカンボジア民族主義を掲げたが、過去の歴史や文化に対しては、腐敗した旧体制の産物として敵意をむき出しにした。伝統文化を担ってきた僧侶や知識人、さらには芸人まで旧体制の産物とみなされ処刑された。これらの政策は狂気の沙汰にしか見えないが、ひとつひとつを見れば過去に社会主義者が描いた理想社会のプランに見られるアイデアだった。この点でポル・ポトは社会主義の理想を忠実に実行しようとした優等生だったと言える。

国内政策の失敗から ベトナムとの全面戦争へ

ポル・ポトの四カ年計画の失敗はたちまち明白になっていた。通貨の廃止に代表される現実離れした政策の結果、農業生産は激減し飢餓と疫病が蔓延したが、失敗をポル・ポトは認めなかった。理論的に正しいことをしているのだから、成功しないのは敵の陰謀による妨害のせいだと決めつけたのである。ポル・ポトの農業政策に抗議した党幹部が血祭りに挙げられ、治安警察サンテバルの管理する収容所S21には忠誠心を疑われた党員や知識人、赤ん坊を含むその家族までが投獄され拷問と処刑が繰り返された。S21では1万4000人以上が殺害され、生き延びたのはたった7人だけだったと言われる。ポル・ポトは党だけでなく国民全体に疑いの目を向けたが、このような有様では敵はどこにでも見つかった。多くの国民が投獄され、あるいは強制移住や過酷な労働で死を強いられた。

ポル・ポトにとって国民のほとんどは旧時代に生まれ

1978年、ルーマニアのチャウシェスク大統領と会談するポル・ポト。敵対するベトナムやその後ろ盾であるソ連と対立する一方で、中国や北朝鮮などのソ連と距離を置く社会主義国とは積極的な外交を展開した(写真/Romanian Communism Online Photo Collection)

た敵性分子であり、ただ疑うことを知らない子供たちだけが、白紙のように純粋な存在として信用できた。専門教育も受けていない子供が兵士や看守となって民衆に暴力を振るい、さらには字も読めない子供が医者に任命され、怪しげな伝統医療で人々を死に至らしめていった。

歴史上最も純粋な社会主義はこの世の地獄をもたらしただけだった。平和も繁栄も奪われ怯えきった国民をつなぎ止めるものは、カンボジア人という民族感情しかなかった。だが自国の過去を否定し、破壊し尽くしたクメール・ルージュにとって、民族主義はただ隣接する敵の存在にしか説得力を見出せなかった。ポル・ポトは国内のベトナム系住民を虐殺し、さらにベトナムに軍隊を侵入させて住民を殺害した。堪忍袋の緒を切らしたベトナムは1977年クメール・ルージュとの全面戦争に突入する。だが近代的な国家組織が解体されたカンボジアの軍隊は、フランスやアメリカと戦い抜いた歴戦のベトナム軍の敵ではなかった。こうなるとポル・ポトにとって信頼できる基盤は子供しかいなかった。年端もいかない子供たちが徴兵され戦場に送り込まれたが、それはもはや悪あがきに過ぎなかった。

1979年1月7日、ヘン・サムリン議長のカンボジア救国戦線を擁するベトナム軍はプノンペンを陥落させ、クメール・ルージュはカンボジア西部国境のジャングルに逃げ込んだ。ポル・ポトが支配した3年8カ月の間に150万人以上のカンボジア人が犠牲になったと言われるが、これは国民の4人に1人が命を落とした計算になる。

クメール・ルージュの没落

ポル・ポトを延命させたのは冷戦の対立であった。ソ連の後押しを受けたベトナムとヘン・サムリン政権に対し、アメリカとイギリスそして中国がポル・ポト派を支援した。しかしカンボジアの大地から白骨が続々と掘り

ポル・ポト政権の犠牲となった死者の頭蓋骨。反体制派は当然のこと、政権に敵とみなされたインテリ層、さらには眼鏡をかけている者や文字を読もうとした者までが、俗に「キリング・フィールド(The Killing Fields)」と呼ばれた処刑場へ送られた。ポル・ポト政権下での死者は100万以上と推計されるが、内戦での犠牲者も多く、いまだ正確な数字はわかっていない

出されポル・ポト政権の暴虐が白日の下に明らかになり、さすがにクメール・ルージュを擁護できなくなる。このためプノンペンを脱出し北京に亡命していたシアヌークがまたしても反ベトナム統一戦線の看板に担ぎ出された。ポル・ポトは中国の圧力で引退を表明するが、相変わらず「87号」のコードネームで党の幹部を指導していた。この頃「我々はいくらかやり過ぎたが、民主カンボジアこそ今もなお世界一完成された高潔な国家だ」と語っており、その確信に全く揺るぎは無かったようだが、その頑迷な態度により各国はポル・ポト派を見切り、援助を減らしていった。

埋葬後に設置されたというポル・ポトの墓。ポル・ポトの死因は心臓発作と発表されているが、遺体の爪に変色が見られたことから、毒殺や服毒自殺の可能性もあるという

10年以上も続いた内戦は冷戦終結によりようやく終結に向かった。１９９１年にカンボジア和平協定が成立、国連暫定統治を経てシアヌークを国王とするカンボジア王国が成立する。勢力の衰えたクメール・ルージュは和平協定からの離脱を宣言するとジャングルで抵抗を続けたが、もはや世界のどこにも彼らを支援する国は無かった。孤立無援となったクメール・ルージュではカンボジア政府への投降をめぐり内紛が起きる。１９９７年、ポル・ポトは投降派のフン・セン副議長一家を殺害したが、このやり口に最後まで支持していた党員も愛想を尽かすことになった。ポル・ポトは元参謀長タ・モクの兵士に捕らえられ、ジャングルの中の人民裁判に引き出され終身刑を宣告された。軟禁されたポル・ポトは１９９８年4月15日、心臓発作で死亡したと発表された。しかし死亡時の詳しい状況は不明で毒殺説や自殺説もあり、真相は謎に包まれている。

（文／司史生）

大日本帝国

東条英機

身内の陸軍にも嫌われた戦争指導者

生没年：1884年7月30日～1948年12月23日
独裁期間：1941年（首相就任）～1944年（戦局悪化により退陣）

日本陸軍を二分した皇道派と統制派の対立

東条は1884年、東京に生まれた。父親は東北出身で陸大1期を首席で卒業した秀才といわれる東条英教（ひでのり）。エリート軍人の家に生まれた東条は当然の様に陸軍幼年学校、中央幼年学校を経て士官学校（17期）を卒業した。

陸軍大学校を受験して二度失敗。当時、陸大を出ずに将官になることはまず無理であったが、1912年に三度目の受験で合格している。

この陸大受験の勉強会仲間が小畑敏四郎（としろう）、岡村寧次（やすじ）、永田鉄山（てつざん）でいずれも陸軍史を語る上ではずせない顔ぶれだ。1919年にはスイス駐在武官となり少佐に昇進、帰国して1922年には陸大教官、その翌年には参謀本部員となり、以後様々なポストを経て1931年には参謀本部編制課長とエリート軍人らしい出世街道を歩んだ。同時に陸大勉強会の永田鉄山等と二葉会を結成、この派閥は拡大して一夕会（いっせき）（※1）へと発展する。こうして

首相の他に陸軍大臣や参謀総長を兼務し、敵対者を懲罰招集するなど、強権的な政治姿勢が批判されることも多い東条英機。一方で「カミソリ」とあだ名された怜悧な頭脳や軍事官僚としての素質を評価する声もあり、いまなお毀誉褒貶の激しい人物である

※1…陸軍将校による会合。主に陸軍の人事問題や満蒙問題(満洲・内蒙古における日本の権益を巡る問題)が話し合われた。

※2…皇道派は天皇親政による国家改造を目指した陸軍内の派閥。武力革命も辞さない皇道派に対し、あくまで文民統制を維持して陸軍大臣を通じた政治的改革を目指した派閥が統制派。

軍内の派閥に加わったことで東条は昭和陸軍の皇道派、統制派の軍閥抗争（※2）に巻き込まれる。統制派のナンバー1は陸大受験仲間の永田鉄山であった関係から、東条は永田の信頼が厚く、また東条自身「カミソリ」とあだ名されるほど鋭い頭脳の持ち主であったことも手伝って、統制派のナンバー2と目されるようになる。

1935年に東条は関東軍の憲兵隊司令官となり、赤化取り締まりとして関東軍内部の将校多数を検挙する。東条は検挙した将校をコミンテルンの影響下にあると観たが、真偽の程は不明だ。翌年、「二・二六事件」（※3）が勃発すると皇道派関係者を検挙した。これら憲兵隊司令官の活躍は、東条にその気はなくとも、結果としてみれば統制派の反対勢力を粛清したことになった。二・二六事件の結果、陸軍内で皇道派の勢力が弱体化したことから統制派が力を持つようになったのである。

1937年に日中戦争が始まると、東条は戦争初期にチャハル兵団長として活動、この時、酒井独立混成旅団長と対立している。1938年には陸軍次官に就任、さらに1940年には近衛内閣の陸軍大臣を務めるようになった。陸軍大臣は参謀総長、教育総監とならぶ陸軍3トップの一角だ。

天皇への忠節を見込まれ首相に就任

1941年、近衛首相は中国問題で米国に妥協して日米関係悪化の外交的解決を図ろうとしたことを周囲に反対され、辞任した。この近衛の考えに陸軍の立場から強硬に反対した一人が東条であったが、東条が近衛の後継の首相に指名され昭和天皇の承認も受けたことから、東条は首相として国政を預かることとなる。強硬派であった東条が首相に担ぎ出されたのは、陸軍を抑えられる人物であり、天皇の意向を重視する人物であることから、昭和天皇の避戦の意向に従うだろうという点が評価されたとされている。首相となった東条は天皇から対米戦回避に力を尽くすよう指示され、対米協調路線の東郷茂徳を外相に据え、米国との争点となっていた中国からの撤兵の道を模索した。しかし日本が対米戦へと向かう流れを止めることはできず、米国にハルノート（※4）を提示されると、東条内閣は戦争回避を完全にあきらめ、1941年12月8日、対米英蘭戦争へと突入することになる。

※3…1936年(昭和11年)2月26日、皇道派の影響を受けた陸軍青年将校が起こしたクーデター未遂事件。2月29日に鎮圧され、事件を機に皇道派の勢力は衰退した。
※4…太平洋戦争開戦前の日米交渉において、米国務長官コーデル・ハルが日本側に提出した最終提案。日本側はこれを事実上の最後通牒と受け取った。

連合国との戦争に突入した結果、東条は国政とともに戦争指導にも取り組む立場となった。1943年11月には、東条は有色人種の政治的連合をアピールする大東亜会議を開催した。しかしミッドウェー海戦以後、日本の敗色が少しずつ濃くなり始め、ガダルカナル争奪戦にも敗れた。この戦いの最中、東条は参謀本部と対立し、参謀本部の田中作戦部長が東条を「馬鹿野郎」と罵倒する事件が起きている。この一件で田中は南方の戦地へ転属となる。この例のように東条は反対者には容赦しなかったため、次第に各所に敵を作ることになった。一方で、戦局の悪化は陸海軍、民間を問わず東条の戦争指導能力に疑問を抱かせたが、東条は自身と考えの相違する者は憲兵隊を利用して弾圧し、政治家である中野正剛をも自殺に追い込んでいる。戦後、東条がしばしば悪人扱いされる一端は、こうした弾圧にも原因がある。

1944年、戦争指導強化のため東条は参謀総長の兼任を決意、東条は首相、陸軍大臣、参謀総長の3職を兼ねるようになったが、これが陸軍内部で猛烈な反発を呼んだ。海軍上層部も反東条で一致し、サイパンにおける敗退をきっかけに、近衛元首相や一部皇族まで巻き込んだ反東条運動が巻き起こる。陸海軍軍人や民間人による東条暗殺まで計画されたがこれは未遂に終わっている。最終的に東条内閣は政治工作で倒壊し、国家指導者としての東条は失脚した。

太平洋戦争の敗戦直後に拳銃自殺を図るも失敗。その後は東京裁判で死刑判決が下され、1948年12月23日に執行された。

（文／瀬戸利春）

東京裁判にて被告人席につく東条英機。この裁判において東条は一切の自己弁護を行わず、一貫して日本の国家弁護と天皇への訴追回避を貫いた。その理路整然とした主張には、連合軍側の検事もしばしば反論に窮したとされる

中華民国

蒋介石

孫文の後を継ぎ中華民国を作った独裁者

生没年：1887年10月31日～1975年4月5日
独裁期間：1948年（総統就任）～1975年（病死）

日本留学から革命の時代へ

蒋介石（しょうかいせき）は1887年、清時代の中国南部の河南省で、塩商人の子に生まれたとされている。しかし、塩商人の子というのは確かだが、その出自には不明確な点もあるともいわれ、対日戦後には周王朝の末裔（まつえい）と称して周囲のひんしゅくを買ったこともある。同じ中国革命の立役者でも、孫文や毛沢東が農民の出身であるのに対し商人出身だったことが、後に蒋介石が中国共産党とたもとを分かつ遠因だったのかもしれない。

幼少時には古典的教育を受けたが、青年時代になると西洋の学問を学んでいる。日露戦争の翌年、留学のため日本に来るが、入学資格を欠いたため目的を果たせなかった。しかし、この来日時に孫文率いる中国同盟会と接触、その一員となった。これは蒋介石が革命に関わる大きなきっかけとなる。

国共内戦に敗れた後、台湾へ渡った蒋介石と国民党政権により、台湾は共産化を免れ、西側陣営の一員として経済的な発展を遂げた。しかし一方で、省籍矛盾(戦前から台湾に住む本省人と第二次大戦後に台湾に渡った外省人との問題)や虐殺行為、そして息子・蒋経国への権力委譲などは、彼の評価を下げる要因となっている

翌年帰国した蒋介石は、保定軍官学校（士官学校）に

入校、次いで再来日して東京振武学校（※1）に留学した。1910年には日本陸軍の見習い士官として勤務した。この時の兵営生活は蒋介石に感銘を与えたという。同年に中国革命同盟会の陳基美の紹介によって革命運動家の孫文と対面した。これが蒋介石の中国革命との関わりの始まりだ。

軍事エキスパートとして革命軍内で頭角を現す

翌1911年、辛亥（しんがい）革命が勃発して清国は倒壊。この重大局面に蒋介石も帰国して革命に参加した。上海で革命軍に加わった蒋介石は、革命軍の第五団長（団は日本の連隊に当たる）として功積を挙げた。1912年に孫文が国民党を結成すると、蒋介石も参加するが、政治の実権を握る袁世凱（えんせいがい）排除を狙った第二革命に国民党が失敗すると、孫文らとともども一時日本への亡命を余儀なくされた。その後帰国して地下活動を行うが、革命の挫折のショックから一時、自暴自棄の生活を送っていたという。1918年に孫文の命により蒋介石は広東軍の参謀となる。革命軍にとって近代的軍事教育を受けた人材は重要だったのだ。またこの頃に一時、蒋介石は上海の証券取引所に勤め巨利を得た。金持ちとなった蒋介石は、浙江（せっこう）財閥を形成する富豪に接近し、この財閥一族の宋美齢と結婚した。宋美齢は後にアメリカでロビー活動を行うが、蒋介石にとってこの結婚は豊富な資金力を手に入れたことを意味していた。

1923年には、資本主義列強に失望して議会制民主主義を望みながらも、左傾化した孫文の命で蒋介石はソ連を視察したが、却ってソ連を脅威とみなすようになった。帰国した蒋は黄埔軍官学校の校長に就任するが、この学校の教官には、ライバル王精衛や共産党のナンバー2となる周恩来が、生徒には八路軍司令官となる朱徳といった国共内戦の主要人物が名を連ねていた。

1925年に孫文が死去すると、蒋介石は国民党政権の有力者のひとりとして王精衛らと政治を切り盛りする立場になった。1926年には国民革命軍総司令官となり7月から北伐（※2）を開始、中国南半分を国民政府の勢力下におさめることに成功した。この北伐軍には共産党系の部隊も多数参加している。

※1…陸軍士官学校および陸軍戸山学校へ入学を希望する、清国からの留学生のための準備教育を担った軍人養成学校。

※2…中国統一を目指した国民革命軍による各地軍閥との一連の戦争。1926年にはじまり、上海クーデターで一時的に停滞したものの、1928年にはほぼ中国全土のゆるやかな統一に成功した。

共産党との戦いと合作 そして再びの内戦へ

蒋介石が共産党と完全に敵対するのは、1927年4月12日の上海クーデターからである。この事件は、中国共産党の工作により上海でストと暴動を起こした80万の労働者を、国民党が軍隊と青幇(※3)を使い、租界のフランス勢力の支援も得て弾圧し、多数を殺害した事件だ。この時、蒋介石は国共合作と見せかけてスト側を油断させ騙し討ちにしたが、こうした妥協的態度を見せて油断させ、騙し討ちにする手段や、秘密警察等による暗殺は蒋介石がしばしば政敵排除に用いた方法であった。これは上海クーデター以後、共産主義勢力排除とはいえ民衆を数十万単位で処刑したことや、財閥や外国勢力の援助を受け続けたことと合わせて蒋介石の人気をひどく落とし、後の内戦の敗北につながる。

1960年6月、訪台したアイゼンハワー米大統領と蒋介石のパレード写真。1970年代に入ると中ソ対立など国際環境の変化により、アメリカも中華人民共和国を承認して国交を樹立するが、その後も台湾関係法により事実上の同盟関係が続いている

反共産党に転じて以後、1928年に国民党政権の南京政府主席となって、蒋介石は共産党軍と戦い続けたが、西安事件によって国共合作を結ばされた。直後に始まった日中戦争では蒋介石は共産党軍と共闘したが、1945年に日本が降伏すると共闘関係は壊れ、1946年には国民党と共産党の内戦が勃発した。そのさなかの1948年、蒋介石は中華民国政府初代総統に就任して、独裁者となった。しかし内戦に敗れ、国民党軍残存部隊と共に台湾に逃れ、中華民国を維持し続けた。大陸反抗の夢を抱き続けたが叶わず、1975年に病死した。

(文/瀬戸利春)

※3…アヘン取引や賭博などを資金源とした中国の秘密結社・犯罪組織。

フィリピン共和国

東南アジア共産化の防波堤として君臨

フェルディナンド・マルコス

生没年　：1917年9月11日～1989年9月28日
独裁期間：1965年（大統領就任）～1986年（革命により亡命）

第10代フィリピン大統領

フェルディナンド・マルコスは父親が国会議員、母親が教師という、フィリピンでは恵まれた環境の中で生まれ育った。フィリピン大学の学生時代、下院議員暗殺容疑で有罪判決を受け、投獄される。マニュエル・ケソン大統領の恩赦を受けたがこれを拒否、獄中で司法試験を勉強し、トップで合格した。

戦時中は抗日ゲリラとして活躍したというが、その実態は確認されていない。1949年、フィリピン下院議員に初当選して政界に身を投じた。1954年にイメルダと結婚し、3人の子供に恵まれた。1959年には上院議員に鞍替えし、1962年から1965年にかけて上院議長を務めた。

フィリピン大統領として20年間にわたり権力を握ったフェルディナンド・マルコス。独裁が進むにつれてマルコス一族と取り巻きによる汚職や贈収賄が蔓延し、イメルダ夫人が病気のマルコスに代わって政治に介入するようになるとさらに事態は深刻化して、国民の反発を招くことになった

フィリピン自由党員だったマルコスは1965年の大統領選挙で候補者としての指名を求めたが、現職大統領のディオスダド・マカパガルが指名された。そこでマルコスは離党してフィリピン国民党に入党し、大統領選に

出馬して大勝、第10代大統領に就任した。

経済強化を公約としたマルコスは、国内産業の工業化と日米をはじめとした西側諸国との貿易自由化を推進し、失業率を7％台から5％台まで低下させた。外交面ではアメリカとの緊密な同盟関係を堅持し、ベトナム戦争にも派兵した。国内の反政府勢力であった新人民軍などの共産勢力やモロ解放戦線に対しては国軍を投入し、治安維持に力を注いだ。大きな実績を残したマルコスは、1969年の大統領選挙でも再選された。

戒厳令布告

世界的な反戦ブームによる学生運動や新人民軍のテロによって国内が情勢不安となったことから、1972年9月21日、マルコスはフィリピン全土に戒厳令を布告した。この戒厳令布告により1935年憲法は停止され、翌1973年に大統領と首相の兼任を認めた議院内閣制の新憲法を制定し、独裁体制を強化した。

マルコスの戒厳令は東南アジアにおける共産主義拡大を懸念していたアメリカに支持され、フィリピンの政情安定と経済成長をもたらすことになった。戒厳令が布告されてから初の国民議会選挙が1978年4月に実施されたが、イメルダ・マルコス大統領夫人の率いる与党が圧勝する。マルコス政権に反対する野党勢力は弾圧され、共産勢力は地方に潜伏した。

1981年1月、ローマ教皇ヨハネ・パウロ2世のフィリピン訪問を前にして戒厳令を解除した。これによる民主化が期待されたが、反政府活動の弾圧は依然として続いた。同年6月、マルコスは新憲法下における初の大統領選挙に立候補したが、野党がいずれも選挙をボイコットしたため、対立候補なしの信任投票を嫌ったマルコスは、彼

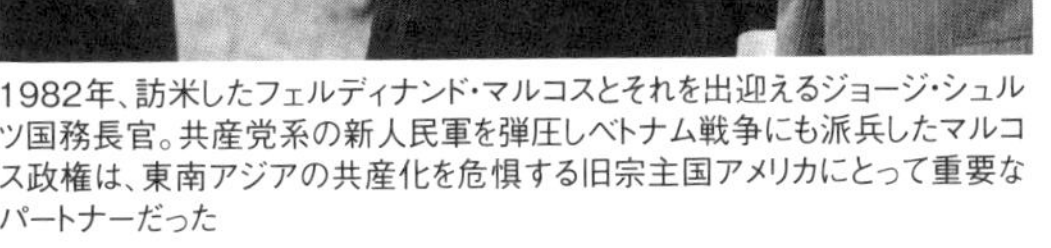

1982年、訪米したフェルディナンド・マルコスとそれを出迎えるジョージ・シュルツ国務長官。共産党系の新人民軍を弾圧しベトナム戦争にも派兵したマルコス政権は、東南アジアの共産化を危惧する旧宗主国アメリカにとって重要なパートナーだった

が以前所属していた国民党に候補者を擁立させた。この形式的な選挙でマルコスは91・4％の票を獲得し、大統領に当選した。

エドゥサ革命による失脚と亡命

アメリカに亡命していた野党勢力の中心人物、ベニグノ・アキノが大統領選挙に立候補するため、１９８３年８月にフィリピンへ帰国した。マルコスは「帰国した場合の命の保障はできない」と警告したが、その警告どおり、マニラ空港に到着したアキノは警官に拘束され、機外へ出た直後に射殺された。

アキノ暗殺事件はフィリピン全土のみならず海外にも大きな衝撃を与えたが、マルコスは暗殺への関与を否認し、暗殺事件で起訴された国軍参謀総長ファビアン・ベール大将らは無罪となった。不正を疑われる裁判は、マルコス政権に対する国民の信頼を失墜させることになった。

全国的に反マルコス・デモが頻発して政情不安が拡大すると、国内経済は大打撃を受けた。政府の振興策も効果がなく、失業率は１９７２年の６％から１９８５年には12％まで倍増した。腎臓疾患のマルコスに代わり、イメルダ夫人が政務を取り仕切るようになったことで混乱に拍車をかけた。

アメリカからの圧力により、マルコスは１９８６年の大統領選挙実施を発表した。再選を目指すマルコスに対し、野党連合はベニグノ・アキノの未亡人、コラソン・アキノを大統領選の統一候補とした。

１９８６年２月７日の大統領選挙では、民間団体が80万票差でアキノの勝利を発表したが、中央選挙管理委員会はマルコスが１６０万票の差で勝利したと公表した。あからさまな開票操作に国民の怒りが爆発し、２月22日にはマルコスの側近だったエンリレ国防相とラモス参謀長も決起、国軍も市民側につき、アキノを支持する市民１００万人がマニラの大通りを埋めた。

２月25日、コラソン・アキノが大統領就任宣誓を行い、マルコスはすべてを失った。殺到した国民にマラカニアン宮殿を包囲されたマルコス夫妻は、アメリカ軍のヘリコプターで脱出してハワイに亡命。１９８９年９月28日、イメルダ夫人に看とられてホノルルで病没した。

（文／福田誠）

トルクメニスタン共和国

全能なるテュルクメンバシュ
サパルムラト・ニヤゾフ

生没年：1940年2月19日～2006年12月21日
独裁期間：1990年（大統領就任）～2006年（病死）

孤児から大統領にのし上がった実直な官僚政治家

近年の独裁者の中でも群を抜いた奇行で知られたのが、トルクメニスタン共和国のサパルムラト・アタイエヴィッチ・ニヤゾフである。

ニヤゾフは第二次世界大戦のさなかの1940年、ソビエト連邦トルクメン社会主義共和国の農村に生まれた。父が大戦で戦死し、母親を地震で喪ったニヤゾフは孤児院で育てられる。1967年、レニングラード工業大学を優秀な成績で卒業したニヤゾフは電気技師として働きながらトルクメン共産党で活動する。地方政治家として頭角を現したニヤゾフは1980年代後半に入り、ペレストロイカをはじめたゴルバチョフの知遇を得てトルクメン共産党第一書記に抜擢される。ニヤゾフの前半生は不遇な生まれから身を起こし、勤勉実直な努力によって成功した人物のそれである。ソ連共産党の官僚政治家としては中央の方針に忠実で、後年の異常さをうかがわせるものはない。

数々の"奇行"で世界的な注目を集めたサパルムラト・ニヤゾフ。自らの称号にちなんで、カスピ海沿岸の都市（旧称グラスノボツク）や1月の名前を「テュルクメンバシュ」に改名している

１９９１年にソ連邦が崩壊すると、ニヤゾフも近隣の共和国に足並みを揃えて独立を宣言、国民投票によりトルクメニスタン初代大統領に選出された。この時の支持率は99%であったから、その実態は民主的なものとは言い難い。ニヤゾフは共産党をトルクメニスタン民主党に改組するが、大統領選挙同様に看板のみをすげ替えたに過ぎなかった。１９９３年、ニヤゾフは国会からテュルクメンバシュ（トルクメン人の父）の称号を贈られ、以後それがニヤゾフの公称となる。そしてこの頃から、平凡な政治家ニヤゾフは奇矯な独裁者テュルクメンバシュへ変貌していった。

注目を集めた奇行の数々と確かなバランス感覚

トルクメニスタン共和国は共産主義国家に属してはいたが、人口の7割はイスラム教徒で部族制を残すトルクメン民族であった。トルクメン民族の出身でありながら部族のつてがない孤児であり、共産主義者として成長したニヤゾフは、言わば同胞中の異邦人として浮き上がった存在であった。ニヤゾフが自分の権力を維持するために頼ったのが伝統的な独裁政治である。前近代の部族社会から一足飛びに共産主義者の支配に置かれたソ連体制下のトルクメニスタンには西欧的な民主政治の基盤は全く無かったので、伝統的な部族長の支配スタイルとスターリン的な独裁手法を結合したのである。

ニヤゾフは秘密警察を濫用した人権無視の手法で反対派を弾圧し、メディアを検閲するおなじみの手段で異論を封じ、１９９９年に終身大統領に就任する。マルクス主義を捨てたニヤゾフはイスラムの伝統に自分の政治哲学をつぎはぎした「ルーフナーマ（魂の書）」を著し、学校で学ぶことを義務づけた。テュルクメンバシュ自身の著書による思想統制は、やがてニヤゾフの個人的嗜好を押し付ける数々の奇妙な命令を生み出すことになる。月や曜日はニヤゾフが新たに考案した名称に変更された。首都以外の図書館や病院は田舎者には不用という理由で廃止した。テュルクメンバシュのお気に召さず禁止されたものはバレエやオペラの上演、髭や金歯、さらに口パクで歌うことなどがある。その一方で大好物のメロンを称える記念日が設けられ、国民の祝日とされた。

偉大なテュルクメンバシュを称えるため、首都の広場に高さ14mの黄金の大統領像が建立されたが、この像は太陽を追って回転する仕掛けになっていた。ルーフナーマの仕掛け付き記念碑も建てられ、首都では50m圏内のいたるところにテュルクメンバシュの肖像画や金ピカの像が飾り立てられた。

こうした奇行や大仰な個人崇拝にも関らず、ニヤゾフの政治手腕は要点を押さえたもので、国民の不満を抑えることに成功していた。石油や天然ガスなどの天然資源に恵まれたトルクメニスタンの経済は旧ソ連諸国の中でも良好で、

前掲写真と同じく1993年、訪米時のサパルムラト・ニヤゾフ(写真中央)。この時のニヤゾフはまだ白髪だが、2002年頃から髪を黒く染めていた。一方でテレビキャスターの化粧や染髪は禁止している

利益の多くはニヤゾフの懐に入ったが、国民もその恩恵を受けて飢えることは無かった。

ニヤゾフの独裁は見た目よりルーズなものだった。国内のメディアは確かに検閲されていたが、国民は衛星放送で海外のテレビを自由に視聴しており、奇妙な禁令の数々も国の隅々まで厳格に実施されたとは限らなかったようだ。またニヤゾフは外交のバランスに長けていた。1995年にトルクメニスタンを永世中立国として安全を図りながらロシアとの決定的な対立は避け、隣国アフガニスタンのイスラム原理主義者に好意を示しながら、2001年に9・11事件がおきると素早く欧米よりの姿勢を見せて戦乱の波及を回避している。

神の如く崇(あが)められたテュルクメンバシュは2006年12月21日に心臓病で急死した。神がかり的な崇拝を強制しながら世襲を否定したニヤゾフの政権は、ベルディムハメドフ大統領代行が昇格して継承した。ベルディムハメドフ大統領は奇矯な命令やルーフナーマなどテュルクメンバシュの事績をほぼ一掃したが、その個人崇拝による独裁政治のスタイルはほぼ引き継がれている。

(文/司史生)

モンゴル人民共和国

史上2番目の社会主義国を築いた草原の独裁者
ホルローギーン・チョイバルサン

生没年：1895年2月8日～1952年1月26日
独裁期間：1929年（大統領就任）～1952年（病死）

モンゴルのスターリン

チョイバルサンは1895年、モンゴルの遊牧民の子に生まれた。幼小時代にチベット仏教の僧院に入り、その後ウランバートル（当時はクーロン）のロシア領事館付属学校に入った。後のソ連との縁はこの時に始まったといえる。

1914年にはロシアに留学したが、当時のロシアは革命前夜であったからチョイバルサンが革命思想の影響を受けるのは必然的な流れであった。ロシア革命後の1920年に帰国したチョイバルサンは仲間と共に共産主義政党のモンゴル人民党（後にモンゴル人民革命党と改称）を結成、以後、政治家の道を進むことになる。

1924年、モンゴルは史上2番目の社会主義国であるモンゴル人民共和国として独立した。ソ連帰りの共産主義エリートであるチョイバルサンは、ソ連の後ろ盾を

ソ連、そしてスターリンの傀儡と称されることも多いチョイバルサン。ただ一方では、ソ連に面従しつつもモンゴルの独立を維持し、近代化を進めたとして評価する意見もある

得て国家小会議議長に就任、１９２９年には人民委員会主席、１９３６年に内相、１９３７年には軍総司令官、次いで首相代理となり１９３９年（ノモンハン事件と第二次世界大戦の起きた年）からは首相兼外相を務めることになる。

１９３６年に内相に就任して以後、１９３８年までの間に大粛清を行い、首相のゲンデン以下政敵多数を葬り去っているが、このため「モンゴルのスターリン」との異名を取った。粛清の原因は首相ゲンデンが対日融和政策を目指したこと、モンゴル国内11万のチベット仏教僧侶の排除を行えというソ連のスターリンの指示をゲンデンが拒否したことにあった。スターリンは自分の意に沿わないゲンデンの排除を、内相として警察権力を握るチョイバルサンに行わせたのである。

このように当時のモンゴルは独立国とはいうものの、隣国ソ連の強い影響下にある衛星国で、独裁者といえども対外的には弱い立場にあったのだ。

チョイバルサンは粛清において、しばしば日本軍と通じたスパイ行為を罪状に挙げている。当時、モンゴルは日本軍の守備する満州国と接していた関係から、スパイ容疑の全てがデッチ上げとも言い切れないが（日本軍特務機関がスパイ工作を行った程度のことは当然あっただろう）、とはいえ粛清の犠牲者全てが日本軍と通じていたかといえばそれも疑わしい。いずれにせよチョイバルサンは、ソ連の指示に従いつつも、巧みに動いて政敵を排除しつつ自らの政治的立場を強化して独裁者となったのである。

チョイバルサンと第二次大戦

ソ連の後ろ盾を得た、ソ連からみれば傀儡のチョイバルサンは、１９３６年、ソ連軍の駐留を認めるソ連との相互援助条約を締結する。これはチョイバルサンの権力強化に役立ち、１９４５年の独立を問う選挙においてチョイバルサンは賛成率１００％という極めて高い支持を得た。また相互援助条約は１９３９年のノモンハン事件で、ソ連軍介入を正当化することになった。

チョイバルサンはソ連軍のモンゴル駐留を認めたが、その見返りに援助を引き出してモンゴル軍の近代化を推し進めた。草原の国、モンゴル軍の主力は騎兵であったが、ソ連の援助で装甲車等の近代装備を入手して、軍の機械化を推し進めたのだ。

1939年に起きた、大規模な国境紛争ノモンハン事件でモンゴル軍はソ連軍と共に日本・満州国軍と戦い、自己の主張する国境線を確保してモンゴルにとっての勝利を収めた。次いで起こった第二次大戦では独ソ戦においてソ連に援助を行いつつ1945年までは中立を維持した。しかし1945年にソ連が対日戦に踏み切ると、モンゴルも対日戦に参加する。あまり知られていないがモンゴル軍は満州国に侵攻して関東軍と交戦している。

この時にモンゴル軍の捕虜となった日本兵と日本の民間人は、モンゴル国内での強制労働に使役されている。

チョイバルサンの対日戦参加という選択はモンゴル人民共和国を戦勝国の立場に置き、国際的な地位を高めることとなった。その結果、大戦翌年の1946年にはかつての宗主国であった中華民国に対して、モンゴルの独立を承認させることにも成功した。

1939年、日本・満州とソ連・モンゴルの間で国境紛争ノモンハン事件(モンゴル側呼称:ハルヒン河戦争)が勃発する。当時、モンゴル軍は「ソ蒙友好協力相互援助条約」により、事実上駐留ソ連軍の指揮下にあった。写真はこの紛争で実質的にソ蒙軍の指揮を執ったソ連軍のジューコフ将軍(写真右)とチョイバルサン

チョイバルサンは独裁者であったが、国際的にはソ連という超大国の傀儡的存在であった。むろん超大国ソ連に隣接するというモンゴルの立ち位置では、それ以外の選択肢はありえなかった。しかしチョイバルサンが、その立ち位置を利用して自国の近代化を進め、まがりなりにも独立を保持した事は、現在でも一定の評価がなされている。

(文/瀬戸利春)

シリア・アラブ共和国

亡き兄に代わって独裁者に

バッシャール・アル＝アサド

生没年　：1965年9月11日～
独裁期間：2000年（大統領就任）～

独裁者の子

バッシャール・アル＝アサドは、軍人だったハーフィズ・アル＝アサド前大統領の次男である。独裁者といわれた父のアサド政権を引き継いだ形になったが、もともと国家指導者を目指していたわけではなかった。

控えめで穏やかな性格であり、学生時代は優秀な模範生だった。ダマスカス大学医学部を卒業し、軍医として勤務した後、1992年にイギリスへ留学。眼科医としてロンドンで研修していた。しかし1994年、父の後継者と目されていた兄のバースィル・アル＝アサドが交通事故で急逝したことから、バッシャールは研修の途中で帰国し、兄に代わる後継者筆頭となった。

父ハーフィズから独裁者としての権力を継承したバッシャール・アル＝アサド大統領。2011年以降、シリアは多数の勢力が入り乱れた内戦状態が続いており、難しい舵取りを迫られている（写真／Rodrigues Pozzebom／ABr）

軍人であった父や兄に対し、軍医としての大尉の肩書だけで軍人ではなかったバッシャールは士官学校で学び、陸軍機甲師団で軍務に就き、1999年には大佐に昇進した。政治的な経験も皆無であったことから、軍務と並行して大統領政治顧問にも就任し、内外のさまざまな政務を担当した。

バッシャールは政治的腐敗撲滅キャンペーンの事務局長となり、国民に政権内部の腐敗一掃と改革を訴えた。汚職と戦う清廉な施政家であるというイメージを植えつけるのに成功し、政治家の汚職だけでなく、将来の政敵となりうる存在を一掃する結果にもつながった。

それと歩調をあわせるように、父のハーフィズは政権内部の老獪な軍人や政治家を粛清し、バッシャール体制の基盤強化を狙った。独裁者ハーフィズとして最後の仕事だったが、高学歴で国際感覚のあるバッシャールをスマートでモダンな次世代リーダーと位置づけるため、父が血なまぐさい仕事を引き受け、血にまみれた古いシリアからの脱却を期待したのである。

ダマスカスの春

2000年6月10日、ハーフィズ大統領が心臓発作で急死した。バッシャールは陸軍大将に昇進して軍最高司令官に任命され、バアス党書記長に就任。憲法では大統領に就任できる最低年齢が40歳であったため、議会はただちに34歳で就任できるよう憲法を改正した。その後、国民投票が実施され、圧倒的な信任を得たバッシャールは7月17日、大統領に就任した。

大統領になったバッシャールは国内のインターネット解禁、経済の自由化、政治犯釈放など、シリアの改革開放路線を展開、その一連の動きは「ダマスカスの春」として評価された。

2001年には、ロンドン研修中に知り合ったアスマー・アル＝アフラスと結婚した。彼女はイギリスで生まれ育ったシリア人で、JPモルガンでM&Aを担当していた才女であった。そのファッションセンスと美貌は、世界的なファッション誌『ヴォーグ』で「砂漠の薔薇」と紹介された。バッシャールはアスマーとともに海外を歴訪し、開かれたシリアをアピールして、中東や欧米諸国との関係改善を図った。

だが、シリアは依然としてバアス党による事実上の一党独裁状態であり、改革路線を標榜しつつも、民主主義の定着には時間がかかるとして、従来の体制を堅持したままであった。独裁国家としての潜在的な恐怖に支配されていたが、ハーフィズ時代とは違った改革開放路線の中で、市民生活にはイスラムの戒律に束縛されない自由の空気があった。

つくられた独裁者?

しかし、シリアの改革的機運は2001年9月11日のアメリカ同時多発テロを機に逆行していく。2003年のイラク戦争後はイラクでテロ活動を展開するイスラム武装勢力が国内に潜伏し、アメリカはこれをシリアの支援と断定、テロ支援国家に指定した。2005年にはレバノンの大統領暗殺事件を主導したとして国際的な批判を受け、レバノンからのシリア軍全面撤退を余儀なくされた。このような状況にもかかわらず、バッシャールの人気が衰えることはなく、2007年5月に圧倒的な信任を得て、大統領に再任された。

ハーフィズ・アル=アサド(写真前列右)とその家族。後列左から2人目がバッシャールで、その右(後列中央)が、当初は後継者と見られていたものの1994年に交通事故で死亡した長兄バースィル

アメリカはテロ支援国家としてシリアを非難しているが、アル・カーイダ、ハマース、聖戦機構などのイスラム過激派は、父ハーフィズの時代にムスリム同胞団が徹底的に弾圧されたことから、その大半がシリアと対立関係にあるか、むしろ敵対関係にある。せいぜいレバノンのヒズブッラーとの関係ぐらいのものであるが、それもレバノン撤退以降、積極的なものではない。

ところが、2010年からアラブ諸国でドミノ式に発生したいわゆる「アラブの春」の騒乱がシリアに及び、内戦状態に陥っている現在、国内のイスラム過激派との戦いを余儀なくされると、今度は「人権侵害である」と非難される状況で、明らかに欧米の対応が矛盾している。

(文/福田誠)

シンガポール共和国

「超管理国家」の演出者

リー・クアンユー

生没年：1923年9月16日～2015年3月23日
独裁期間：1959年（首相就任）～1990年（院政へ移行）

英領マラヤ植民地のシンガポールに生まれたリーは広東省から移住した中国系「華人」の4世で、李光耀の中国名もあるが、家庭内では英語が使われ、中国との関係は薄まっていた。リーは地元ラッフルズ大学の後、日本軍による占領期を経て戦後はケンブリッジ大学へ留学し、帰国後は弁護士となった。1950年に結婚した妻のクワ・ギョクチュー（柯玉芝）は弁護士事務所の共同経営者でもある。

1954年、リーは新設された人民行動党（PAP）の事務局長として政界に進出した。自治拡大派の各民族中産階級と、独立派で華人中心のマラヤ共産党の接点となったリーは「法の統治」に活路を見出し、PAPは自治領となったシンガポールで圧倒的な支持を得て、1957年に独立したマラヤ連邦のアブドゥル・ラーマン政権とも友好関係を維持していた。しかし、1963年にシンガポールがマラヤ連邦に併合されて新生マレーシアの一部となると、マレー系を重視するラーマン政権はPAPと対立し、1965年8月9日に事実上の追放でマレーシアからの独立を宣言したリーはテレビ演説で涙を流した。

食料や水などの基本資源にも事欠くシンガポールの生存のため、リーは「同質化」と「国際協調」を選んだ。マラヤ共産党を弾圧してPAPを保守化し、続いて民族

1990年に首相を辞職した後もシンガポール政界に絶大な影響力を持ち続けたリー・クアンユー。独裁政治や言論統制の一方で経済発展には成功し、観光開発も熱心に行われていることから、シンガポールは「明るい北朝鮮」と揶揄されることもある

対立を煽（あお）るあらゆる言論を厳しく統制して、中国語の高等教育まで廃止された。土地所有の抑制の代替策として安価な公営住宅が整備された。更に、元々海上交通の要衝だった利を生かした加工貿易や国際金融の拠点として自己整備を続け、高い教育水準や治安の安定も生かした結果、シンガポールは東南アジアで突出した所得水準を達成し、日米欧との自由貿易協定締結によって先進国の一角に食い込んだ。

その政策は全てリーが仕切り、１９８０年代にはマレーシアとの関係も改善された。ただし、長期支配は都市国家の特性を生かした強力な管理体制、特異な選挙制度や際立って低い言論の自由度に支えられたのも確かである。リーの監視は支配層にも行き届き、１９９０年に第一副首相だったゴー・チョクトンに首相を譲った後も上級相として院政を敷き、更に２００４年には長男のリー・シェンロン政権を誕生させて自らは内政顧問となった。２０１１年に閣僚職からの引退を宣言した後も強い発言権を維持していたリーは、２０１５年に死去したが、子ども達は国営企業などの幹部に就き、同族支配の批判も絶えない。

（文／中西正紀）

タイ王国

サリット・タナラット

長期王政の基盤を作った短命の独裁者

生没年：1908年6月16日〜1963年12月8日
独裁期間：1957年（クーデターにより首相就任）〜1963年（病死）

サリット・タナラットはタイ陸軍の少佐の息子として首都バンコクに生まれ、陸軍士官学校を卒業後は父と同様に職業軍人の道を歩んだ。第二次大戦では日本軍と協力して英領ビルマに侵攻したが、他の同僚と違って戦後の訴追は免れた。

軍事クーデターが頻発するタイでは軍人も政治に深く関わる。サリットも近衛師団の連隊長で迎えた１９４７年のクーデターで主導権を取り、第二次大戦ではタイを日本側で参戦させたピブーンソンクラーム（ピブーン）の復権に力を貸した。ピブーン政権の反共政策を支持したサリットはクーデターを次々と鎮圧したが、これもタイ政治でお決まりだった権力者の汚職が悪化するとサリットの態度は冷淡になった。さらにピブーンが民主主義や言論の自由を重視し始めたのもサリットには軟弱に映った。

1957年3月、総選挙での不正が発覚したピブーン政権を、サリットは陸軍司令官としての非常事態宣言発布で救ったが、同年9月に遂に自らがクーデターを発動し、ピブーンを亡命させた。続いて軍人のタノム政権が混乱の収拾に失敗すると、1958年9月にサリットは再度クーデターを成功させ、1959年2月に自ら首相に就任した。

サリットの「革命」は徹底的な武断統治になった。憲法停止や政党の禁止をはじめ、自由主義者を含む反体制派を徹底的に弾圧し、一般刑法犯も死刑や凌虐刑などで苛烈に罰した。その権威の源は国王ラーマ9世（プミポン）に置かれ、愛国主義が全てに優先された。一方、日米の支援や投資を受け入れて開発独裁政策を採用し、東南アジアで最初に工業化へ踏み出した。国民は圧政の中で豊かさを感じ、犯罪の急減もあってサリットへの支持は広がった。

しかし、1963年にサリットは肝臓病で急逝。すると1億4000万米ドルの資産を巡り4番目の妻と遺族が争い、サリットと関係した100人の女性も報じられて清廉潔白のイメージは失墜した。政権はタノム副首相が継いだが、タイは再び政治腐敗とクーデターの国へ戻った。その中で、産業界以上にサリットの遺産を最も受け継いだのはプミポンだった。アメリカ生まれの上、兄の怪死から1946年に18歳で予期せぬ即位をしたこの若い国王は、タイ国家の全てを超越する存在へと祭り上げられた。2016年に崩御するまで絶大な権威を維持し、政治の混乱を収拾する調停者として君臨した。

（文／中西正紀）

重罪犯には公開処刑や残虐な刑罰を課す一方で、日米などの海外資本を導入して工業化を進めたサリット・タナラット。過酷な独裁体制をとったことは確かだが、混乱したタイ社会に秩序を取り戻し、後の経済発展の基礎を築いた点は評価されている

大韓民国

朴正熙

日本との抜きがたい因縁の下で

生没年：1917年11月14日～1979年10月26日
独裁期間：1961年（大統領就任）～1979年（暗殺）

朴正熙（パク・チョンヒ／ぼくせいき）は韓国の発展と矛盾を、特に対日関係で体現した人物である。

朝鮮半島南東部、慶尚北道の農村に生まれた朴は師範学校卒業後に小学校教師となったが、軍事教練教官の日本軍人に影響され、血書嘆願の末に日本国籍のまま１９４２年に満州国軍の軍官学校、さらに１９４４年に日本の陸軍士官学校を卒業した。創氏改名で「高木正雄」と名乗った朴は１９４５年のソ連軍満州侵攻でも満州国軍の中尉として参戦したが、日本降伏と満州国消滅により１９４６年に朝鮮へ戻り軍役に就いた。

朝鮮半島南部ではアメリカ軍政の下で李承晩（イスンマン）が指揮する大韓民国臨時政府が独立準備を進め、後に「親日派」と糾弾される植民地時代の対日協力者を弾圧していた。さらに共産主義者の摘発では兄が警察に射殺され、朴自身も死刑を宣告されたが、満州国軍時代の人脈で助命されると独立後の１９５０年６月に始まった朝鮮戦争で活躍してアメリカに留学した。戦争中には陸英修（ユクヨンス）と再婚し、１９５２年に娘の朴槿恵（パククネ）、１９５８年には息子の朴志晩（パクチマン）が生まれた。

そして１９６１年の５・16クーデターで担がれ、１９６３年に大統領となった朴は、兄の娘と結婚した金鍾泌（キムジョンピル）を中央情報部（ＫＣＩＡ）部長に起用し反政府運動を激しく弾圧したが、朴政権を経済面で助けたのが日本だった。朴は李承晩の反日主義を転換して１９６５年に日韓基本条約を締結し、日本政府から一括で受け取った植民地支配の補償金を元手に「漢江の奇跡」と呼ばれる経済発展の基礎を築いた。また、朴は元満州国官僚の岸信介の信頼を得て自民党タカ派との親交を深めた。

しかし、朴政権を揺るがせたのも日本だった。１９７３年にはＫＣＩＡが野党政治家の金大中（キムデジュン）を東京からソウルへ拉致した「金大中事件」が起き、１９７４年８月15日には植民地支配からの解放記念日で演説中の朴を在日韓国人２世の文世光（ムンセグァン）が狙撃し、陸英修夫人が死亡した「文世光事件」が発生した。両国関係の維持に奔走しながら妻の死去に泣き崩れた朴にとって、日本は晩年まで悩みの種だった。そして1979年10月26日、朴自身もKCIA長官で同郷の後輩、金載圭（キムジェギュ）に酒宴の最中で暗殺された。

朴の死後も開発独裁型軍事政権は続いたが、民主化後の1997年に大統領となった金大中も金鍾泌を首相とし、朴による経済発展の成果を称賛した。朴の清廉潔白さは韓国民の郷愁を集め、母の代わりにファーストレディーを務めていた娘の朴槿恵は2013年に大統領となったが、父の部下を登用した体制は強権的と批判され、さらに友人の不正な国政関与が明かされた崔順実（チェスンシル）ゲート事件で2017年に罷免された。2020年現在は、2018年に受けた懲役24年判決への上告審が続いている。

（文／中西正紀）

国内に対しては強権的な独裁体制を敷き、反体制派や政敵を容赦なく弾圧した朴正熙。その一方で開発独裁を進めて韓国経済を発展させ、汚職や縁故主義を嫌い私生活も極めて清廉だったという

インドネシア共和国

長すぎた一族支配の果てに

スハルト

生没年：1921年6月8日～2008年1月27日

独裁期間：1966年（クーデター後の権力掌握）～1998年（大統領辞任）

オランダ領東インドの地方役人の家に生まれたスハルトの出自には謎が多い。確実なのは中学卒業後に現地軍に入り、侵攻した日本軍に降伏した程度である。

1943年、スハルトは日本軍に協力する郷土防衛義勇軍の下士官となり、1945年の日本敗戦で民族運動家のスカルノがインドネシア共和国独立を宣言すると、共和国軍に参加した。オランダの植民地支配復活を阻止したこの独立戦争で、スハルトは現地指揮官として活躍した。非同盟運動の中心となったスカルノ大統領は1961年にオランダ支配が続いていた西ニューギニアに侵攻したが、これを成功させたのがスハルトで、1963年には陸軍戦略予備軍司令官になった。

しかしスハルトはスカルノ体制でのインドネシア共産党の台頭を警戒していた。1965年9月30日、共産党系の将校が陸軍参謀総長らを殺害するクーデターを発動すると、陸軍を掌握したスハルトはこの機に数十万人を虐殺して共産党を殲滅した。この「9・30事件」はスカルノ自体の信頼も失墜させ、1966年にスハルトはスカルノに全権を移譲させて事実上の最高指導者、2年後には大統領になった。

1967年、スハルトはASEANの事務局を首都ジャカルタに置いて近隣諸国との関係を改善し、1975年には左派勢力が独立を宣言した東ティモールを併合しながら日本やアメリカの経済進出を受け入れたが、経済発展はスハルト一家や周辺高官の底なしの腐敗に阻まれた。独立戦争中に結婚した妻のティエンは日本企業からの巨額リベートが指摘され、三男のトミーは乗用車の国産化（国民車）構想で市場を独占した。一家の蓄財は150億米ドルともされ、与党ゴルカル支配の下での国民の不満は東ティモール作戦で活躍した次女の婿のプラボウォが陸軍特殊部隊（ニンジャ部隊）と戦略予備軍の双方で司令官として抑えていた。

1997年に起きた東南アジア通貨危機に高齢のスハルトは対抗策を打てず、スカルノの娘のメガワティに支持が集まったのが終焉の開始だった。1998年3月、スハルトは恒例の不正選挙で大統領7選を果たしたが、学生を中心とした反政府運動は国軍内にも及び、同年5月に遂に辞任へ追い込まれた。後任のハビビ新政権はスハルト一家の不正を追及し、トミーに続いて訴追されたスハルトは1999年に脳梗塞で倒れて影響力を失った。妻の死から12年後、2008年にスハルトは86歳で世を去った。しかし混乱が続く中、亡命から帰国したプラボウォがメガワティとも連携しながら勢力を回復し、2014年と2019年の大統領選で惜敗した後に国防相となっている。

（文／中西正紀）

30年余にわたるスハルトの長期政権がつづく中、汚職や癒着、親族や取り巻きによる縁故主義といった政治腐敗が蔓延していた。スハルト一族による不正蓄財の総額は150億から350億米ドルと見積られ、世界最大の不正資産とも指摘されている

アゼルバイジャン共和国

共産党保守派からの世襲

ヘイダル・アリエフ

生没年：1923年3月10日～2003年12月12日
独裁期間：1993年（大統領就任）～2003年（病気により息子へ引継）

ヘイダル・アリエフはアゼルバイジャン人の労働者家庭で生まれ、首都バクーで大学を卒業後、第二次大戦末期の1944年にアゼルバイジャン国家安全保障局へ入った。これは1954年にはソ連国家保安委員会（KGB）となり、組織内でアリエフは順調に出世した。1969年には当時の最高指導者、レオニード・ブレジネフ書記長からアゼルバイジャン共産党の第一書記に任命され、綱紀粛正と経済建設に務めた。

アリエフが中央政界に現れたのは1982年、ユーリ・アンドロポフによってソ連共産党中央委員会の政治局員に任命され、同時に運輸・社会サービス担当の第一副首相になった時である。いずれも中央アジアを含むイスラム圏から初の登用で、アンドロポフ体制のKGB人脈に沿った人事だった。しかし二人の想定とは違う方向へソ連は進み、1985年にはミハイル・ゴルバチョフが党書記長、より急進的で同じコーカサスのグルジア出身であるエドゥアルド・シェワルナゼが党政治局員になった。保守派とされたアリエフは1987年に政治局員を解任された。

普通ならこれで終わりだが、アルメニアによって分断されたアゼルバイジャンの飛び地、ナヒチェヴァン出身という事が彼を救った。両国が領土問題、ナゴルノ・カラバフ紛争で激しく対立すると、モスクワに残っていた

健康状態の悪化により、長男イルハムに権力を移譲したヘイダル・アリエフ。これは旧ソ連諸国では初となる、親子間での権力世襲となった。また、石油輸出による富は経済発展とともに国内の腐敗を生み出し、アリエフ父子も石油利権で巨額の個人収入を得たとされている

アリエフは母国を支援して愛国主義者という看板を手に入れた。１９９０年にアリエフは故郷から最高会議議員に当選して母国の政界に復帰した。さらにアゼルバイジャンが共産党系と人民戦線（民主化勢力）の対立で弱体化した末に同紛争で敗北するとアリエフへの期待は高まり、人民戦線政権がクーデターで崩壊した後の１９９３年に大統領へ就任した。アリエフは就任後に反対派を一掃し、自らの新アゼルバイジャン党（ＹＡＰ）による一党独裁体制を構築した。これは原油生産を武器とした順調な経済発展、紛争凍結によるロシアとの関係改善やＣＩＳ再加入が支えていた。

そして後継者問題もアリエフは世襲で解決した。２００１年に長男のイルハムをＹＡＰの第一副議長にした後、２００３年４月に心臓発作で倒れたアリエフは、自身はアメリカで治療しながら同年10月の大統領選挙にイルハムとの親子立候補という奇策を用い、最後に自分が辞退して息子をＹＡＰから当選させた。同年12月、アリエフは80歳で死去した。２０２０年現在もイルハム体制は続き、アリエフは神格化されている。（文／中西正紀）

コラム① 独裁者とスポーツ

ムッソリーニとサッカーW杯

少なからぬ権力者はスポーツ、特に集団スポーツを好む。単に国威発揚のために好む人もいれば元から好きな人もいる。WBCのたびに地上の誰より適確な論評を発する同志フィデルや、サンフランシスコ・ジャイアンツの選手になるのが夢だったチャベスや、レンジャーズのオーナーを続けていればもっとよい名を残したろうブッシュは野球好きの例だが、サッカー好きはもっと多い。その極初期の例がムッソリーニだった。

むかしイタリア・サッカーは世界のどこより金払いがよく、南米中から好選手をかき集めては、実はイタリア系だったのだということにして試合に出していた。しかも統領ベニート・ムッソリーニは元からサッカー好きだった。国威のためにも、自分と国民の娯楽のためにも、統領がワールドカップつまりサッカーの国対抗選手権を誘致し、そして勝とうとしないはずがなかった。

土建屋も嫌な顔はしなかった。第1回のウルグアイW杯がただ一都市で開催されたのに対し、1934年の第2回イタリアW杯はイタリア中の8都市で、国家ファシスト党スタジアムやムッソリーニ・スタジアムという立派な名前のついた、とびきり上等の新品スタジアムで開催された。

イタリア代表監督の名将ポッツォはファシストでこそなかったが、何より結果を重んじる点では統領と馬が合った。彼は選手全員に堅守速攻のドクトリンを徹底させ、前回W杯準優勝国アルゼンチンからイタリア系選手を引き抜き、レフェリーの判定には念入りに苦情を付けた。一説にはギリシャ戦で賄賂(わいろ)を使ったともいう。青服のイタリア選手団の戦いぶりはラフでタフだった。対スペイン戦ではイタリア選手4人、スペイン選手7人が負傷退場という波瀾をくぐり抜けて勝利。決勝の対チェコ戦では2対1で逆転勝利。最高の幕切れだった。

ムッソリーニは全試合を見た。

イタリアは最強の名をほしいままにしたが、これを認めようとしないサッカーファンも他国には多かった。ホームタウン・ディシジョン(※)のお陰だろうというのであった。そして続く1938年W杯の開催国はフランス。仏伊関係も相当に険悪で、ここで勝てばホームタウン・ディシジョンと呼ばれる筋合はない。ポッツォは高齢化した前回主力を惜しげもなく若手へ切り替え、連覇へ向けてカウンター戦術を研ぎ澄ました。準決勝のブラジル戦では前回W杯の数少ない生き残り、名手ジュゼッペ・メアッツァが、自分のズボンがずり落ち敵キーパーが笑い出した隙を突いてPKを決めた。決勝のハンガリー戦前夜、統領はイタリア選手団に「勝利かしからずんば死か」という3語の電報を送っている。勝利したイタリア選手団は軍服に身を包んで統領主催の祝賀会に出席した。

集団競技の国対抗大会が抱える面白さと危なっかしさの原型はすべて1934年、1938年W杯の中に見て取れるのではないかと思う。　　(文/桂令夫)

1934年と1938年のサッカーW杯で史上初の大会連覇という偉業を達成した、イタリア代表監督ヴィットーリオ・ポッツォ(写真一番左の人物)。その間に行われた1936年のベルリン五輪でも金メダルを獲得している。写真は1934年W杯決勝時のもの

※…審判がホームチームに有利なように判定を下すこと。

《中南米編》

中央アメリカ・西インド諸島

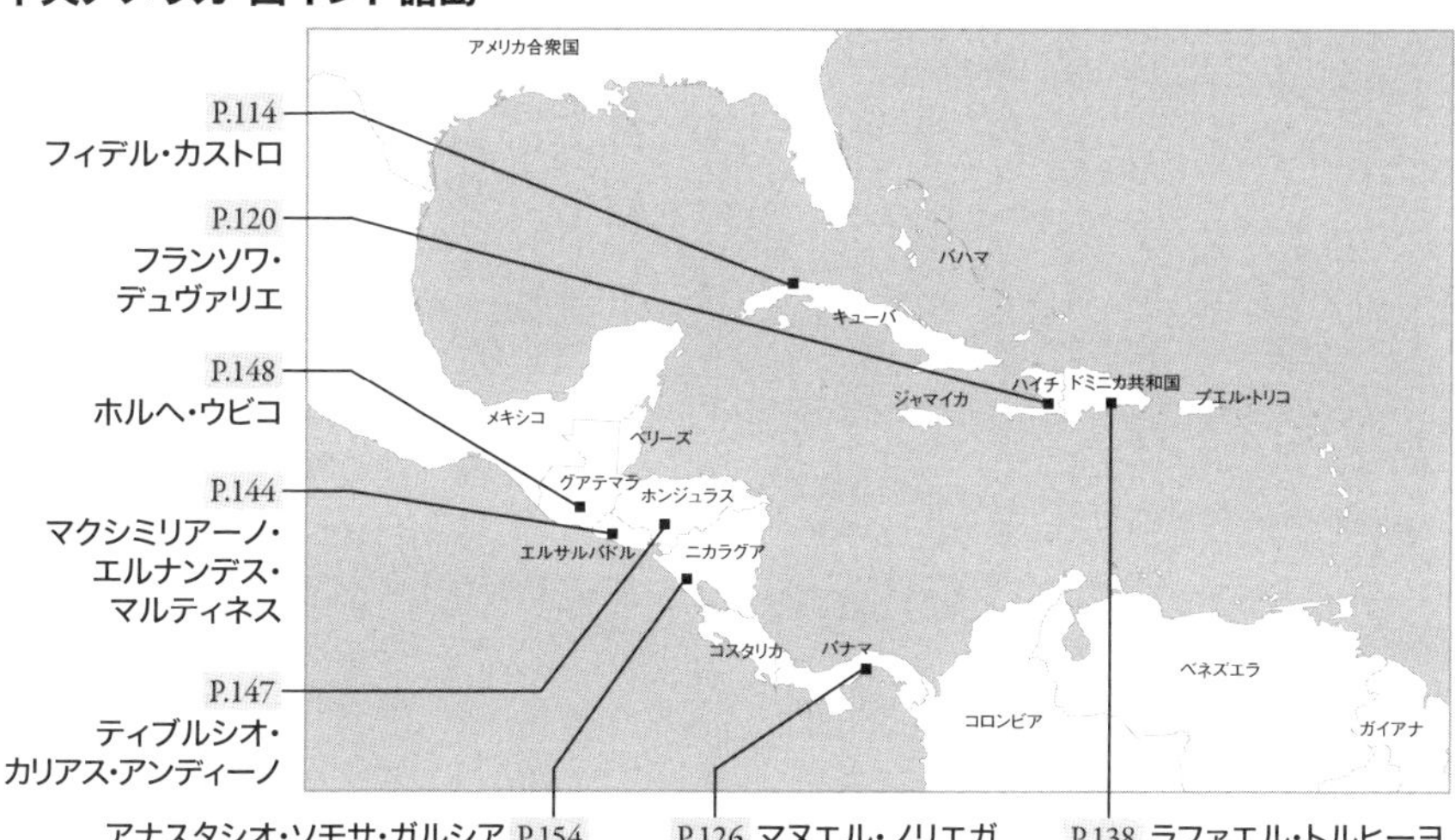

南アメリカ

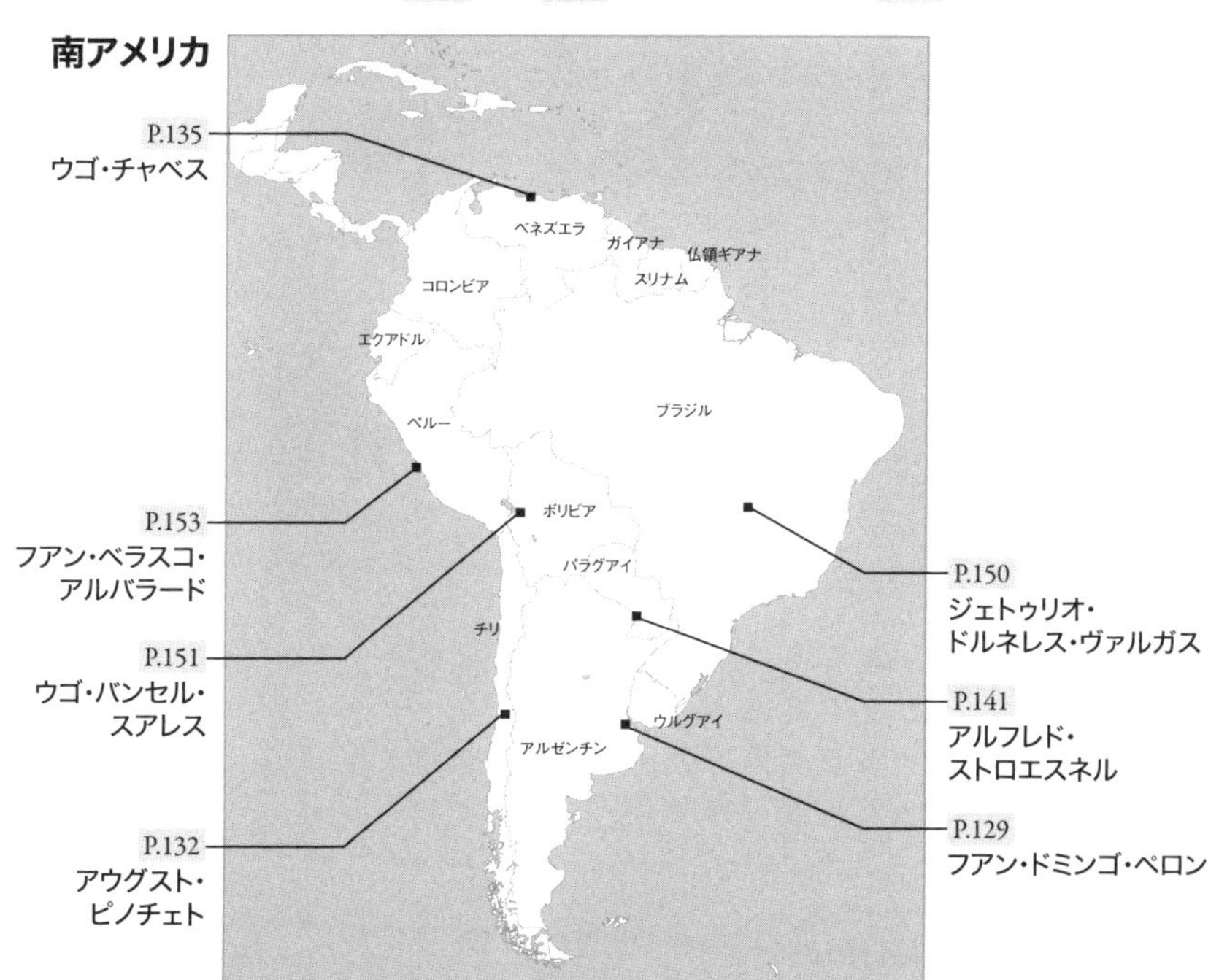

キューバ共和国

最後の革命家
フィデル・カストロ

生没年：1926年8月13日〜2016年11月25日
独裁期間：1959年（革命により首相就任）〜2008年（国家評議会議長を辞任）

ゲリラ戦術による革命

フィデル・カストロは1926年、キューバ東部で生まれた。父親はスペイン出身の貧しい移民であったが、カストロ出生時には1万ヘクタール以上の耕地を有する大農場主となっていた。金持ちのお坊ちゃんとして何不自由ない育ち方をしたフィデルは、学業もスポーツも優秀だが我が強く、教師をてこずらせる少年に育った。ハバナ大学法学部に進んだフィデル青年は様々なスポーツでスター選手として活躍する一方、自国の歴史を学び民族主義に目覚めていく。とりわけ1895年に武装蜂起して戦死した独立運動家ホセ・マルティに心酔し、キューバのリベラル派が結成した正統党（PPC）の運動家となった。

大学卒業後、弁護士を開業したフィデル・カストロはPPCから選挙に立候補するが、この選挙はフルヘンシオ・バティスタ将軍のクーデターにより潰される。バティスタは貧しい農業国キューバのサトウキビやタバコ生産を支配するアメリカ企業や、ハバナにカジノを持つマフィアと結んで利権を漁り、国民の貧困を顧みなかったため、カストロはバティスタ政権の打倒を決意する。

個人崇拝を忌避して私腹を肥やすこともなく、権力に固執せず潔く引退したこともあり、独裁者でありながらクリーンなイメージも根強いフィデル・カストロ。日本では野球好きな一面もよく知られている

1953年7月26日、カストロは実弟ラウルと120人の同志を率いてキューバ軍の要衝モンカダ兵営を襲撃した。襲撃は失敗し61人が戦死または処刑され、カストロは懲役15年の判決を受けるが2年後に恩赦を与えられアメリカに亡命した。

渡米したカストロはアメリカでキューバ移民や亡命者の支援を募り再挙兵に着手するが、この間にアルゼンチン生まれの医師エルネスト・チェ・ゲバラと知り合い親友となる。モンカダ兵営襲撃にちなみ「7月26日運動」（M26）を結成したカストロは1956年12月5日、ラウルやゲバラたち82人の同志と共に小型ヨットでキューバに上陸するが、たちまち政府軍機の攻撃を受け、僅か16人にまで減少する。しかしシエラ・マエストラ山脈に逃れたカストロは農民に蜂起を呼びかけて兵を募りながら政府軍と交戦を継続、腐敗し士気の低下した政府軍を各所で撃破して勢力を拡大させていった。正規の軍事教育を受けていなかったが少年時代から戦史や戦術に熱中していたカストロは、ヘミングウェイの小説『誰がために鐘は鳴る』を参考書にゲリラ戦を編み出していた。カストロの戦略は、国外からの支援のないゲリラが政府軍に攻勢を仕掛けて主導権を握るというゲリラ戦の常道を破るものだったが、政府軍は脱走や寝返りが相次ぎ、2年後に

盟友チェ・ゲバラ（写真左）とカストロ。革命家として今も伝説的存在のゲバラだが、その理想主義的な言動はたびたび周囲との軋轢を生んでおり、カストロとの決別もソ連との関係を巡る対立が一因と見られている

はキューバの大部分がゲリラの支配下に置かれた。1958年12月31日、バティスタ大統領はドミニカに亡命、首都ハバナに入城したカストロは1959年1月2日、市民を前に革命の勝利を宣言した。カストロのゲリラ部隊は高いモラルを掲げてはいたが、革命直後にはバティスタ政権の兵士や警官500名以上が人民裁判にかけられ銃殺された。

キューバ革命後の1959年4月に訪米したフィデル・カストロ。しかし、経済援助を申し入れたカストロに対して米大統領アイゼンハワーは公式会談を欠席、その後も数度にわたりカストロ暗殺や政権転覆を図ったため、カストロはソ連に接近した

社会主義への転換とキューバ危機

革命政権を樹立し首相に就任したばかりのカストロは民族主義者だったが社会主義者ではなかった。かつてのキューバ共産党がバティスタに協力的だったこともあり、共産主義には警戒的であった。しかしキューバの農産業を支配していた米国企業の利益が脅かされたアメリカがカストロに疑いの目を向け冷淡に扱ったのに対し、ソ連が支援の手を差し伸べてきたため、カストロもラウルやゲバラなど周囲の共産主義者に影響されていった。社会主義を選択したカストロはアメリカ資本の所有する資産の没収や農地の国有化を宣言、アメリカとキューバは1961年に国交を断絶する。

1961年4月、ケネディ政権はCIAの支援を受けた亡命キューバ人部隊をキューバに上陸させカストロ政権転覆を試みるが失敗に終わる。このピッグズ湾事件に危機感を抱いたカストロはソ連と協議して中距離核ミサイルをキューバに配備させる。これを察知したアメリカはキューバを海上封鎖し、カストロはアメリカの偵察機を撃墜した。この「キューバ危機」によって米ソは全面戦争一歩手前の状態となるが、最後の段階でケネディとフルシチョフの妥協が成立し、核戦争の危機は辛くも回避された。自分の頭ごしに図られた妥協に不満はあったものの、カストロはさらにソ連との連携を進め、1965年には革命政権を構成する党派をキューバ共産党に統一し第一書記（党首）に就任する。さらに1976年には新憲法を公布すると終身職の国家評議会議長として正式に国家元首の地位に就いた。これによりカストロへの反対はすべて憲法違反の国家反逆罪とされたのである。

一方、キューバがソ連の戦略に組み込まれることを危惧した盟友チェ・ゲバラはキューバ政府の職を辞すると第三世界の革命を支援するために旅立った。これは美挙として公表されたが、カストロが邪魔になったゲバラを巧妙に追い出したとの見方もある。いずれにせよゲバラは報われぬゲリラ工作の末に1969年、ボリビアで銃殺される。カストロはゲバラの伝説化された死に乗じるようにアフリカ・中南米の革命への支援を強化、アルジェリアやエチオピア、ナミビア、アンゴラなどアフリカ諸国に数万の兵士を送り、キューバ軍は第三世界における共産主義陣営の尖兵としての役割を担うようになった。

社会主義政策を選んだカストロは農地や企業の国有化を進め、カトリック教会を弾圧した。ソ連からの経済援助や貿易の利益を教育と医療の整備に投じ、キューバは

1962年の「キューバ危機」において、ソ連船に接近する米海軍の駆逐艦とP-3A哨戒機。最終的に米ソ首脳の交渉で危機は回避されたが、当事者であるカストロは自身のあずかり知らぬところで図られた政治的妥協に激怒したという

ラテンアメリカ諸国でも際立った教育水準と無償医療制度を確立する。この面で革命の恩恵は確かなものであり、カストロが国民から支持される動機となった。国外の革命への支援と国内政策によりカストロは国際的な名声を築き、アメリカに反発するラテンアメリカの政治家や革命家から政治的な師として仰がれることになる。

カストロのパーソナリティ

カストロは社会主義政権の独裁者の中でも際立った個性とダンディズムの持ち主だった。ゲリラ戦で身につけた髭面と葉巻はカストロのトレードマークとなった。文筆の才に長け、精力的な演説を何時間も続けて終わらないことが多く、本人自身がこれをジョークの種にするほどであった。野球は青年時代からの変わらぬ趣味で、最高権力者となった後も熱中していた。カストロは過去の戦史を研究して知った歴史上の英雄や名将に憧れる英雄志向が強かったが、その一方で個人崇拝を毛嫌いし、自分の肖像画や銅像が飾られることは頑なに拒否し続けた。国家の全権を握り反対派を容赦なく弾圧しながら、身辺は比較的清潔で権力の私物化も見られなかった。モンカダ兵営襲撃以来の腹心である実弟ラウル以外の一族とは円満と言えず、長兄が相続した大農場を没収して国有化したため母親から絶縁され、妹や末娘はアメリカに亡命している。バティスタ政権打倒やアメリカとの対立を通して抜け目ない策士の面を見せながら、敵にすら闊達(かったつ)なユーモアを示し、権力に執着する印象には乏しかった。カストロが他の独裁者と同様、強烈な野心と虚栄心そして自負心の持ち主であることは事実だが、カストロは現在の権力や地位よりも革命家として名を残すことへのロマンティシズムにより多くが向けられていたのである。

アメリカにとって長らく宿敵であり続けたカストロは、最も多く命を狙われた独裁者でもあった。CIAやキューバ人亡命者、さらにマフィアが企てた暗殺計画は合計638回と言われ、ギネスブックに世界記録として掲載されている。毒が入れられたミルクセーキをたまたま冷凍庫に入れたため固まってしまったとか、刺客として送り込まれた女暗殺者が逆に惚れてしまったなど、失敗も小説じみた逸話に事欠かない。

独裁者としては異例の〝引退〟

長らくアメリカの鼻先に立ちはだかる反米勢力の盟主として名声を博したカストロであったが１９８０年以降、その栄光も翳りはじめる。１９８０年、ペルー大使館に1万人の亡命希望者が押しかけ、カストロが出国を認めた結果、12万人以上のキューバ人が年末までに国を捨てアメリカに亡命した。これはカストロ独裁に対してキューバ国内に鬱積した不満の爆発を示すものだったが、カストロは抜け目無く刑務所から釈放した犯罪者多数を紛れ込ませていたと言われる。決定的な打撃となったのは１９８０年代半ば以降のソ連の衰退と崩壊だった。カストロは１９８９年、ナミビアの解放闘争で功績を挙げたオチョア中将とその部下を麻薬取引の廉で裁判にかけ銃殺している。これはゴルバチョフのペレストロイカで動揺した体制のたがを締めなおす政治裁判と見られるが、容疑が正しかったとしてもキューバ共産党の一党支配が社会主義体制の動揺の中で腐敗しはじめたことを示すものであった。

そして１９９１年、キューバの後ろ盾となっていたソ連が崩壊する。第三世界の革命と救済の夢を追ったカストロは結局のところ、祖国を農産物輸出に依存する後進国の地位から引き上げることはできなかったのであり、ソ連からの経済援助と資源供給の途絶えたキューバはたちまち経済危機に陥った。軍事や外交には天性の勘の強さを示したカストロも、経済問題については場当たり的な対策を乱発するばかりであった。限定的な自由化を進めたものの貧富の格差が生じて治安は急速に悪化、かつて第三世界の模範とされた教育制度や医療制度も質の低下に直面した。40年以上キューバを支配し終身指導者とされたカストロは、すでに状況の変化に対応できない老人となっていたのである。そしてカストロ自身、自分の時代が終わろうとしていることを自覚していた。

２００６年、フィデル・カストロは病気を理由に実弟ラウルへの権限委譲を発表。２００８年には国家評議会議長、そして２０１１年に党第一書記の辞任を発表した。これほどの長期間、社会主義国家を支配した指導者が自ら権力の座を降りるのは極めて稀であり、カストロはやはり他の独裁者とはどこか違っていた。療養生活に入ったフィデル・カストロは晩年まで病床から党機関紙に健筆を振るい、２０１６年に死去した。

（文／司史生）

ハイチ共和国

フランソワ・デュヴァリエ

独裁者に豹変したパパ・ドク

生没年：1907年4月14日～1971年4月21日
独裁期間：1957年（大統領就任）～1971年4月21日（病死）

ハイチの独裁者として悪名を馳せたフランソワ・デュヴァリエは、黒人の地位が低かった時代に黒人の医師として、そして文化人として高い評価を得た人物であった。「パパ・ドク」という愛称で親しまれ、黒人解放の象徴として期待されたが、大統領となって権力を手に入れたことで大きく変質し、それは恐怖の代名詞となった。

呪術的なブードゥー教とブラック・ナショナリズムによる独裁体制を進め、ついには憲法を停止、終身大統領となって治安部隊や国家財政などを私物化し、ハイチを近代まれに見る最悪の独裁国家に仕立て上げたのであった。

医療と黒人文化継承に取り組んだパパ・ドク

フランソワ・デュヴァリエは1907年4月14日、ハイチの首都ポルトープランスで生まれた。父のデュヴァリエ・デュヴァリエは黒人中産階級の判事であったため、学校教育を受けることができる幸運にめぐまれ、1934年にハイチ大学の医学部を卒業、医師として社会に出

1963年ごろのフランソワ・デュヴァリエ（写真右下）。翌1964年に終身大統領となった彼は国費を私物化し、汚職や賄賂などの腐敗が横行した。また、弾圧により知識層が海外へ流出したことは、現在にいたるまでハイチの社会や経済にとって痛手となっている

ることができた。

ハイチはカリブ海に浮かぶイスパニョーラ島西部に位置する、世界初の黒人による独立国家であったが、国民の大多数を占める貧しい黒人と、権力を独占していた少数派エリート階級のムラート（黒人と白人の混血）との対立が独立当時から根強く残り、政治的混乱が続いていた。

地方をめぐって農村医療に従事する中、母国の惨状を目の当たりにしたデュヴァリエは、黒人文化の自立を目指すネグリチュード運動に身を投じ、ブードゥー教の民俗学的な研究をはじめた。１９３８年には「グリオ」誌の創刊に関わり、黒人文化に関する数多くの著作を発表、アフリカ黒人の伝統を伝える文化人として評価された。

その頃、看護師を勤めていたシモーヌ・オヴィドと出会い、１９３９年12月27日に結婚。後に3人の娘と1人の息子を授かった。

１９４３年、デュヴァリエはアメリカが推進する熱帯性伝染病防止キャンペーンに積極的に参加し、発疹チフス、フランベジア、マラリアなど、ハイチの貧しい人々を長年苦しめていた疫病の防止に努めた。患者たちは親しみを込めて「パパ・ドク」と呼び、デュヴァリエ自身も生涯にわたってこの愛称を使った。

ハイチ大統領に就任

１９４６年、デュヴァリエは伝染病防止活動の功績により、デュマルセ・エスティメ大統領から国立公衆衛生局長に任命された。１９４９年には厚生大臣および労働大臣を兼任し、政界に身を投ずるようになったが、翌１９５０年に起きたポール・マグロワール将軍のクーデターによってエスティメ大統領が追放されたため、１９５６年に恩赦が実施されるまで隠遁を余儀なくされた。表向きは医療活動に復帰したが、裏では軍事政権の転覆活動に関与した。

１９５６年12月にマグロワール軍事政権が崩壊して暫定政府が立ち上がると、デュヴァリエは政治活動を再開し、１９５７年9月22日実施の大統領選挙に出馬した。対立候補はムラートの有力な資本家で軍部の支持を得ていたルイ・デ・ジョワイエであったが、支配階級であるムラートに対抗する黒人主義的ポピュリズムを前面に打ち立て、ブラック・ナショナリズムの昂揚を狙ったデュヴァリエの作戦は的中し、黒人有権者の圧倒的な支持を得て当選したのであった。

1957年10月22日の宣誓後、大統領に就任したデュヴァリエは、デ・ジョワイエの支持者たちを国外追放し、ムラートが独占していた公職を黒人に解放した。また、国民福祉を重視する政策を採用して、新憲法を制定した。

トントン・マクート

献身的な医療活動や黒人文化活動などから、進歩派の黒人大統領であると思われたデュヴァリエが独裁的な変貌を遂げたのは、1958年6月の軍部によるクーデター未遂からであった。

政権転覆を狙った軍部のクーデターは失敗に終わったが、デュヴァリエはクーデターに関与した幕僚をすべて処刑し、残った将校も罷免して、大統領に忠誠を誓う若手将校を幕僚に据え、国軍の規模を縮小した。一方で大統領親衛隊を精鋭化することにより、軍部の掌握を図ったのであった。

軍部を信用していなかったデュヴァリエは自らの私兵となる秘密警察を組織し、さらに規模を拡大して国家治安義勇隊（MVSN）を創設した。スラム街の黒人貧困層を中心に募集した民兵組織で、給与は支払われなかったが、驚くべきことに恐喝や略奪などの犯罪行為が認められていた。

彼らは麦わら帽子をかぶってサングラスをかけ、青いデニムシャツを着用し、銃火器と「マチェーテ」と呼ばれる鉈で武装していた。ハイチのクレオール語で「麻袋を持った人さらいのおじさん」を意味する「トントン・マクート」と呼ばれ、ハイチ国民にとって恐怖の存在となった。

国軍に倍する規模にまで拡大したトントン・マクートはハイチ社会に深く浸透し、潜伏する反逆者を暴き出した。デュヴァリエの批判的な意見を口にした者はその夜のうちに姿を消し、ときには白昼襲撃されることもあった。投石され、生きたまま焼き殺された者もいた。マチェーテで無残に切り刻まれた遺体は見せしめのため広場に晒され、埋葬のため遺体を引き取ろうとした家族も二度と姿を見せることはなかった。

トントン・マクートの蛮行によって、3万人ともいわれるハイチ人の命が失われ、ターゲットとなることを恐れた医師、教師などの知識人や技術者、有資産者らが国外へ脱出したのであった。

ブードゥー教による国民支配

1959年5月24日、デュヴァリエは心臓発作で倒れ、9時間以上の昏睡状態から奇跡的に意識を取り戻したが、その回復後は別人のごとく危険な独裁者に変貌し、被害妄想と猜疑心(さいぎしん)から来る、常軌を逸した言動が目立つようになった。

心臓発作で倒れたデュヴァリエが回復するまでの間、トントン・マクートのトップであったクレメンテ・バルボがデュヴァリエの代行として実務をこなしたが、デュヴァリエが復帰するや、大統領職を簒奪(さんだつ)しようとした罪で投獄されてしまった。

4年後、釈放されたバルボはデュヴァリエ暗殺に失敗、逃亡を図った。このときデュヴァリエは、バルボが黒い犬に姿を変えたという言説を信じ、ハイチ国内にいる黒い犬をすべて処刑せよ、という命令を出したのであった。なお、バルボは後にトントン・マクートによって逮捕、銃殺された。

デュヴァリエは政敵や反逆者の首に対して呪物的なフェティシズムを持っており、彼のクローゼットには政敵だった者たちの首を陳列していたという。また、処刑された反逆者の首が氷漬けにされて運ばれ、デュヴァリエは死者の魂との交信を試みた、などという逸話も伝わっている。

毎月22日がブードゥーの加護を受けていると信じていたデュヴァリエは、その日にのみ大統領宮殿を離れるようになった。また、かの有名なアメリカ大統領ジョン・F・ケネディ暗殺は1963年11月22日であったが、デュヴァリエはケネディにブードゥーの呪いをかけ、暗殺がその呪力によって引き起こされたものであると主張したのであった。

これらの奇異とも思える言動の数々は、デュヴァリエが研究対象としていたブードゥー教の影響であった。植民地時代から奴隷の邪教としてカトリック教会によって弾圧され、20世紀に入っても非合法化されていたブードゥー教の呪術的な精霊信仰に深く依存し、これをブラック・ナショナリズムの象徴として民心掌握に利用した。すなわち、自らをブードゥー教の司祭(オウンガン)であると宣伝したのである。

デュヴァリエは国民の前に姿を見せる際、神秘性を高めるためにサングラスをかけて視線を隠し、タキシードを着用して、ブードゥーのロア（精霊の総称）であるサムディ男爵の扮装で登場した。ロアの化身であることをイメージさせるため、鼻にかかった強い口調で国民に話しかけた。ブードゥーにおける死と快楽の番人であるサムディ男爵は、まさに大統領となってハイチ国民の生と死を司っていたデュヴァリエの奇行に一致したキャラクターだったのである。

ブードゥー教はもともとアフリカ民間信仰とキリスト教の聖人信仰との習合であり、キリスト教徒との親和性は高かった。このため、「パパ・ドクはロア、イエス・キリスト、神とともにある」といったキャッチフレーズや、腰掛けているデュヴァリエの背後にキリストが立ち、彼の肩に手を置いたイメージ画に「私が選んだのは彼だ」というキャプションをつけ、デュヴァリエ自身を神格化したプロパガンダを展開、個人崇拝を強化していった。

その一方で、カトリック教徒でもあったデュヴァリエは、神格化の妨げとなる外国人司祭を国外追放したことから、カトリック教会から破門された。しかし、後に法王庁と和解して司祭の任命権を与えられると、司祭が不在となった教会にハイチ人の聖職者を任命し、カトリック教会を勢力下においた。

終身大統領として君臨

国内のあらゆる権力を掌握したデュヴァリエは、1961年の不正に満ちた選挙によって大統領に再選されると、1963年に自らが制定した憲法を停止、翌1964年からは終身大統領としてハイチに君臨した。

国軍を無力化し、教会を勢力下に置いたことで、ハイチのエリート層であったムラートはこれまでの後ろ盾を失い、政財界からも追放され、被支配者層に没落した。デュヴァリエは容赦なくムラートを弾圧し、財産を収奪した。若き日の地方医療活動の中でムラートの黒人に対する暴力的な圧政を目の当たりにしてきたデュヴァリエは、かつてのエリートたちに服従か死かを選択させることにより、その過去に報いたのである。

国外に脱出したムラートによってデュヴァリエの暴政が海外に伝えられると、デュヴァリエは国際社会から非難され、アメリカも1962年に支援を打ち切った。だが、キューバ革命の発生により、皮肉にも共産主義からカリブ海を守る「自由社会の砦」としてアメリカの支援再開を得ることに成功し、デュヴァリエの独裁は黙認された。

デュバリエはハイチ国内のムラートから収奪した財産、企業からの賄賂やリベート、アメリカの経済援助さえも私物化し、自らの一族とその取り巻きに分け与えて、新たな黒人エリート層を誕生させたが、経済は停滞し、国民は相変わらず貧困に苦しんだ。

汚職と収賄が横行し、腐敗の極みに達したデュヴァリエ政権であったが、ハイチ国民の大多数を占めていた黒人層からは絶大な支持を集めていた。過去にムラートによって過酷な暴力と搾取を受けてきた黒人たちにとっては、彼らの解放者であるデュヴァリエの方がはるかにましだったのだ。

ハイチをほしいままにしたデュヴァリエは１９７１年４月に心臓病で死去した。後継大統領には息子のジャン・クロード・デュヴァリエを指名したが、父のように黒人層の支持を得ることはできず、１９８６年にデュヴァリエ一族の独裁政権は終わりを告げた。（文／福田誠）

1968年、グァテマラ大使と会談するフランソワ・デュヴァリエ(写真右)。3年後の1971年には当時19歳の息子ジャン・クロード・デュヴァリエに権力を移譲し引退するが、その後間もなく死亡した。なお、ジャン・クロードは「ベベ・ドク」とあだ名されていた

父から大統領を継いだジャン・クロードは部分的な開放政策を執ったものの、政府の腐敗と国民の困窮はさらに進み、反政府運動とそれに対する弾圧も激化していった。結局は1986年2月、米レーガン政権の説得を受け、米空軍の機体でフランスへ亡命する。写真は2月7日、亡命のために車で空港に向かうベベ・ドクと妻ミシェル

パナマ共和国

マヌエル・ノリエガ

冷戦が生み出した鬼子

生没年：1934年2月11日～2017年5月29日
独裁期間：1983年（国軍司令官就任）～1989年（米軍により逮捕）

冷戦構造を逆手に取り麻薬密売で荒稼ぎ

冷戦時代の中南米で、アメリカの反共政策に協力しながら利益を貪った独裁者の典型がマヌエル・ノリエガである。

1934年、パナマ市に生まれたノリエガは大学卒業後、1962年にパナマ国軍（国家警備隊）に入隊した。パナマは1903年にアメリカがパナマ運河の利権を握るため、軍事干渉によってコロンビアから独立させた共和国である。1914年に開通した運河は70年以上アメリカの管理下にあり、運河地帯にはアメリカ軍が駐留していた。ノリエガの入隊後の1968年、国家警備隊のオマル・トリホス将軍がクーデターで軍事政権を樹立した。トリホスは反対派を弾圧すると同時に一連の国内改革でパナマの近代化を図り、民生を向上させる。トリホス将軍の下で昇進を重ねたノリエガは1970年に軍情報部長となるが、後に合衆国

日本では「ノリエガ将軍」と呼ばれることも多かった、マヌエル・ノリエガ。米諜報機関との関係も深く、実際にCIAからの資金提供を受けて情報を提供していたとされる。しかし麻薬取引や中米左派政権への接近により、最終的に米軍のパナマ侵攻を招く

大統領となるジョージ・H・W・ブッシュCIA長官に接近し、キューバのカストロ政権など中南米の反米社会主義勢力に対する諜略工作に協力していたと言われる。トリホス将軍は1979年にアメリカと条約を締結し、2000年のパナマへの運河返還を達成する。この成功で国民の絶大な支持を集めたトリホスであったが、1981年に謎めいた飛行機墜落事故で死亡する。代わって台頭したのが参謀総長に就任したノリエガであった。ライバルとの権力抗争に勝ち抜いたノリエガは1983年、国軍最高司令官に就任、議会や大統領選挙を左右することで実質的なパナマの支配者となった。

返還を決めたとは言え、戦略的経済的に重要なパナマ運河への影響力を維持したいアメリカにとって、親米派のノリエガがパナマの支配者となることは歓迎すべき事態に見られた。80年代は東西冷戦の最高潮期であり、アメリカは中南米に次々と誕生した社会主義政権を打倒するため、なりふり構わず反共の独裁政権や右翼民兵を援助していたが、その多くが腐敗し麻薬取引に手を染めていた。ノリエガも南の隣国コロンビア最大の麻薬組織メデジン・カルテルと手を組み、パナマを経由して北米大陸へと密輸される麻薬の利権にありつき、資金洗浄によって莫大な利益を手中にした。今や独自の資金を手にしたノリエガはアメリカの口出しを嫌うようになり、中南米の独裁者のもう一つのタイプである反米民族主義者への宗旨替えを図ってキューバやニカラグアの社会主義政権に接近し、アメリカの神経を逆撫でしはじめる。

米軍、パナマへ侵攻

冷戦が終結に近づきソ連との緊張が緩和すると、アメリカの中南米への関心は反共政策よりも麻薬撲滅に重点が移っていった。反共の一点で彼らの不法行為に目をつぶっていたアメリカ政府は、自国を麻薬禍で害する敵を生み出した誤りにようやく気づく。1988年、アメリカの大陪審は麻薬取引の容疑でノリエガを起訴し、パナマ政府に身柄引き渡しを求める。

ノリエガは身柄引き渡しを回避するため1989年5月の大統領選挙に出馬、アメリカの肩入れする対立候補エンダラに敗れるや即座に選挙の無効を宣言、国家最高指導者を自称した。この居直りよってアメリカとの緊張が高まった10月16日、親米派のパナマ軍将校が決起してノリエガを逮捕するが、アメリカが支援を躊躇(ちゅうちょ)する間に鎮圧される。これで気が大きくなったノリエガはアメリカを侮り、兵士たちにパナマ駐留アメリカ軍の将校を襲わせてアメリカを挑発したが、今度のアメリカの反応は迅速かつ徹底的なものだった。

12月20日、アメリカ中央軍は「ジャスト・コーズ（正義）作戦」を発動しパナマに侵攻する。侵攻はステルス攻撃機の先制攻撃にはじまり、質量共に圧倒的なアメリカ軍はたちまちパナマ軍を蹴散らして首都を制圧、エンダラを大統領に就任させる。しかしノリエガの邸宅への急襲は空振りとなり、特殊部隊はノリエガを捕らえるかわりにブードゥー教の黒魔術の道具や拷問写真を押収している。たまたま売春宿にいたため襲撃をまぬがれたノリエガは友人宅を点々と逃げ回った挙句、12月24日、バチカン大使館に転がり込んだ。どう見てもカトリックの信心からほど遠い亡命者の扱いをめぐり交渉が続いた末、１９９０年1月3日、ノリエガは大使館を出てアメリカ軍に投降した。公式発表ではアメリカ軍の戦死23名・負傷３２４名、パナマ軍31名と市民２０２名が死亡とされたが、実際には１０００名以上の市民が死亡したとの報道もあった。

アメリカで裁判にかけられたノリエガは、麻薬密輸の罪で懲役40年の判決を受けマイアミの刑務所で服役した。模範囚という理由で２００７年には仮釈放を認められたが、２０１０年にフランスに引き渡され麻薬資金洗浄の罪で服役。さらに２０１１年、祖国パナマに移送され、人道に反する罪で懲役20年を課されて２０１７年に死亡した。

（文／司史生）

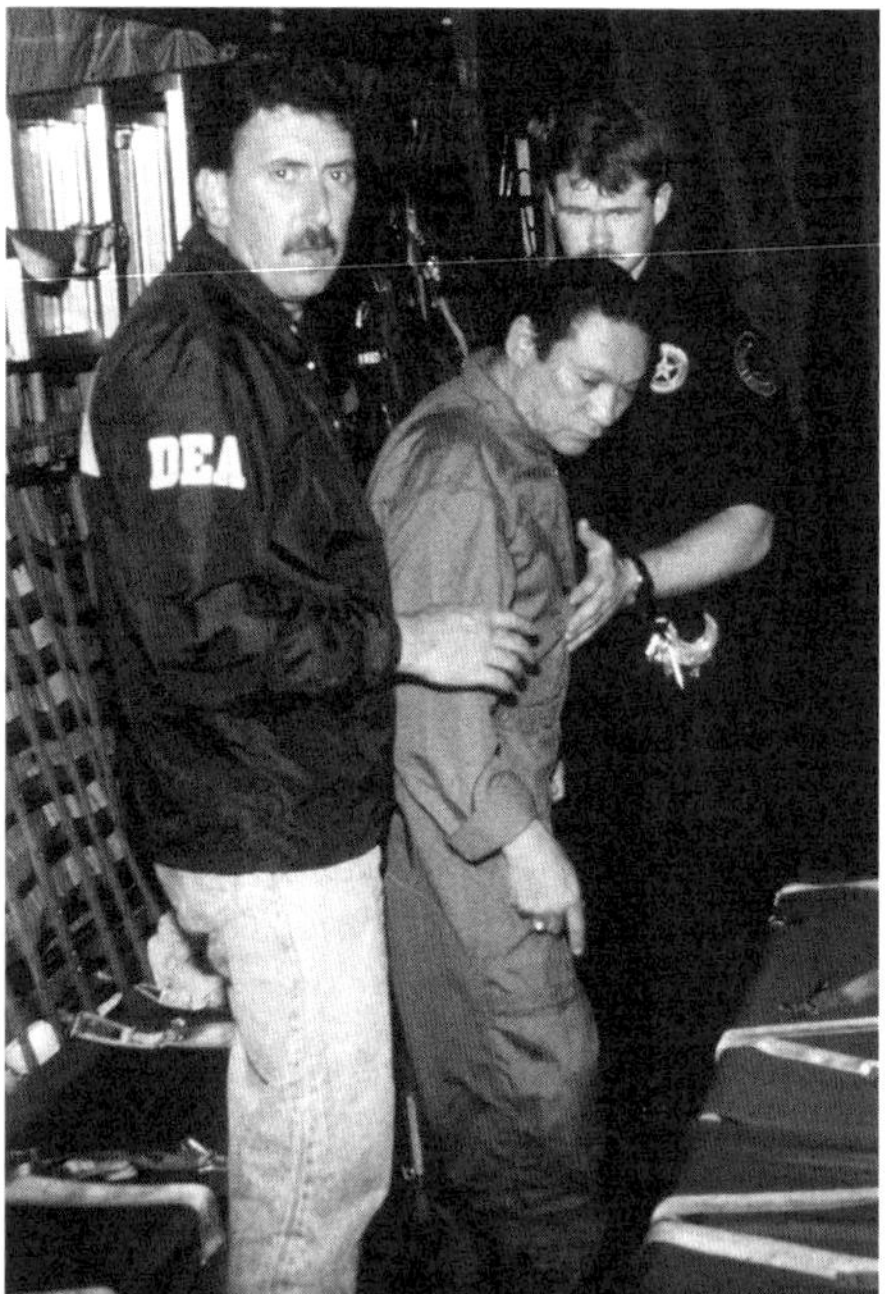

アメリカ麻薬取締局の捜査員に挟まれて、アメリカへと移送されるノリエガ。その後は裁判とアメリカ、フランスでの服役を経て、2011年12月、パナマへと送還され22年ぶりに祖国に帰った

アルゼンチン共和国

不死鳥のごとき独裁者

フアン・ドミンゴ・ペロン

生没年：1895年10月8日〜1974年7月1日
独裁期間：1946年（大統領就任）〜1955年（クーデターにより失脚）、1973年（大統領再就任）〜1974年（病死）

人気女優との結婚により大衆からの支持を獲得

一度は権力の座を追われながら復活を果たすという稀有な経歴の独裁者フアン・ドミンゴ・ペロンは、アルゼンチンの首都ブエノスアイレス郊外の中産階級の家に生まれた。士官学校に進み陸軍軍人となったペロンは留学先のイタリアでムッソリーニのファシズムに共鳴、1942年に国家主義的な将校のグループGOU（統一将校団）の有力メンバーとなる。GOUは1943年6月4日にクーデターを起こし、ペロン大佐は陸軍省次官に抜擢される。このクーデター直後、ペロンはパーティーの席上で人気女優マリア・エバ・ドゥアルテと出会い、二人はやがて恋人となる。

最初に大統領に就任した1946年時期のフアン・ペロン。ペロンおよび正義党の支持者は「ペロニスタ」と呼ばれ、今もなおアルゼンチンでは最大政党の一つとして大きな影響力を持っている

彼女こそミュージカル「エビータ」のヒロイン、エバ・ペロンである。

ＧＯＵのクーデターは政府の外交政策や汚職への反感によるもので、国内に充分な根回しをしたものではなかった。このためペロンは労働者に支持基盤を広げようと考え、国家労働局長に就任すると労働者の権利保護や福祉を打ち出した。保守政権の下で不満を抱えていた労働者から熱狂的な支持を集めたペロンは、軍事政権の実力者になっていく。だが労働者寄りの政策に不信を抱いた右派軍人たちは１９４５年10月、武力でペロンを公職から追放し、ラ・プラタ川の牢獄に幽閉してしまう。この絶体絶命の危機を救ったのがエバだった。エバはラジオで労働者にデモを呼びかけ、大衆の圧力によってペロンは釈放される。エバと結婚したペロンは１９４６年の選挙で圧倒的な勝利をおさめ、大統領の座に就いた。

労働者の圧倒的な支持を背景に大統領となったペロンは「正義党」を結成すると資本家や地主を敵に回し、労働者への露骨な人気取り政策を続けた。ペロンは反対派を強制収容所に送り込む一方、労働者の賃上げや外国資本の国有化を進め、自主外交路線を採用する。大統領夫人の組織したエバ・ペロン財団は企業から取り立てた金で貧民救済事業を行い、エバは労働者や貧民から聖母と崇敬された。

しかし反対派を弾圧しながら進めたバラまき政策は、労働者の賃金を高めた結果としてインフレを招き、主要な輸出品であった農業生産も急激に落ち込む。インフレと食料不足による労働者の不満に直面したペロンにとって、頼みの綱とも言えるエバが１９５２年に癌で死亡したことは致命的な痛手となった。１９５５年に離婚法をめぐりカトリック教会と対立したことで、信仰深いアルゼンチン国民の支持を失ったペロンは１９５５年９月のクーデターによりパラグアイに亡命した。

亡命、再婚と大統領への返り咲き

ペロンは中南米を点々とした後にスペインに亡命するが、この間にイサベル・マルティネスと再婚する。今度の妻はナイトクラブのダンサーだった。一方、ペロン失脚後のアルゼンチンでは右派の軍事政権がペロンの政策を片端からひっくり返し、労働者の怒りをかき立てていた。ペロン派のストや暴動で経済は混乱、クーデターが相次いで政情は安定せず、さらにキューバ革命に刺激された共産ゲリラが国内で蜂起した。極左勢力の跳梁に手を焼いた軍部はペロン派との和解の道を選んだ。

帰国したペロンは再び大統領選に出馬、イサベル夫人を副大統領に立て1973年9月23日の選挙でまたも圧倒的な勝利をおさめ、権力の座に復帰する。しかし既に78歳のペロンに山積する問題を解決する時間は残されておらず、わずか10カ月後の1974年7月に心臓発作で死亡した。夫人のイサベルが大統領に昇格するが、彼女は最初の妻エバのような才覚を持ち合わせていなかった。インフレと左翼ゲリラの跳梁に手を焼いた軍は1976年6月にクーデターを起こしイサベルを権力の座から引きずり下ろしたが、以後も軍事政権によるクーデターと反対派への弾圧が続いた。アルゼンチンは1983年に民政に移管したが、ペロンの創設した正義党は今も議会の最有力政党として彼の理想を掲げている。

（文／司史生）

最初の妻エバとペロン。国民的人気を誇る女優エバとの結婚により、ペロンは労働者階級から圧倒的な支持を受けた。一方で高等教育を受けておらず、選挙で選ばれたわけでもないエバの政治介入は、富裕層や知識層からの批判の対象ともなった

チリ共和国

背信の将軍

アウグスト・ピノチェト

生没年：1915年11月25日〜2006年12月10日
独裁期間：1973年（クーデターにより政権掌握）〜1990年（任期満了により退任）

裏切りのクーデター

アウグスト・ピノチェトは1915年、バルパライソに生まれ、1937年に陸軍に入り職業軍人の道を歩んだ。軍事政権の相次いだ南米諸国の中で、チリの軍隊は例外的に政治に関与しない職業的軍隊という定評があり、ピノチェトも職業軍人としてのキャリアを地道に積み重ね、陸軍の幹部となっていった。

1970年のチリ大統領選挙で左派の人民連合のサルバドール・アジェンデが当選する。アジェンデは議会民主制の枠内で合法的な社会主義革命を目指し、農地改革や企業の国有化を次々と進めた。だがチリの共産化を危惧したCIAはITT（※）に資金を供出させ、チリの保守派と軍部を抱き込んだアジェンデ打倒工作に着手する。

アジェンデ政権発足直前に陸軍総司令官が暗殺されクーデター計画が何度か発覚したものの、アジェンデは

長期にわたる軍事独裁で多数の反対派を葬り去り、不正蓄財なども指摘されているピノチェト。その政策はチリ国内でも批判が多い一方で、右派を中心に今でも一定数の支持を受けているのも確かなようだ

※…当時、チリの電話会社を所有していた米国企業で、アジェンデ政権の企業国有化に反発し、チリ国内でのCIAの活動を支援していたとされる。

軍人を入閣させて軍部に配慮していた。ピノチェトもクーデターまでは政府の命令に忠実に働き、アジェンデ大統領から立憲的な軍人として信頼されていた。しかしピノチェトは陸軍総司令官プラッツ将軍に辞職を迫り総司令官の地位を得ると、軍中枢を抱き込んでクーデターに着手した。1973年9月11日、「サンティアゴに雨は降る」の暗号と共にピノチェト率いるチリ軍は大統領官邸を爆撃しクーデターを決行する。アジェンデは亡命を拒否して大統領官邸に立てこもり銃撃戦の後に死亡、官邸の生存者もそのほとんどが拷問で殺害され、左派市民2700名がスタジアムに連行され銃殺された。

ピノチェト政権下のチリ テロ、弾圧、新自由主義

ピノチェトは軍事評議会を樹立して国家元首を称し全土に戒厳令を敷いたが、長年の政治的中立を捨てて立憲政府を打倒した軍事政権は容赦のない暴力をむきだしにした。ピノチェトが創設した国家諜報局（DINA）は反体制派への拉致・監禁・拷問・殺害を繰り返したが、人民連合を支持した左派の活動家や知識人だけでなく、カトリック教会の聖職者や外国人ジャーナリスト、外交官まで次々と殺害された。民政移管後の調査でピノチェト政権の犠牲者は3197人と報告されたが、実際の犠牲者はそれ以上と推定されている。過酷な弾圧を逃れてチリ人口の1割にあたる100万人が国外亡命したが、元陸軍司令官プラッツ将軍など旧政権関係者は亡命先で暗殺された。1974年以降、ピノチェト政権のテロ行為に対し国連で非難決議が繰り返されるが、ピノチェトは全く動じることはなかった。

1974年、共和国大統領となったピノチェトは19

1973年のクーデター後、チリでは反共主義に基づく思想統制の一環として、共産主義・社会主義関連の書物が焚書された。マルクスやレーニン、チェ・ゲバラ、マクシム・ゴーリキー、フランツ・カフカなどの著作の他、アジェンデ政権に有利な内容の新聞・雑誌、レコードなども焚書の対象とされている

７８年10月に新憲法を公布。共産党を禁止して労働組合と政党の自由を大幅に制限し、自らが１９８７年まで大統領にとどまると定めた。ピノチェトは人民連合政府の社会主義政策を覆し、シカゴ学派経済学者の建策を容れた新自由主義経済政策を採用した。農地は農民から地主の支配に戻され、国営企業は民営化される。ピノチェトの自由主義政策は一定の成功を収めチリは高い経済成長を達成したが、外資の導入により対外債務は悪化、貧富の差は拡大し失業者は増大した。１９８０年代半ばに入ると労働争議が頻発し、聖職者を殺害されたカトリック教会も公然と軍事政権への反対を表明する。さらに不正蓄財疑惑が暴露され、冷酷だが清廉というピノチェトのイメージは揺らいだ。この情勢に逼塞（ひっそく）していた左翼が勢いを盛り返し、１９８６年９月にピノチェトの車を左翼ゲリラが襲撃する。難を逃れたものの、ゲリラを取り逃がしたピノチェトは反体制派に対する苛烈な弾圧を再開するが、空軍や海軍からも反対の声が挙がり、ピノチェトは陸軍以外の支持を失っていった。

大統領退任後

１９８８年、ピノチェト政権の可否を問う国民投票が行われたが、長期間の抑圧に反発したチリ国民は圧倒的な得票差で不信任を突きつけ民政移管が決定した。後ろ盾となっていたアメリカも東西冷戦の終結により、軍事政権を擁護しなくなっていた。

ピノチェトは大統領退任後も陸軍総司令官としてなお睨（にら）みを効かせ、傘下の軍人を使って過去の弾圧事件を調査する新政権への恫喝（どうかつ）と妨害を続けた。１９９８年の退役後も終身上院議員として免責特権を得ていたが、病気療養のため訪英中の１９９８年、スペインの裁判所の引き渡し要求により逮捕される。軍事政権時代に起きたスペイン人殺害についての容疑であった。２０００年に釈放され帰国したものの各国の裁判所による裁判が続き、チリの裁判所もピノチェトの免責特権を剥奪して殺人と不正蓄財の容疑で訴追を進める。しかし既に齢90歳になっていたピノチェトが拘束されることはなく、２００６年にサンティアゴ市内で心不全のため死亡した。その死後、妻子と関係者が逮捕され、２７００万ドルの不正蓄財が摘発されている。

（文／司史生）

ベネズエラ・ボリバル共和国

独裁者はテレビキャスター

ウゴ・チャベス

生没年：1954年7月28日～2013年3月5日
独裁期間：1999年（大統領就任）～2013年（病死）

大統領就任まで

超大国アメリカの影響にさらされ続けてきた中南米諸国の歴史は、アメリカと結託して利権を貪る独裁者と、アメリカに逆らい民族主義に訴えて権力を維持する独裁者の相克の歴史でもあった。ベネズエラの大統領ウゴ・ラファエル・チャベス・フリーアスは現代における反米独裁者の代表である。

ベネズエラ内陸部パリナス州の教師の家庭に生まれたウゴは先住民の血を引く成績優秀な少年で、士官学校に進み陸軍士官となった。

1917年、マラカイボ湖で発見された油田の開発により世界有数の産油国となったベネズエラは、中南米でも富裕で安定した民主政治が続いていたが、1980年代には放漫財政が祟って経済が悪化し、貧困層の不満が高まっていた。国民の守護者として社会の不公平を打破しようという革命志向は中南米の軍人に広く見られる傾向

2002年、アンティル諸島に停泊中の米海軍艦隊を訪問した際のチャベス大統領。当時の米大統領ジョージ・W・ブッシュを「悪魔」呼ばわりするなど、反米色の強い言動でしばしば注目されたが、ブッシュの後任のオバマ大統領に対しては友好的な態度を示していた

だが、チャベスも少年時代から社会主義に共鳴し、国家の改革を志していた。空挺部隊で実績を積み陸軍中佐となっていたチャベスは1989年、クーデターを試みるが失敗、逮捕されたものの不正の打破を掲げた決起は多くの市民の共感を集めた。出獄するとかつての同志たちから合法政党MVR（第五共和国運動）を組織し、1999年、大統領選挙に当選してベネズエラ大統領に就任する。

反米の旗手として

大統領となったチャベスはキューバのフィデル・カストロを師と仰ぎ、「21世紀の社会主義」建設を標榜して農地改革や価格統制、企業国営化や労働者の解雇禁止などの政策を矢継ぎ早に進めながら反米姿勢を打ち出した。キューバに倣った教育や医療の無償化で貧困層から絶大な支持を集める一方で、富裕層の支配する民間企業を締め付けたため、政財界の既成勢力は強硬に反発した。2001年頃から富裕層の組織した反チャベスのデモが頻発し、2002年には反チャベス派の軍人たちがクーデターを起こした。チャベスは反乱軍に包囲され官邸に籠城するが、カストロから国際電話で激励を受け、反乱軍兵士に捕えられた後も頑強に辞職を拒否し続けた。チャベスが粘り続ける間に大統領支持派の部隊やカストロ、そして大統領を支持する大衆デモによる圧力が功を奏して決起部隊は動揺、クーデターは僅か2日で失敗し、チャベスは奇跡的な復活を果たした。

クーデター事件後のチャベス政権は一層強権的なものとなった。チャベス政権は表向き、他の中南米の独裁国家のような法と人権をあからさまに無視した弾圧は避けたが、様々な政令を発して反対派を締め付けた。特にクーデター派に協力的だったテレビ局を放送禁止にするなどマスメディアへの統制を強化したが、チャベス自身もマスメディアを使ったプロパガンダに熱心で、自ら司会する5時間の生放送番組「アロー・プレシデンテ（こんにちは大統領）」を毎週日曜日に放送、貧困対策をアピールすると同時にアメリカへの批判を繰り返した。こうした宣伝活動で国民の人気は高く、2006年に大差で再選を果たした。

チャベスは当初から反米主義を掲げてきたが、クーデター事件をＣＩＡの画策とみなしたチャベスとアメリカとの対立は決定的となった。チャベスはキューバだけでなくリビアやイラクなど反米の独裁国家と友好関係を結んでアメリカの神経を逆撫でする一方、中南米の親米政権とは険悪な関係にあり、特に隣国コロンビアから自国内で跳梁する極左ゲリラを支援していると非難されたことで、両国関係は戦争一歩手前の状態になった。またチャベスはアメリカだけでなく西側の指導者にも軒並み毒づき、2007年の国際会議ではスペイン首相の演説に野次を飛ばし続け、同席していたカルロス国王に「黙らっしゃい」と一喝される一幕もあった。

チャベスの死と負の遺産

チャベスは2009年に選挙法を改正して無制限の再選を可能にしたが2013年に癌で死去した。テレビ番組の派手なパフォーマンスでチャベスが国民に信じ込ませてきた政策、石油の富を国民に分かち与えるベネズエラ社会主義が砂上の楼閣に過ぎなかったことは、その死後たちまち明らかとなった。石油価格の低迷でばらまき政策が行き詰まると、石油の利益による安価な輸入品に依存し国内産業が空洞化していたベネズエラは、急速に物資の欠乏とインフレが進行、国内経済は医療教育やインフラと共に完全に崩壊して国民は飢餓に瀕した。また石油輸出やばらまき政策、さらには麻薬利権にまで寄生したチャベス側近の腐敗も暴露され「21世紀の社会主義」はほとんどの国民の支持を失った。だが後継者のマドゥロ大統領は選挙の敗北後もキューバの支援で権力の座に居座り、支離滅裂な経済政策を続けながら野党や一般市民に容赦ない暴力で弾圧を加えて世界各国から経済制裁を受けており、ベネズエラの惨憺(さんたん)たる混迷にいまだ出口は見えていない。

（文／司史生）

ドミニカ共和国

ラファエル・トルヒーヨ

強欲に支配された30年

生没年：1891年10月24日～1961年5月30日
独裁期間：1930年（大統領就任）～1961年（暗殺）

クーデターの裏取引で大統領に当選

首都にその名を冠し、個人崇拝を徹底したドミニカの独裁者、ラファエル・レオニダス・トルヒーヨ・モリナは1891年、サンクリストバルに生まれた。当時のドミニカ共和国は多額の外債で国家財政が破綻、この危機を収拾するため、アメリカが保護国として海兵隊を進駐させていた。1918年、トルヒーヨはアメリカが設立した国家警察に志願し、異例の昇進を重ねて、米海兵隊が撤収した翌年の1925年には陸軍総司令官の地位についた。

崩壊寸前のドミニカ経済を建て直し、対外債務を完全返済したことで「財政上の独立回復者」と呼ばれたトルヒーヨ。しかしその裏では不正選挙、国土の私物化、人権弾圧など数々の犯罪行為が行われていた。写真は1939年の訪米時のもので、当時の肩書は元大統領（1938年の大統領選への出馬を避けたため）だったが、実権はトルヒーヨが握っていた

1924年に米軍管理下で実施された大統領選挙でオラシオ・バスケスが当選し、新憲法制定とともに民主政

権が誕生した。しかし、バスケスは任期を過ぎても大統領に居座ろうとしたため、1930年2月にクーデターが発生。トルヒーヨは軍同士の流血を避けるために反乱側と裏取引し、トルヒーヨの大統領選出馬への協力を取りつけた。バスケスは鎮圧を命じたが軍は動かず、後ろ盾を失ったバスケスは国外に亡命した。

トルヒーヨは1930年5月の大統領選に立候補し、圧倒的な勝利をおさめて大統領に就任した。軍と国家警察による選挙管理委員会や対立候補者側への脅迫、暴行殺人などの不正行為を繰り広げての勝利であった。

ドミニカの経済復興に成功

就任3週間後、首都サント・ドミンゴを襲った大規模なハリケーンで大きな被害が出ると、トルヒーヨはこれを口実に戒厳令を発した。また、「緊急税」と称して反対勢力の銀行口座を差し押さえ、アメリカ赤十字からの義援金とともに被害者の救援と街の再建費用に充当した。

ドミニカ党を唯一の合法政党として、自らを大元帥に任じたトルヒーヨは、1934年の大統領選を前に、独裁色の強い新憲法を制定した。合法的、非合法的なあらゆる手段で政敵を排除し、トルヒーヨが再選された。

政治不正と人権弾圧によって恐怖政治を繰り広げたトルヒーヨであったが、それでも国民が支持した背景には、首都再建と経済政策の成功があった。1940年に外債を全額償還して関税をアメリカの管理下から解放、通貨を安定させたことで、ドミニカはめざましい発展を遂げた。公共サービスの拡充、年金制度の導入、教育改革による識字率向上など、市民にも利益が還元されたことで、長期独裁が支持された。

一方、国家の収入源であるサトウキビ、コーヒー、タバコなど多くの農園がトルヒーヨ一族によって私有化され、農民たちは搾取された。1937年に出稼ぎハイチ人のストライキが起きると、軍を動員して3万余のハイチ人を殺害した（パセリの虐殺）。第二次大戦中はナチスから迫害されたユダヤ人難民を受け入れ、戦後は日本からの開拓移民も受け入れたが、ハイチ国境に近い農地に適さないような荒地を与えられ、ほとんどの移民は開拓に失敗して塗炭の苦しみを味わった。

暗殺によるトルヒーヨ体制の終焉

自己顕示欲が異常なまでに強かったトルヒーヨは、国民に対して個人崇拝を強制した。再建した市内に彼自身の彫像を1200も建立し、首都を「シウダー・トルヒーヨ」と改称した。さらにはドミニカの最高峰を「ピコ・トルヒーヨ」と改名し、橋や公園にまで彼の名前が冠された。新聞1面には彼を賞賛する記事が毎日掲載され、自動車のナンバープレートにまで"Viva Trujillo!"と記されていた。

トルヒーヨは1938年の大統領選に出馬せず、傀儡政権を立てて3選を避けることで独裁イメージを回避すると、1942年の選挙に再出馬して大統領に返り咲いた。任期が5年に変更されたため、1947年に再選後、1952年まで大統領職を務め、その後は弟のエクトルに「譲位」した。いずれの政権でも実質的な権力はトルヒーヨが掌握しており、ゆるぎない独裁体制を築き上げた。

しかし、1950年代後半には周辺諸国、特にキューバが支援する反体制活動が盛んになった。外交面では第二次大戦で日独に宣戦し、国連創設メンバーとなったドミニカであったが、極度の対米追従による長期独裁が中米諸国から警戒された。

1960年3月、ベネズエラからの告発で人権侵害が追及され、米州機構による非難決議を受けると、6月にベネズエラ大統領暗殺未遂事件が発生。トルヒーヨの関与が発覚し、これをきっかけにアメリカがドミニカと断交した。この影響で主要産業の砂糖市場が暴落し、インフレを誘発。トルヒーヨ体制は一気に国民の信望を失った。

1961年5月30日、シボレーに乗ったトルヒーヨはハイウェイでCIAに支援された7名の将兵に襲撃され、27発の銃弾を撃ち込まれて暗殺された。遺されたトルヒーヨ一族は半年後に亡命を余儀なくされ、すべてを失った。

（文／福田誠）

1934年に撮影されたトルヒーヨ夫妻。当時の妻は2番目に結婚したビエンヴェニーダ・リカルド・マルチネスだが翌年には離婚し、3度目の結婚をしている。写真左の女性はフランクリン・ルーズベルト米大統領の妻エレノア・ルーズベルト

パラグアイ共和国

アルフレド・ストロエスネル

日本とのつながりも深い"トランク大佐"

生没年　：1912年11月3日〜2006年8月16日
独裁期間：1954年（大統領就任）〜1989年（クーデターにより失脚）

クーデターに失敗したトランク大佐

35年間にわたってパラグアイ大統領を務め、独裁者として君臨したアルフレド・ストロエスネルは1912年11月3日、パラグアイ南部のエンカルナシオンで生まれた。父はドイツ系移民で、醸造所の会計士を勤めていた裕福な家庭であった。

1929年にパラグアイ陸軍入隊、1932年から35年にかけてボリビアとの間で起きたチャコ戦争に従軍し、ボケロンの戦いで軍功を立てた。1947年のパラグアイ内戦

他の中南米の親米独裁政権と同様に、経済的な発展や安定をもたらした反面、反共主義を名目とした弾圧が批判されるストロエスネル。35年に及ぶ長期政権は腐敗の温床となり、現在もパラグアイではその影響が続いているという

では砲兵師団を指揮して大統領派に勝利をもたらした。その戦功によって准将に昇進、南米諸国で最年少の将官となった。

しかし、1948年のクーデターに巻き込まれ、反乱軍の指揮を任されたが失敗に終わった。車のトランクに隠れてブラジル大使館に亡命したことから、「トランク大佐」と揶揄された。亡命後も毎年のようにクーデターが発生し、混乱は続いた。1951年にブラジルから帰国した後、陸軍総司令官に就任した。

1954年5月、フェデリコ・チャベス大統領の国家警察武装化に反対したストロエスネルは軍事クーデターで政権を奪取した。トマス・ロメロ・ペレイラを暫定大統領に立て、自らは国防大臣となって実権を握ると、7月11日の大統領補欠選挙に出馬、対立候補のないまま第31代大統領に選出され、8月15日に就任した。以後、1988年の大統領選挙まで5年の任期ごとに7回再選され、独裁体制を35年間続けたのであった。

コンドル作戦

大統領となったストロエスネルは非常事態宣言を発し、法令によって市民の自由と権利を制限した。法令の効力が90日間であったため、1987年までの間、90日ごとに更新して発令された。非常事態宣言の適用範囲は1970年以降、首都アスンシオンに限定されたが、事実上の戒厳令状態が続いた。

コロラド党の党首として政権を掌握したストロエスネルは反共産主義を標榜し、共産党をはじめとした革新政党の活動を禁止した。パラグアイはコロラド党による一党独裁国家であったが、独裁の批判を避けるために一部野党の存在を認め、選挙にも参加させた。また、パラグアイはチリ、アルゼンチン、ボリビア、ウルグアイ、ブラジルなど中南米諸国の軍事政権と連携して「コンドル作戦」を展開、反体制派の情報を交換して共産主義の撲滅を図った。

反共を名目とした要人暗殺、虐殺や人権弾圧により、パラグアイ国内では3000~4000人が殺害され、400~500人以上が行方不明になったというが、当時は米ソ冷戦が激しく、中南米の反共化はアメリカの最優先課題であったために黙認された。

ストロエスネルはアメリカのドミニカ侵攻、ベトナム派兵などを支持して軍事的な関係を強化し、多額の経済的支援を受けた。パラグアイ軍の士官はアメリカの士官学校に留学し、軍事顧問を受け入れるなど、他の南米諸国と比べても米軍との関係は深かった。

大の親日家として

ストロエスネルは他の多くの独裁者と異なり、個人崇拝を強制するようなことはなかった。集会や映像メディアによる露出を控え、パタゴニアでシンプルな休暇を取るなどして、政敵や外国人ジャーナリストの注目を避けた。

パラグアイは欧米や日本などの西側諸国との国交があったが、ドイツ系だったストロエスネルはナチス・ドイツ戦犯の亡命と潜伏を黙認したことから、西ドイツとの国交が悪化することもあった。共産主義国家との国交はなかったが、非同盟主義のユーゴスラビアだけは唯一の例外であった。

アメリカや西欧諸国、そして日本からの借款を受け、国内のインフラを改善した。中でも日本との関係は深く、海外援助の75%が日本からであり、積極的な技術支援も受けた。明治天皇没年生まれの同じ誕生日だったことから、ストロエスネルは「明治天皇の生まれ変わり」を自称する大の親日家となり、1959年に移住協定を締結して日本人移民を受け入れ、1972年には国賓として来日、昭和天皇と会見して感銘を受けたという。

ストロエスネルはパラグアイの近代化を積極的に進め、世界最大級のイタイプ・ダムやヤシレタ・ダムなどの水力発電所を建設し、国内経済の安定に寄与した。1970年代、パラグアイは中南米諸国の中でもっとも高い経済成長率を達成した。一方、世界的な冷戦の沈静化により、内外から人権弾圧を批判されるようになり、1987年4月に非常事態宣言を解除。1988年の大統領選挙でも再選されたが、独裁政権の長期化により汚職と腐敗がすすみ、民心を失った。

1989年、アンドレス・ロドリゲス将軍のクーデターによって政権の座から追われ、ブラジルに亡命した。2006年8月16日、ブラジルの首都ブラジリアの病院でヘルニアの手術を受けた際、肺炎などの合併症を引き起こし、93歳で死亡した。

（文／福田誠）

エルサルバドル共和国

謎多き神秘主義者

マクシミリアーノ・エルナンデス・マルティネス

生没年：1882年10月21日〜1966年4月15日
独裁期間：1931年（大統領代行就任）〜1944年（亡命）

クーデターで実権を握る

インディオの血を引くエルサルバドルの独裁者、マクシミリアーノ・エルナンデス・マルティネスは1882年にサン・マティアスで生まれた。グアテマラの士官学校に入学し、卒業後、エルサルバドル軍に入隊。1919年には37歳で准将に昇進した。

中米では共産主義が盛んになり、1930年にはニカラグアから帰国した革命家、アグスティン・ファラブンド・マルティがエルサルバドル共産党を結党し、エルサルバドル国内でも労農運動が盛んになった。

不安定な情勢の中、1931年1月に大統領選最初の自由選挙が実施され、マルティネスと労働党が後援したアルトゥーロ・アラウージョが大統領選に勝利した。マルティネスは副大統領兼国防相に任命され、国政に関わ

輪廻転生を信じる神秘主義者で、菜食主義者でもあったというマルティネス。ほとんど人前に姿を見せることもなく、世捨て人のような生活を送っていたという。インフラ整備や経済再建では手腕を評価されるものの、奇行が目立つことでも知られている

ることになった。

アラウージョは社会改革を盛り込んだ労働党の憲法草案を承認したが、大地主と軍部が反対した。エルサルバドルの主要産業はコーヒーの栽培と輸出であったが、1929年にはじまった世界恐慌でコーヒー産業が大打撃を受けて価格が暴落、労働者の賃金は半分以下になり、国家収入は4年前の半分となって国家財政も崩壊した。

1931年12月、軍関係者への給与不払いがきっかけとなってクーデターが発生した。アラウージョはマルティネスを後継大統領に指名して辞任し、アラウージョ内閣は崩壊した。権力を掌握したマルティネスは翌年1月に地方選挙の実施を公約する一方、共産党に対する弾圧を開始した。

ラ・マタンサスの虐殺

マルティネス政権は公約どおり1932年1月に地方選挙を実施したが、共産党候補が大量に当選して圧勝した。しかし、マルティネスはこれを認めなかったため、共産党は武力闘争を決意した。1月22日の一斉蜂起を計画したが事前に発覚、軍部の共産シンパが摘発され、マルティをはじめとする共産党指導者も逮捕された。

サンタアナ、アウアチャパン、ソンソナテなどの農民が武装蜂起したが、国軍によって鎮圧された。約3万人が殺害され、マルティら共産党指導者も処刑された。ラ・マタンサスの虐殺として有名になったこの惨事によって、独裁者マルティネスの悪名は決定的となった。

共産勢力に壊滅的な打撃を与えたマルティネス政権は独裁体制を確立。1939年憲法では初めて女性に投票権を付与したが、軍や警察によって反体制派を厳しく取り締まり、メディアを検閲して地方選挙や国政選挙を不正に操作した。だが一方で、これらの行為は国内の犯罪軽減と治安の安定化に貢献することとなり、富裕層からは賞賛された。

マルティネスはフリンジ・オカルティズムを信奉し、魔術や神秘主義に傾倒するなどの奇行でも有名だった。首都サンサルバドルで天然痘が流行したとき、色のついたライトが病気を治すと信じ、それを持って街中を歩き回った。また、ラ・マタンサスの虐殺に際しては、「人間は死んでも転生するが、蟻の死は永遠であるから、人間の死よりも蟻の死の方が重い」と発言し、人間より蟻を殺す方が大きな罪であると信じていた。

経済発展に寄与

経済面では、崩壊状態にあった国内の経済再建に努め、1933年にコーヒー保護法を制定して基幹産業の保護にあたった。道路建設などの公共事業を積極的に推進してインフラを整備し、外国からの対外債務をすべて返済することに成功した。

革命政権不承認を原則とした中米条約の関係から、マルティネス政権はアメリカや中米周辺諸国から承認されなかったが、日本のみが就任通知の親書に丁寧な返書を寄せたことから、エルサルバドル政府はこれを日本政府承認としてただちに新聞報道し、周辺国を驚かせた。1934年の満州国承認(※)はこのときの影響であったという。

経済政策の成功によって支持されたマルティネス政権であったが、1943年に輸出税を引き上げたことにより地主層からの反発を招き、さらに翌年の1944年、憲法に反して選挙を実施せずに大統領3選を宣言したことで、知識人や実業家らも公然とマルティネスを批判するようになった。

軍による「パーム・サンデー」クーデターも発生したが、マルティネスは政府軍を投入してこれを鎮圧、夜間外出禁止令と戒厳令を宣言した。しかし、大規模に発生したゼネストによって国内経済がマヒし、共産党も再建されて全国的な反政府運動に発展した。

1944年5月、マルティネスは大統領を辞任してグアテマラに亡命し、13年にわたる独裁政治に終止符が打たれた。22年後の1966年4月、ホンジュラスの私有農場で労働争議が起こり、労働者に暗殺された。

(文/福田誠)

※…エルサルバドルは1934年3月3日、コスタリカと同時に満州国を承認。日本に続く2番目の承認であり、実質的には最初の承認国となった。

ホンジュラス共和国

ティブルシオ・カリアス・アンディーノ

フルーツ企業に支えられた独裁者

生没年：1876年3月15日〜1969年12月23日
独裁期間：1933年（大統領就任）〜1949年（任期満了により退任）

「ユナイテッド・フルーツ社のお抱え大統領」と呼ばれたホンジュラスの独裁者、ティブルシオ・カリアス・アンディーノは1876年にテグシガルパで生まれ、軍人となった。ホンジュラスはバナナのプランテーション産業に依存したため「バナナ共和国」と呼ばれ、アメリカのユナイテッド・フルーツ（UF）社をはじめとしたフルーツ会社が国内政治に関与し、多大な影響を及ぼしていた。

国民党のアンディーノはUF社に推薦されて1923年の大統領選挙に立候補し、UF社のライバルであったクヤメル社が推薦するファン・アンヘル・カリアスとの対決となった。ところが1924年1月1日、選挙結果が出る前にUF社がクヤメル社を買収。1月30日に選挙結果が発表され、カリアスが勝利した。

UF社をバックにしたアンディーノは一方的に大統領就任を宣言したが、議会はアンディーノの大統領就任を拒否した。さらに2月1日、ロペス・グティエレス大統領が政権委譲を拒んだため、混乱に拍車をかけた。

だが、3月10日にグティエレス大統領が病死したため、閣僚会議が政務を代行。4月8日、ビセンテ・トスタ・カラスコが暫定大統領に任命された。1924年12月に再選挙が実施されることになったが、アンディーノは出馬を禁止され、単独候補となった国民党のミゲル・パス・バラオーナが大統領に就任した。

アンディーノは1928年の大統領選挙に再び出馬したが、自由党のビセンテ・メヒア・コリンドレスに敗れた。1932年10月の大統領選挙でようやくアンディーノがバラオーナを破って当選。1933年2月1日、大統領に就任した。

世界恐慌に伴う経済危機を乗り切るため、UF社の強力な支援を受けつつ、反政府勢力に対して言論統制や労働運動弾圧などの強権を発動した。政権の長期化を図るため、1936年4月には憲法を改正して、大統領の再選禁止を撤廃し、任期を4年から6年へと延長した。一方、女性に投票権を与える選挙改革も実現している。

１９３７年２月１日、アンディーノが２期目の大統領に就任したが、独裁政権に反発するクーデターや暴動が頻発した。独裁化を進める中で民主主義は大きく後退し、野党や労働運動が抑制されたが、国家財政は着実に改善していった。教育が向上し、道路網が拡大され、軍の近代化も実現されたが、ときに国益はＵＦ社の企業利益のために犠牲とされた。

アンディーノは１９４８年10月の大統領選挙には出馬せず、自ら大統領を退任した。副大統領だったファン・マヌエル・ガルベス・デュロンが次期大統領に就任したが、エルサルバドルとのサッカー戦争（※）が勃発した１９６９年12月に死去するまで、政界に強い影響力を及ぼし続けた。

（文／福田誠）

グアテマラ共和国

熱帯の小ナポレオン
ホルヘ・ウビコ

生没年：１８７８年11月10日〜１９４６年６月14日
独裁期間：１９３１年（大統領就任）〜１９４４年（退任）

「熱帯の小ナポレオン」と呼ばれたグアテマラの独裁者、ホルヘ・ウビコ・イ・カスタニェーダは１８７８年に自由党議員の家庭に生まれ、裕福な少年時代を過ごした。欧米留学の後、職業軍人となり、１８９７年に少尉任官。その後はめざましい昇進を遂げ、28歳で大佐となった。

アルタ・ベラパスやレタルレウの知事を歴任し、公共事業、学校制度、公衆衛生の改善や黄熱病ワクチンの無料接種、メキシコ国境の密輸摘発などで業績を残した。１９２１年にホセ・オレリャナ政権に加わって軍務大臣を務めたが、１年後に退任。１９２６年、オレリャナの死後に進歩党を結成して大統領選挙に出馬したが落選し、その後はしばらく政界から退いた。

１９３０年にラザロ・チャコン大統領が病気で辞任すると、自由党はチャコンの後継者としてウビコを指名し、１９３１年２月14日、大統領に就任した。

※…1969年7月14日〜18日、ホンジュラスとエルサルバドルとの間で生起した戦争。両国は元々移民や領土、貿易などの問題を抱えており、それが両国代表によるサッカーの国際試合を契機として戦争に発展した。

当時のグアテマラは大恐慌によって国家財政が破綻状態に陥っていた。ウビコは財政回復のため親米路線をとり、鉄道や発電所を有して国土の大半を支配していたユナイテッド・フルーツ社を免税などで優遇し、国内産業振興と輸出経済の促進を図った。

一方、国民に対しては不況からの脱却を求めて経済的な抑圧政策を図り、公共投資の削減、均衡予算、賃金削減などの不況対策を実施して、「自由なのはウビコのみ」と揶揄されるほど強圧的な独裁政治を展開した。

ウビコは自分がナポレオン・ボナパルトの生まれ変わりであると信じ、服装や風貌、仕草まで似せて、ナポレオンの彫像や絵画に囲まれて過ごしていたため、「熱帯の小ナポレオン」というニックネームがつけられた。ウビコ自身はナポレオン軍よろしく親衛隊（国家警察軍）に警護され、移動放送局、伝記作家、そして閣僚らを引き連れ、国内を視察して回ることを好んだ。

大統領に就任した1931年頃のホルヘ・ウビコ。経済の立て直しには成功したものの、「自由なのはウビコのみ」と言われた抑圧に国民の不満が爆発し、アメリカの後ろ盾も失って亡命を余儀なくされた

第二次大戦が勃発すると連合軍側に立って宣戦布告し、国内のドイツ人入植者５０００人から農園を没収。これらの農園はすべてウビコの私物と化した。

ウビコ独裁政権は大恐慌からの経済再建に成功したが、富裕層から貧困層に至るすべてのグアテマラ人から怨嗟（えんさ）の対象となった。反政府主義者は銃殺などで徹底的に弾圧し、秘密警察は「グアテマラのゲシュタポ」と呼ばれた。

直接戦争に巻き込まれなかったグアテマラだが、大戦の長期化にともなうインフレが発生し、１９４４年に学生運動から始まったウビコ政権打倒を叫ぶデモとゼネストが急速な勢いで全土に拡大した。ウビコは軍を投入して鎮圧に乗り出したが、同年6月30日、最大の支援国であったアメリカがウビコの弾圧を非難。アメリカの支持を失ったウビコは7月に辞任を表明し、フェデリコ・ポンセを後継者に任命すると、アメリカに亡命した。１９４６年6月14日、亡命先のニューオーリンズで死去した。

（文／福田誠）

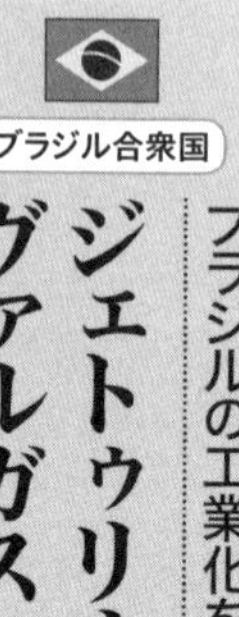

ブラジルの工業化を進めた〝貧者の父〟

ジェトゥリオ・ドルネレス・ヴァルガス

生没年：1882年4月19日～1954年8月24日
独裁期間：1930年（大統領就任）～1945年（クーデターにより失脚）、1951年（大統領再選）～1954年（自殺）

「貧者の父」と呼ばれたブラジルの独裁者、ジェトゥリオ・ドルネレス・ヴァルガスは、1882年にブラジル南部のサンボルジャで生まれた。ポルト・アレグレ法科大学を卒業後、政界に入り、州議会議員や連邦議会議員を経て、ワシントン・ルイス政権下で蔵相となった。

故郷のリオグランデ・ド・スル州知事を務めた後、自由同盟に推されて1930年の大統領選挙に出馬したが、ルイスが推すジュリオ・プレステスに敗れた。しかし、カフェ・コン・レイテ（カフェオレ）（※）と呼ばれた政治体制に反発した自由同盟勢力は軍と結託してクーデターを決行し、ヴァルガスが暫定大統領に就任した。

1934年、議会の承認により正式な大統領として就任したヴァルガスは、中央集権的な新憲法を制定し、ポルトガルの独裁政権（エスタド・ノヴォ）に近い国家主義体制に移行した。

一度目はクーデターで、二度目は選挙で、ブラジル大統領に就任したヴァルガス。最初の政権は共産主義を弾圧する等ファシズム色が強かったが、工業化や教育・社会保障の向上を進めている。第二次政権では政治姿勢の左傾化が軍の反発を招いた

1937年9月、ヴァルガスは共産革命計画の発覚を公表すると、11月に非常大権発動を宣言して議会を解散し、さらに1938年1月の大統領選挙を中止した。ところが、共産革命は情報機関による偽装で、1934年憲法が大統領再選を禁止していたため、退任目前となったヴァルガスが政権維持を狙った策謀だった。非常大権発動後、ただちに憲法を改正し、ヴァルガスはその後も大統領に留任した。

ヴァルガス政権は国家主導による工業化を進め、農業中心だったブラジル経済を一新し、「アメリカの眠れる巨人」と呼ばれていたブラジルの近代工業化に大きく貢献した。

労働法による労働者保護政策を進め、教育改革による大学の整備、社会保障法の制定などとあわせて都市生活者の環境は大きく改善され、「貧者の父」と呼ばれた。

※…当時のブラジルはサンパウロ州とミナスジェライス州の農園主が連合を組み、交互に大統領を輩出する寡頭政治が行われていた。前者の主要産業がコーヒー栽培、後者が酪農や畜産だったことからこう呼ばれる。

一方で非合法な組織化や労働争議は認めず、特に共産主義活動に対しては厳しい弾圧を加えた。

ブラジルは第二次大戦が勃発してもどっちつかずの態度をとっていたが、次第にアメリカとの協調関係を強化し、Uボートによるブラジル船撃沈を機に、1942年8月22日、ドイツとイタリアに対して宣戦布告。1944年にはイタリア戦線に派兵した。

終戦後の1945年10月に軍事クーデターが起きてヴァルガスは失脚、大統領を退任した。しかし、国民の支持が続いていたヴァルガスはその年のうちに上院議員に選出され、政界に復帰した。次代のエウリコ・ガスパール政権は外国産業の保護政策で民心を失い、一方、ヴァルガスは都市労働者や左翼からの支持を集め、1951年に実施された初の民主的大統領選挙で再び大統領に返り咲いた。

第二次ヴァルガス政権は左翼的なポピュリズム政策で労働者と国内産業の保護に努めたが、冷戦の時代とあってアメリカと軍部が反発、ヴァルガスを激しく非難して退陣を迫ったため、窮したヴァルガスは1954年8月24日にピストル自殺を遂げた。

（文／福田誠）

ボリビア共和国

民主的選挙で復権したかつての独裁者

ウゴ・バンセル・スアレス

生没年：1926年5月10日～2002年5月5日
独裁期間：1971年（大統領就任）～1978年（クーデターにより失脚）

ドイツ移民の子孫だったウゴ・バンセル・スアレスは、1926年にサンタクルーズ県の農村に生まれた。軍人を志し、ボリビア本国の他、アルゼンチン、ブラジル、アメリカの軍学校で学んだ。1961年、陸軍大佐に昇進。1964年には友人でもあったレネ・バリエントス・オルトゥーニョ大統領の下で初入閣し、教育文化大臣を務めた。これをきっかけに、軍部の右派勢力代表として政界に関わるようになった。

1970年10月、クーデターに次ぐクーデターで左派勢力のフアン・ホセ・トーレス政権が成立した。ソ連の支援によるプロレタリア革命の危機を感じたアメリカは、バンセルら右派勢力を支援した。当時、陸軍大学校の校長を務めていたバンセルは1971年1月にクーデターを決行したが失敗、アルゼンチンに亡命した。

トーレス政権が1971年6月に人民議会を設立した

ことにより、ボリビア共産化の危機が迫ったため、アメリカとブラジルの支援を受けたバンセルら右派勢力は、トーレス政権との闘争を開始した。8月18日に発生した右翼デモと暴動による混乱に乗じ、バンセルは反乱軍を指揮して8月21日に決起。トーレス側との内戦状態になったが、8月22日にトーレスはアルゼンチンに亡命し、バンセル側は8月24日までに首都ラパスを制圧、暫定政権を発足した。

陸軍大将となって軍部を掌握したバンセルは、中道右派の民族革命運動党（MNR）と極右のボリビア社会主義ファランヘ党（FSB）の二大政党から支持を受け、大統領に就任した。その後、総選挙を無期延期して大統領職を7年間務め、ボリビアを独裁支配した。左翼政党の活動禁止、活動拠点となっていた大学の閉鎖、犯罪捜査局（DIC）による反体制活動家の弾圧などにより、ボリビア国民数千人が国外に亡命し、3000人が政治犯として逮捕され、200人が殺害されたという。この権力強化は「バンセル化」と呼ばれた。

写真は1970年代、第一次政権中のウゴ・バンセル。外資を導入して経済の立て直しを図ったものの、結果として財政赤字・対外債務がかさむこととなる。バンセル退陣後は軍政から民政への移管が進むものの、ボリビア経済は破綻状態となった

バンセル政権は反共親米路線によって支えられたが、米カーター政権の人権外交によってバンセルは1978年7月の総選挙実施と民政移管を表明した。しかし、不正投票疑惑や候補者の暗殺事件などにより選挙は無効となり、混乱の中でフアン・ペレーダ・アスブン大将のクーデターが発生、バンセル政権は崩壊した。

その後、クーデターの頻発とハイパーインフレにより、ボリビアは国家崩壊の危機に瀕した。民政復帰後、バンセルは大統領選挙に立候補しては落選を繰り返したが、1997年の大統領選挙に勝利した。大統領に復帰したバンセルはアメリカの後押しで麻薬撲滅に乗り出し、コカ栽培農家による激しい反対運動の中、国軍を投入してコカ農場の破棄を進めていった。しかし、癌のため任期半ばの2001年に大統領を辞任。2002年5月5日に死去した。

（文／福田誠）

ペルー共和国

「人間的な社会主義」を目指して

フアン・ベラスコ・アルバラード

生没年：1910年6月16日〜1977年12月24日
独裁期間：1968年（大統領就任）〜1975年（クーデターにより失脚）

「人間的社会主義」と呼ばれたペルー革命の主導者、フアン・ベラスコ・アルバラードはインディオ出身で、11人兄弟の貧しい家庭で育った。高校卒業後、1929年にペルー陸軍へ入隊した。1934年に士官学校をトップで卒業。その後は士官学校の教官や駐仏武官を経て、1968年には陸軍総司令官となった。

1968年8月、フェルナンド・ベラウンデ大統領のペルー政府とインターナショナル石油（IPC）との石油取引に関するタララ協定をめぐって、不明瞭な取引価格スキャンダルが発覚すると、ベラスコは軍部を率いて決起。1968年10月3日の無血クーデターによってベラウンデ政権を倒し、一方的にタララ協定の無効を宣言した。

ベラスコは米スタンダード・オイル系のIPCを国有化し、アメリカ帝国主義との対決姿勢を明確にした。「資本主義でもなく、また共産主義でもない人間的な社会主義」を標榜してペルー革命を推進し、ユーゴスラビア・スタイルの自主独立路線をめざした。外交関係も従来のアメリカ一辺倒から、第三世界を中心とした全方位的な非同盟外交に転換し、ソ連、中国、キューバなどの東側諸国、中南米諸国や日本、西ドイツなどとも関係を深めた。

ペルー国民の約4割はインディオと呼ばれていた先住民族であったが、自らもインディオであったベラスコは、差別的なインディオという呼称を「カンペシーノ（農民）」と変更し、ケチュア語を公用語として、先住民族の復権を図った。

1969年には農地改革法を公布し、「農民よ、地主は二度とあなたの貧しさを食いものにはしない」という、スペイン植民地時代の反乱指導者トゥパク・アマル2世の標語とともに農地改革が実施され、農村部を支配していた地主寡

「人間的な社会主義」を掲げ、農地改革や先住民の復権などに取り組んだフアン・ベラスコ・アルバラード。後にベネズエラの大統領となるウゴ・チャベスも士官候補生時代にベラスコに面会しており、その思想に影響を受けたという

頭支配層が解体された。

貧しい国民を豊かにするというベラスコの人間的社会主義政策により、国内企業や銀行を国有化したが、1972年のエルニーニョによる不漁で国内最大の産業であった漁業が大打撃を受け、1973年の石油危機が追い打ちをかけた。ペルー革命は、経済政策の失敗によって国民の支持を得ることができなかった。

ベラスコは1973年2月に塞栓症で左足を切断し、1975年2月には脳卒中で倒れた。同年4月には公務へ復帰したが、もはや職務を継続できる状態ではなかった。同年8月29日、フランシスコ・モラレス・ベルムデス将軍を中心としたクーデターが発生し、ペルー革命の失敗を宣言した。リマの政府官邸に戻ったベラスコはその夜、市民に対して最後の演説を行った。「ペルー人同士でお互いに戦ってはならない。クーデターには抵抗しないように」と。

1977年12月24日、ベラスコはリマの病院で死去した。棺は彼を敬愛した多くのカンペシーノたちによって運び出され、20万人の市民が葬儀に参加したという。

（文／福田誠）

ニカラグア共和国

凶弾に倒れた王朝の創始者
アナスタシオ・ソモサ・ガルシア

生没年：1896年2月1日～1956年9月29日
独裁期間：1937年（大統領就任）～1956年（暗殺）

アナスタシオ・ソモサ・ガルシアは1896年2月1日、ニカラグアのサン・マルコスに生まれた。父親は保守党の国会議員で、コーヒー農園も営む富裕層だった。アメリカ留学時、サルバドーラ・デバイレ・サカサと知り合い、後に結婚した。

当時のアメリカは中南米諸国に対して公然と武力介入や内政干渉を行い、ラテンアメリカでの覇権確立に努めていた。ニカラグアもたびたび米海兵隊の進駐と政治干渉を受け、保守党と自由党による政争が続いていた。

ニカラグア帰国後に自由党員となったガルシアであったが、1926年、妻の叔父で副大統領だったファン・バウティスタ・サカサを支援するホセ・マリア・モンカーダ将軍の率いる自由党軍は、ニカラグア政府軍と戦う「護憲戦争」に突入した。1927年、アメリカを仲介とした停戦交渉で英語の堪能なガルシアは通訳を務め、優位な状況で停戦に導いた。

しかし、モンカーダに同調していた革命家アウグスト・セサル・サンディーノは停戦を拒否すると、米海兵隊との戦闘状態に入った（サンディーノ戦争）。米海兵隊は国家警備隊を創設し、ジャングルの中でゲリラ戦を繰り広げるサンディーノ勢力との戦いに投入した。アメリカの信任を得たガルシアは海兵隊から軍事的なアドバイスを受け、国家警備隊の指揮を任された。

1933年に自由党のサカサが大統領に就任し、6年間続いたサンディーノ戦争が終結すると、ガルシアは国家警備隊長官に任命された。サンディーノとその支持者（サンディニスタ）の撲滅を策したガルシアはアメリカの内諾を受け、1934年2月21日、サカサとサンディーノの会談後に暗殺を実行。翌日には国家警備隊による「サンディニスタ狩り」が始まり、多数のサンディニスタが虐殺された。

サカサはガルシアを強く非難したが、アメリカの支持を取りつけ、国家警備隊を従えたガルシアに対抗するすべはなく、1936年に大統領を辞任。同年の大統領選挙でガルシアは圧勝し、翌1937年に大統領に就任した。

その後、ニカラグアはガルシアをはじめとしたソモサ一族に支配され、「ソモサ王朝」と呼ばれた。対米追従外交を展開したガルシアは第二次大戦で枢軸側に宣戦布告し、国内にある独伊人のコーヒー農園を「占領」して私物化した。

ガルシアは1947年にアメリカの圧力で大統領を退任したが、事実上の傀儡政権で国政を操り、1950年には大統領に再任した。冷戦下、反共路線を推進してアメリカの支援を受け、国政や軍事、国内資産の大半をソモサ一族によって私物化したガルシアであったが、1956年の選挙キャンペーン中に詩人リゴベルト・ロペスに4発の銃弾を撃ちこまれ、暗殺された。しかし、ソモサ王朝による支配は1979年のニカラグア革命まで続いたのであった。

（文／福田誠）

1953年、ブエノスアイレスを訪問したアナスタシオ・ソモサ・ガルシア（写真中央）と、それを出迎えたアルゼンチン大統領フアン・ドミンゴ・ペロン（右）。ガルシアの死後は息子が大統領を引き継ぎ、「ソモサ王朝」の支配は40年以上続いた

ナポレオン3世

19世紀の独裁者たち

独裁の歴史は民主主義と同じく古い。近代民主主義の起源をどこに置くかは難しい問題で、1989年のパリ祭（バスチーユ監獄襲撃を記念する祭）に出た英サッチャー首相に仏ミッテラン大統領が、並んでパレードを見ながら言った。「どうです見事なものでしょう」。英首相こたえて「民主主義がフランスの発明品とお思いにならないことね」。この2人に思想や宗教や言語や性別を超えて通じ合う何物かがあったのは間違いない。ともあれ近代民主主義が19世紀に各国に広まったものとすれば、近代的独裁も19世紀に各国に広まった。フランスにナポレオン1世が出て、ハイチにアンリ・クリストフが出て、南米に複数のカウディーリョ（統領）が出た。その後、これらの誰よりも20世紀の独裁者像に近い1人の大物が出る。ナポレオン1世の甥ルイ・ナポレオンことナポレオン3世だ。

1811年、当時南北に分離していたハイチの北部、ハイチ国で大統領から国王に即位したアンリ・クリストフ（アンリ1世）の肖像画。教育や法を整備したが独裁的政策により支持を失い、最後はクーデターを恐れて1920年に自殺した

スペインの独裁者フランコの称号でもある「カウディーリョ」は指導者を意味するスペイン語で、19〜20世紀に中南米スペイン語圏で多数出現した独裁者も「カウディーリョ」と呼ばれる。この肖像画は代表的なカウディーリョの一人、アルゼンチンのフアン・マヌエル・デ・ロサス

大統領から皇帝へ

これは調子のいい男だった。はじめはスイスにいたが、フランスでクーデターを起こそうとして失敗。以後アメリカ、イギリスを遊び歩き、母の遺産を3年で食いつぶすと、またフランスに戻ってきて2度目のクーデターを試みた。当然捕まって投獄されたが、脱獄してロンドンに戻り、そのロンドンでフランス第二共和制の議員に選出された。パリの町には「ナポレオン万歳！」の叫びがあがった。作家ユゴーも万歳を叫んだ1人だった。多くの人々がルイ・ナポレオンに期待した。農民は「左翼は

こわい。ナポレオンの方がいい」と思ったし、労働者は「軍部はこわい。労働者を武力弾圧したカヴェニャック将軍(※)よりナポレオンの方がいい」と思った。産業界も彼が「財産・宗教・家族の尊重」を打ち出したので、彼を支持することにした。ルイ・ナポレオンは大統領になった。

しかし大統領は彼の目ざすゴールではなかった。彼はナポレオン崇拝を利用して軍を掌握し、「全国の教師たちの悪い共和思想」を弾圧した。選挙権の要件に「3年以上の定住」を加え、また選挙集会を統制下においた。共和国の議員だったユゴーは反対の論陣を張ったが、数に負けた。次いでルイ・ナポレオンは憲法の大統領再選禁止条項を改訂しようとし、失敗したのでクーデターを起こした。彼は今度もまた「ナポレオン万歳！」の声に迎えられて、とうとう皇帝になった。ナポレオン3世である。

ユゴー、マルクスによるナポレオン3世批判

ユゴーはクーデターに反対して国外追放になった。当時彼の書いた詩に、大略次のようなものがある。

――ロシアの荒野を疲れ果てた「大陸軍」の残骸がゆく。ナポレオンは天を仰いでいう。「神よ、これが私のクーデターに対する報いなのですか」

声あっていう。「まだだ！」

絶海の孤島セント・ヘレナにナポレオンが流刑されている。ナポレオンは天を仰いでいう。「神よ、これが報いなのですか」

声あっていう。「まだだ！」

山師がナポレオンの名のもとにクーデターをやる。ナポレオンは塚の

ルイ・ナポレオンがクーデターを起こした1851年12月2日のパリを描いた絵画。クーデターは成功し、1年後の1852年12月2日に彼は皇帝に即位する。クーデターも帝政復活も、国民投票で圧倒的な支持を受けていた

※… ルイ＝ウジェーヌ・カヴェニャック。1848年のフランス大統領選挙でルイ・ナポレオンの対抗馬だったが、同年6月に起きた労働者の蜂起を武力で弾圧して3,000人の死者を出す。これが大きな批判を浴びて選挙に敗れた。

中から絶叫する。「神よ、これが報いなのですか」声あっていう。「そうだ！」――

ユゴーは意図して皇帝を矮小化し、同時代のマルクスは国家システムに着目して「官僚機構、常備軍、警察機構が整備されると取るに足りない人物が中立的な立場を装って国民統合を実現できる」と説くことで、必ずしも意図せずして皇帝を矮小化した。そして独裁者にとって恐るべきは悪者と思われることよりもむしろ小物と思われることである。ユゴーやマルクスの設置した地雷はやがて火を噴く。

典型的な「独裁者の末路」

さておき、新皇帝は国民が自分に「フランスの栄光」を期待していると考えて、よろず派手好みの政策をしいた。パリ市街で大いに土木工事を興し、曲りくねった路地を廃して現在のパリのような美しい町並みにつくりかえた。伯父にならって戦争をやり、イタリアで勝ったはいいものの法王を敵に回して国内のカトリックの不興を買った。メキシコ出兵では得るところなく帰った。その次にはビスマルクの挑発に乗って、プロイセンに戦争をしかけた。パリの町は「ベルリンへ、ベルリンへ」という歓呼で満ちた。政府要人は「私は軽い気持ちで責任を引き受ける」と語り、陸軍大臣は「ゲートルのボタン1つにいたるまで欠けるところはない」と豪語した。

後知恵で考えれば世界史上、これ以上空疎な空威張りもめずらしかった。フランスは大敗して皇帝は捕虜となり、議会は皇帝を見限って「臨時国防政府」をつくった。皇帝は退位をやむなくされた後、ロンドンに亡命して3年後に死んだ。

既存権力者の型にはまらぬ中立的人物としての出発。選挙での選出と選挙制度の改変。軍部との緊密な関係。急転直下の最後。みな20世紀の独裁者において何度も繰り返される現象である。19世紀において、20世紀の独裁者の典型を1人だけ選ぶならナポレオン3世であろう。

（文／桂令夫）

ナポレオン3世の肖像画。近年では資本主義経済の進展や海外植民地の獲得などの点で、再評価する意見も出てきている

コラム③ 独裁者のパターン

独裁者の「出世」と失脚

独裁者たちはどんなふうに権力を握り、どんなふうに権力を失うか。それはむろん人ごとに違うが、おおざっぱなパターン分けは可能である。

出世

① クーデター型

軍隊を握ってクーデターをやり議会を制圧する。典型例がピノチェトである。前もって対外戦／内戦で勝っておくとより効果的。フランコなどもおおむねこの型に含まれよう。

② 乗っ取り型

選挙でかちえた権力を使い、合法的に法律を変えて独裁者となる。典型例がヒトラーである。ナポレオン3世（P156参照）は途中まで②で行き、最後に①に転じた例。

③ 禅譲型

禅譲という語は「旧権力者から有徳者への権力移譲」および「旧権力者から実力者への、強要による権力移譲」を意味する。ここではその双方を指す。つまり……

前任者から指名される
前任者を脅迫して自分を指名させる
前任者から指名されたことにする
「彼こそが前任者の後継者」というのが権力機構内のコンセンサスになっている

……といった形で権力を移譲されて独裁者となる。典型例がスター

独裁者によく見られる「クーデターによる政権奪取」の一例が、1922年10月、イタリアで実施された「ローマ進軍」であろう。写真は10月28日のムッソリーニ（写真中央）とファシスト党武装部隊の「黒シャツ隊」で、翌29日に国王はムッソリーニに組閣を命じた

「乗っ取り型」権力掌握パターンの典型と言えるのがドイツのヒトラーだった。写真は1933年1月に成立した最初のヒトラー内閣の閣僚たち。この後、ナチス党は全権委任法を成立させ、ヒトラーが絶対的な権力を手中に収める

リンである。

④ コペルニクス的転回型

寝返って敵組織の親玉におさまり独裁者となる。人類史上ひとり袁世凱のみがこの大技を達成した。もとは清朝の実力者であったのが、革命政府とひそかに連絡を取り、臨時大総統の位を条件に寝返ったのである。

写真は清朝末期の軍人でありながら革命勢力と秘かに取引し、辛亥革命で皇帝を廃した後に臨時大総統として独裁的権力をふるった袁世凱

失脚

① 後継者に権力を譲渡する型

生前に後継者を指名して権力を譲渡する。しかしこれがグダグダになると「指名された後継者の取り巻きが早手回しに旧権力者を引きおろしに回る」ことになりかねない。一部の独裁者が権力の世襲を図るのも「取り巻きを無理なくスライドさせられ、自分の身の安全が保証されやすい」というのがあろう。

権力の世襲に成功した独裁者の一人、シリアのハーフィズ・アル＝アサド大統領。長男の事故死というアクシデントはあったものの、次男バッシャールを後継者としてお膳立てして、自身の死後は速やかに権力が移譲された（p101も参照）

② 潔く身を引く型

潔く退陣して選挙制度に権力を委ねる。ただし根源的な問題があって、これをきれいにやった人間は任期中の施政が独裁的であっても独裁者と見なされにくいのである（P223のコラム⑥『20世紀の〝準〞独裁者』も参照）。一方これがグダグダになると「退陣のタイミングを逃し、弱腰を悟られて追及を受け、亡命または拘束の憂き目にあう」ことになる。

③ 軍部の支持を失う型

これがきれいに決まるとクーデターや暗殺が起きる。しかしその例はあまり多くない（南ベトナムのゴ・ディン・ジェムぐらいだろうか）。クーデターや暗殺というのはどちらかといえば独裁者がやるものであって、やられるものではないのである。一方これがグダグダになると「独裁者が人民または議会の鎮圧を打ち出すが軍部が乗らず、すったもんだの末に独裁者は亡命または拘束の憂き目にあう」ことになる。

④ 戦争に負ける型

戦争に負けて逮捕される、戦争に負けて追放される、戦争に負けて自殺する等のバリエーションがある。

ただし戦死の例は中世にはよくあったが20世紀には無い（独裁者たちの名誉のために付け足しておくと、これは彼らに勇気が欠けているためではなく、むしろ戦争のありようが変化したためである）。恐らく人類史上最後に戦死した国家元首は、ピノチェトのクーデター軍と戦って死んだチリのアジェンデではないか（※）。

戦争に負けて失脚するパターンとして比較的記憶に新しいのがイラクのサッダーム・フセインだろう。写真は2003年12月13日、アメリカ軍に拘束されたサッダーム

⑤ 畳の上で死ぬ型

権力を握ったまま自然死する。往々にして死後の権力闘争が過酷になり、「死に際の一言」（それは存在が捏造されることもある）が重要となる。権力者の「死に際の一言」が社会を安定化させた例がフランコの「国王を呼び戻せ」であり、社会を不安定化させた例がアレクサンドロス大王（註：20世紀人にあらず）の「最も強き者に」である。

生前にブルボン家のフアン・カルロスを後継者に指名し、王政復古を明言していたスペインのフランシスコ・フランコ。フランコの死後、王に即位したフアン・カルロスによってスペインは立憲君主制へと移行する

総じて、権力を握るパターンは比較的明確に分類可能である。いっぽう権力を失うパターンはあいまいで、複数のパターンが組み合さっている例も多い。多くの小独裁者はウヤムヤのうちに権力を追われるのである。

（文／桂令夫）

※…アジェンデの死因には諸説あったが、後年の検死により銃による自殺と公式に認定された。ただし、現在でも他殺とする説がある。また2011年の内戦で死亡したリビアのカダフィも、銃撃戦に巻き込まれて死亡した、とする説がある。

コラム④ フィクションの中の独裁者

アデノイド・ヒンケルと偉大な兄弟(ビッグ・ブラザー)

現代のいわゆる旧西側先進国の住人にとっての独裁者イメージをつくりあげた人物は何人かいる。その中で誰よりも大きな影響を与えた2人が、映画『独裁者』のアデノイド・ヒンケルと、小説『1984年』の「偉大な兄弟」である。

チャップリンと『独裁者』

『独裁者』は1940年、アメリカ合衆国の映画。チャップリン監督・脚本・主演。トメニア国の独裁者アデノイド・ヒンケルと、ヒンケルにうり二つのユダヤ人の床屋チャーリーの入れ替り喜劇だ。

作中でチャップリン演じるところのヒンケル総統の姿はチャップリンに似ている。そしてヒトラー総統にも似ている。そもそもチャップリンとヒトラーというのは年も同じならチョビ髭も似ていてすごく相性がよいのである（そもそもヒトラーのチョビ髭はチャップリンを模したものだとする説もある）。チャップリンが擬似チャーチルや擬似スターリンを擬似ヒトラーと同様に巧みに演じられたかというと、これは難しかったのではないか。

有名なシーンが3つある。①逆さになって飛ぶ飛行機の機上での「くすぐり」満載のシーン（実際に逆さ吊りで撮影されたという）。②ヒンケル総統がワグナーをBGMに、地球儀を描いた風船をもてあそび、そして風船が割れるシーン。③そして最後の演説である。この最後の演説は自由、平等、扶助をうたうものであったため当時はチャップリン共産主義者説が流れた（チャップリン＝ユダヤ人説も流れたが、こちらの説は元からあった）。

2012年に公開されたオール・トーキーの佳作『ディクテーター 身元不明でニューヨーク』にも入れ替り喜劇要素と演説があり、製作陣がチャップリンにオマージュを捧げていることは恐らく間違いない。

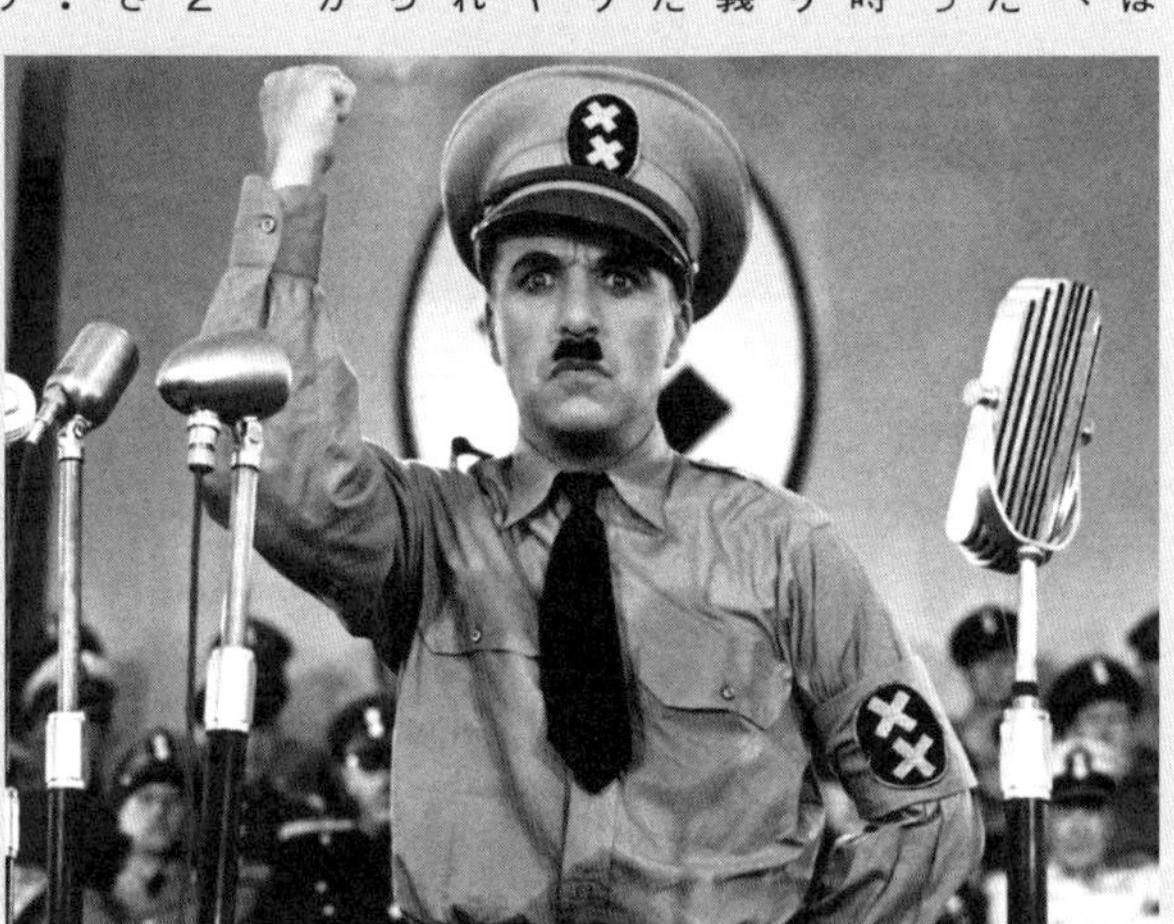

映画『独裁者』の中で、独裁者ヒンケルを演じるチャップリン。ヒトラー、そしてファシズムへの風刺をコミカルに描いた作品で、興業的にも成功を収めている

本作は既にトーキー（発声映画）が完全主流化した後の、チャップリン初のオール・トーキー（全編発声映画）であり、当時少なからぬ映画に存在した大演説がここにもまた存在するのである。人類がスクリーン上で初期トーキー時代よりも力の入った演説シーンを見ることはも

はや再びあるまい。

だが、5分にわたる大演説などというものが映画やドラマから姿を消してからも、映像作品における独裁者の部屋の描写に「地球儀的ななにものか」と「ワグナー的ななにものか」が使われる美風は続くことになった。

映画『独裁者』の中でも有名な、ヒンケルが地球儀を描いた風船をもてあそぶシーン

小説『1984年』とフィクションの中の独裁者

『1984年』はイギリスの作家オーウェルの小説。1948年執筆終了、1949年刊。地球を分割統治する複数の独裁国家の1つ、オセアニアの旧ブリテン島地域に生きる中年男ウィンストンを描く、20世紀ディストピア小説の代表的作品。

ここに描かれる「偉大な兄弟」の姿、少なくともその公式の肖像画は、「45、6歳といった顔立ちである。豊かに黒い口髭をたくわえ、いかついうちにも目鼻の整った造りだ」（新庄哲夫訳）。作品の書かれた1948年当時の各国指導者の中では強いて言えばスターリンに似ている。そして『1984年』がスターリン主義批判の意図を持って書かれたこと自体は間違いない。しかし単にスターリン主義批判をしたいならアジパンフを書けばいいわけで、小説にした瞬間、そこには否応なく別のものが入りこむし、オーウェルは恐らく意識的に別のものを入れこんでいる。思想犯罪というのは帝国日本の用語の直訳であり、新語法はピジン・イングリッシュ、ベーシック・イングリッシュ、20世紀イギリスで流行した「政治的言葉

『1984年』の作者ジョージ・オーウェル。スターリン体制のソ連を風刺した寓話的作品『動物農場』も有名だ

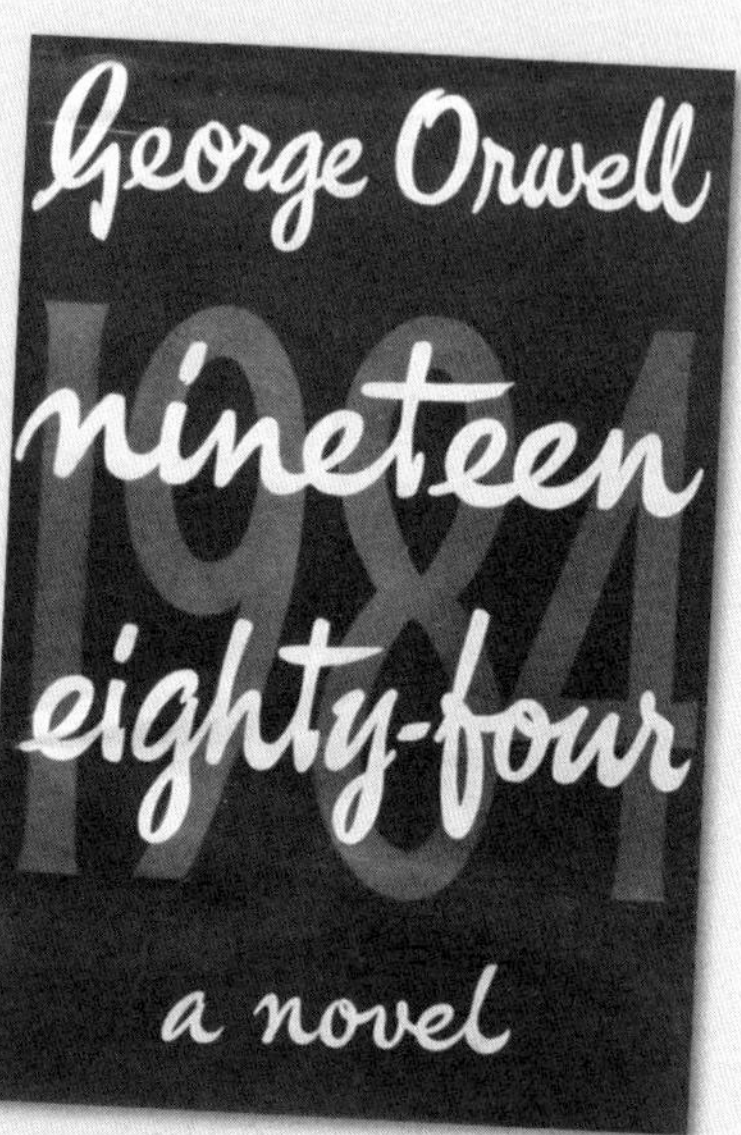

1949年に刊行された『1984年』の表紙。ディストピア小説の傑作であり、「ニュースピーク」や「ダブルシンク」などの作中用語は、全体主義や管理社会を表す語彙として一般化してもいる

の言い換え」――たとえば徴兵制導入論者が徴兵を徴兵と言わずにナショナル・サーヴィス（国家的奉仕）と称したごとき――を踏まえている。実のところ新語法は『１９８４年』中で最も非スターリン的な部分である。スターリンというのは二次大戦当時の各国指導者中、ピウス12世と並んで神学校の語彙で育った人間であった。彼はしばしば自分を旧世代の人間と呼び、同時代の芸術を取りしまると同時に前時代の芸術を普及させた。

『１９８４年』の描写の中で、後世の独裁者イメージに最も大きな影響を与えたのは、恐らく独裁者本人ではなく（そもそも「偉大な兄弟」はあまりに偉大なので本編にほとんど登場しない）監視手段であった。いたるところに存在する「偉大な兄弟」の肖像画は「見る者の動きに従って視線も動くような感じを与える例の絵柄だ」。そしてオセアニア人民の生活のあらゆる場面には、監視カメラ天国の現代ロンドンをもしのぐ密度で、テレスクリーン（監視カメラ兼マイク兼布告装置）が存在する。これ以後、監視装置を兼ねた肖像画はフィクションの独裁者にはつきものとなった。典型例が『ドラえもん　のび太の宇宙小戦争』（原作掲載は１９８４年、映画公開は１９８５年、オール・トーキー）のギルモア将軍である。

（文／桂令夫）

《アフリカ編》

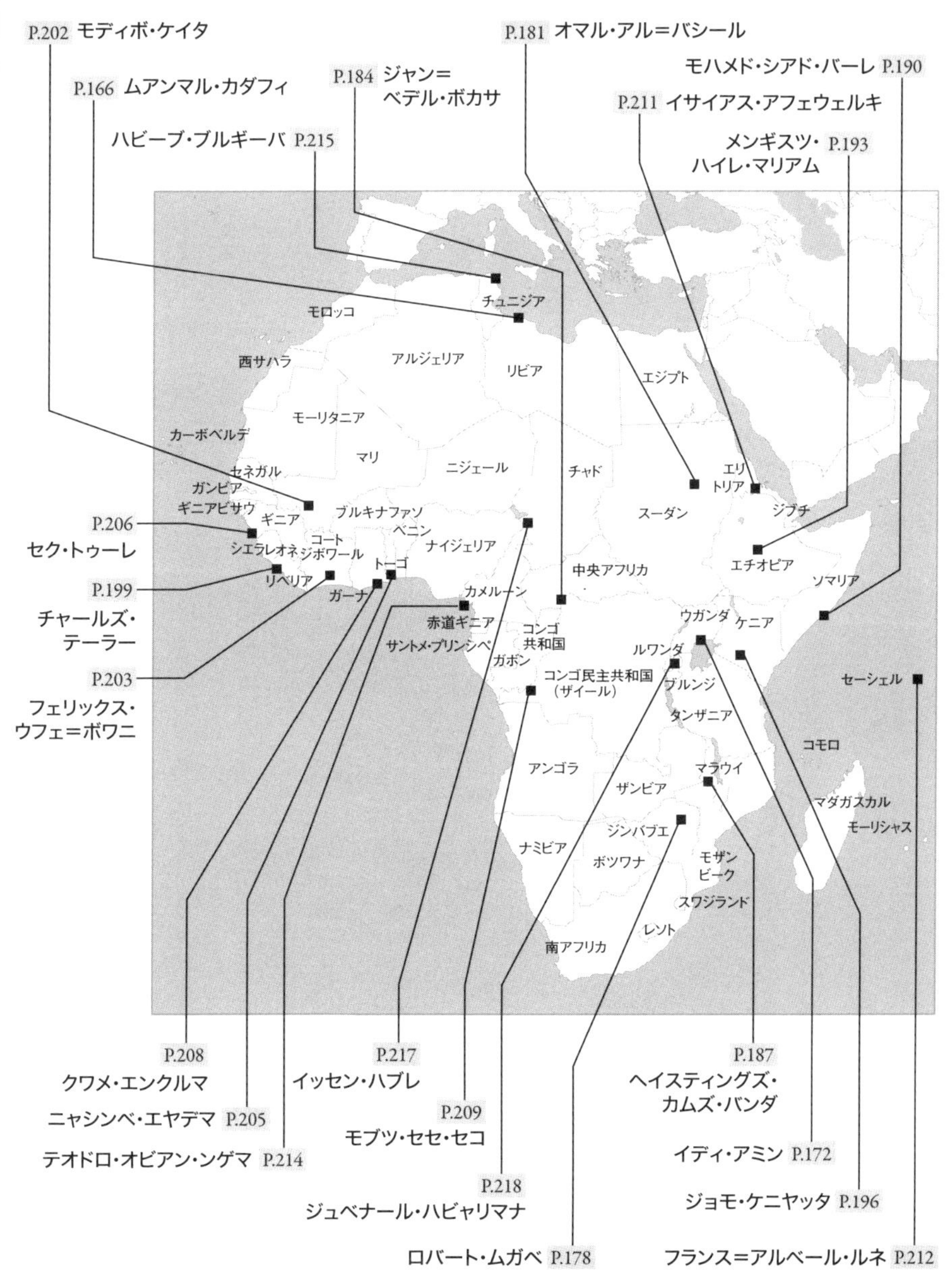
P.202 モディボ・ケイタ
P.166 ムアンマル・カダフィ
ハビーブ・ブルギーバ P.215
P.184 ジャン＝ベデル・ボカサ
P.181 オマル・アル＝バシール
モハメド・シアド・バーレ P.190
P.211 イサイアス・アフェウェルキ
メンギスツ・ハイレ・マリアム P.193
チュニジア
モロッコ
西サハラ
アルジェリア
リビア
エジプト
モーリタニア
カーボベルデ
マリ
ニジェール
チャド
セネガル
ガンビア
ギニアビサウ
ギニア
エリトリア
スーダン
ジブチ
ブルキナファソ
ベニン
コートジボワール
シエラレオネ
ナイジェリア
トーゴ
リベリア
ガーナ
中央アフリカ
エチオピア
ソマリア
カメルーン
赤道ギニア
サントメ・プリンシペ
コンゴ共和国
ガボン
ウガンダ
ケニア
ルワンダ
コンゴ民主共和国（ザイール）
ブルンジ
タンザニア
セーシェル
コモロ
アンゴラ
マラウイ
ザンビア
マダガスカル
モーリシャス
ジンバブエ
ナミビア
ボツワナ
モザンビーク
スワジランド
レソト
南アフリカ
P.206 セク・トゥーレ
P.199 チャールズ・テーラー
P.203 フェリックス・ウフェ＝ボワニ
P.208 クワメ・エンクルマ
ニャシンベ・エヤデマ P.205
テオドロ・オビアン・ンゲマ P.214
P.217 イッセン・ハブレ
P.209 モブツ・セセ・セコ
P.218 ジュベナール・ハビャリマナ
ロバート・ムガベ P.178
P.187 ヘイスティングズ・カムズ・バンダ
イディ・アミン P.172
ジョモ・ケニヤッタ P.196
フランス＝アルベール・ルネ P.212

大リビア・アラブ社会主義人民ジャマーヒリーヤ国

アラブの狂犬 ムアンマル・カダフィ

生没年：1942年6月7日〜2011年10月20日
独裁期間：1968年（クーデタにより権力掌握）〜2011年（反乱により失脚）

弱冠26歳で権力を手中に

ムアンマル・アブー・ミニャール・アル・カダフィ（発音はカッザーフィーが原語に近い）は、地中海に面したリビアの都市スルト南方に広がる砂漠の中のテントで生まれた。生年月日は1942年6月7日とされるが、遊牧民（ベドウィン）の通例として正確な生年は不明である。子供時代は家族と家畜の世話をしながら暮らしていたが、勉強熱心なため都市部の学校に送られる。当時のリビア王国はイドリス国王の腐敗した王政に対する国民の不満が高まっていたが、進学したカダフィも隣国エジプトで革命を起こしたナセルのアラブ民族主義に共鳴し。リビアの革命を志すようになっていた。

2009年2月、第12回アフリカ連合首脳会議で撮影されたカダフィ。元々公式の場では軍服など簡素な服装だったカダフィだったが、1990年ごろから派手な衣装で目を引くようになった。写真でも黄金の民族衣装に身を包んでいる

1965年、カダフィは士官学校を卒業してリビア王国の軍人となる。成績は優秀ではなかったが、カダフィは現状に不満を持つ青年将校を勧誘して結成した自由将校団のリーダーとなっていた。1968年9月1

日、自由将校団を率いて決起したカダフィは無血のうちに首都トリポリとベンガジの要所を占拠、イドリス国王を退位させ王政を廃止すると革命評議会議長に就任する。通説に従えばカダフィはこの時26歳という若き中尉であった。

石油利権を背景にアラブ民族主義を推進

政権を掌握したカダフィはイドリス国王が賃貸収入目当てに認めていた英米の軍事基地を撤収させ、1970年には石油メジャーを屈服させて国内の石油利権を国有化した。これら一連の成功によりカダフィはアラブ民族主義の新星として注目を浴びるようになる。

カダフィは革命リビアを「リビア社会主義ジャマーヒリーヤ国」とした。ジャマーヒリーヤとはカダフィ独自の概念である。カダフィが自著『緑の書』の中で述べたジャマーヒリーヤはイスラムとアラブ民族主義、社会主義の理念を融合させた直接民主制による体制であった。それは各地域の国民が組織した評議会が国家を運営し、建前上は国家元首も常設の官僚組織もないという特異な国家であった。もちろん実際にそのような体制が機能したわけではなく、実態はカダフィ個人の命令によって支配される独裁国家であった。だが人口600万の小国に過ぎないリビアは他の産油国同様、石油収入で財政を運用すればよく徴税への依存は少ない。カダフィは潤沢な石油収入をリビアの近代化に投じただけでなく、過剰な軍備やアラブ民族主義者の支援に使い、15兆円以上の個人資産を蓄えたが、その体制が40年以上続いたのは秘密警察による弾圧だけではなく、国民の経済的負担が大きくなかったことも挙げられるだろう。

なおカダフィは1970年、革命評議会により大佐の階級に昇進している。敬愛するエジプトのナセル大統領が陸軍大佐だったことにあやかったと言われ、このため日本では「カダフィ大佐」の通称で知られた。ただしカダフィ自身は間もなく軍を退いており、1979年以後はいかなる公的な肩書きも自称してなかった。

失敗や挫折を経験しないまま20代半ばで国家の最高権力者の地位を勝ち取るという成功を収めたカダフィは、自らの世界観や正義感の正しさを疑うことを知らない、いわば〝永遠の怒れる青年〟であった。カダフィの奇矯な言動の数々はそうした信念から来るものだった。外遊では遊牧民であることを誇示するようにテントやラクダを持ち込み、選抜した女性警護団を従えていた。国際会議での長々としたカダフィの演説（しばしば通訳が疲れきり翻訳が中断されてしまった）は部分的には正論も含まれてはいたが、陰謀論や現実離れした提案が交錯するため、その発言が本気で受け取られるのは稀であった。

「アラブの狂犬」カダフィの外交戦略

エジプトのナセル大統領を師と仰ぐカダフィは革命早々にエジプト、スーダンとの統合を掲げたが、1970年9月のナセルの急死でアラブ世界統一という壮大な夢は頓挫した。ナセルの後継者サダトはイスラエルと和平を結んだが、これをアラブ民族主義の大義への裏切りとみなすカダフィとエジプトの関係は悪化した。ナセルの理想の継承者たらんとするカダフィはパレスチナ解放機構や反欧米のアラブ民族主義者を公然と支援したため欧米と摩擦を引き起こし、王政を打倒した革命家としてサウジアラビアなどの君主制国家とも対立していた。またカダフィはリビアの南隣にあるチャドで内戦が起きるとイスラム勢力を支援して介入したが、国境地帯を制圧したリビア軍はチャド政府軍やフランス、ア

クーデターから間もない時期、敬愛するエジプトのナセル大統領（写真右）と会談したカダフィ

フリカ諸国の援軍と衝突し、戦いは泥沼化していった。こうしてアラブ世界の盟主を自任しながらも、カダフィは片端から敵を作り上げていったのである。

こうしたカダフィの独裁と強硬外交に国内からも反発が生じた。1970年と1975年には大規模なクーデター計画が摘発され、後者は200人を超える将校が逮捕粛清されている。この事件以後、カダフィは反体制派への弾圧を強め、軍情報部に市民が連行されたまま行方不明となる例が後を絶たなかった。1980年には海外在住のリビア反体制活動家が次々と襲撃され、リビアの国営ラジオがその結果を誇らしげに報道して欧米の怒りを逆撫でした。

1980年代、アメリカのレーガン政権はテロリストの庇護者としてカダフィ政権を危険視し、監視を強めた。1986年4月5日、西ベルリンのディスコが爆破され米兵を含む200人が死亡すると。アメリカはリビア工作員の犯行と断定、4月14日に米軍機がリビア各地を爆撃する。イタリア政府の密報でカダフィは間一髪これを免れたが、幼い養女が死亡した。爆撃の2年後の1988年12月21日にはパンアメリカン航空の旅客機がイギリス上空で爆破され270人が死亡する。西側諸国はリビアを「ならず者国家」と呼び国連による経済制裁が行われる。

経済制裁により石油輸出に依存するリビア経済は低迷した。パレスチナ解放機構は1982年、イスラエル軍のベイルート侵攻により壊滅的打撃を受けてレバノンを追い出され、ウガンダのアミンなど友好関係にあったアフリカ諸国の独裁者も1980年代には次々と失脚していた。さらに隣国チャドへの武力干渉も数千の兵士と膨大な兵器を失い、1987年には撤兵に追い込まれている。一時は「リビアの暴れん坊」「アラブの狂犬」と呼ばれ恐れられたカダフィの対外政策は、1990年代半ばには完全に行き詰っていった。

苦境に陥ったカダフィはようやく政策を変更する。カダフィは1988年、自ら運転するブルドーザーで刑務所の壁を壊して政治犯を釈放してみせ、国民と世界に変化をアピールした。欧米もテロリズムの主役がアラブ民族主義からイスラム原理主義に移ったことで、リビアへの警戒を和らげつつあった。カダフィは1999年にパンアメリカン航空機爆破事件の容疑者を国際法廷に引渡し、リビアの責任は認めないものの補償に応じ、これまで庇護していたテロリストもリビアから出国させる。さらに2001年の同時多発テロに対してはイスラム原理主義者を批判、開発していた大量破壊兵器開発の破棄を宣言し、アメリカと国交を回復した。国際社会はカダフィの穏健化を歓迎し「改悛したならず者」の模範としての役割をカダフィに期待した。さらにカダフィはアラブ世界からアフリカ諸国へと外交の軸足を移しつつあった。

ジャスミン革命の波及で砂漠に消えたカダフィ

国際社会との間にようやく均衡点を見出し、永遠の怒れる青年から安定した指導者に老成したかに見えたカダフィであったが、予想しえなかった運命に直面する。2010年1月、一人の青年の焼身自殺に端を発した反政府デモでチュニジアの政権が倒れた。ジャスミン革命のはじまりである。デモで独裁政権があっけなく打倒された事実は、インターネットを通じて即座に中東全域に波及した。2011年1月、エジプトのムバラク政権が崩壊すると、リビアでも2月15日にベンガジ市でデモが発生、たちまち全土に広がった。リビア国民はカダフィの生活が本人の自己宣伝のように質素ではないことも、四男の起こした婦女暴行事件など身内の腐敗ぶりも知っていた。カダフィの力による支配への消極的な承認は、インターネットを道具としたジャスミン革命の発生により吹き飛ばされた。争乱は軍の発砲により内戦状態へと激化する。カダフィはいつものように長々としたテレビ演説を行ったが、市民への非難も譲歩も効果は無かった。かつて「緑の革命」を掲げたカダフィは時代に取り残された頑迷な独裁者と成り果てていた。

2月20日には争乱が首都トリポリに拡大、放送局や公的機関事務所が襲撃・占拠されるが、戦車や戦闘機まで繰り出して市民を攻撃したことでカダフィ体制の崩壊が決定的となった。カダフィの作り上げたリビア社会主義ジャマーヒリーヤ国の建前に従えば、直接民主制による国民の意思こそ全てであり、一方のカダフィにはいかなる公的な権力も無いはずなので、カダフィは自らの行為で正統性を否定してしまったのだ。2月末までには政府関係者や各地の軍部隊がカダフィを見捨てて離反、カダフィの支配地域は首都トリポリ周辺のみとなる。カダフィはアフリカ諸国から呼び入れた傭兵で軍隊を再編すると反撃に転じ、3月にはリビア西部の反政府軍を撃破して国境付近にまで追い詰めた。だが介入をためらっていた英仏米からなる多国籍軍は暫定政府を救うため3月19日にカダフィ軍への爆撃を開始、内戦は膠着状態に陥る。だが国民に背かれ国際社会の承認も失ったカダフィの運命は明らかであった。

２０１１年8月21日、多国籍軍の爆撃に支援された暫定政府軍が首都トリポリを攻撃、27日までに市内は制圧されカダフィは首都から逃亡する。カダフィの一族や政府関係者は軒並み亡命するか拘束・殺害され、その体制は完全に崩壊した。カダフィは故郷スルトに逃げ込むと傭兵を集め最後の守りを固めた。暫定政府軍はカダフィの行方を追ってスルトを包囲し、10月20日に攻撃を開始する。カダフィは護衛車両と共にスルトからの脱出を試みるが、車列を多国籍軍に爆撃され、下水排水口に逃げ込んだところを暫定政府側の兵士に捕えられた。その最期については諸説あるが、捕えた兵士たちに射殺されたと見られている。

カダフィの遺体は暫定政府の命令により秘密裏に砂漠に埋葬された。砂漠に生まれたカダフィは砂漠に還ったのである。（文／司史生）

2011年2月15日、リビア東部の都市ベンガジで起きた反政府デモが全土に波及、内戦へ発展した。政府側は武力による鎮圧を試みたが、これが国際的な非難と多国籍軍の介入を招き、カダフィ政権は崩壊する。写真は同年2月23日、ベンガジでT-55戦車に乗る反政府派市民

ウガンダ共和国

アフリカの暴れん坊
イディ・アミン

生没年　：1925年～2003年8月16日
独裁期間：1971年（クーデタにより大統領就任）～1979年（亡命）

大統領は元ボクシング王者

奇矯な言動と残虐ぶりで「アフリカの暴れん坊」「黒いヒトラー」と異名をとった独裁者イディ・アミン・ダダ・オウメは、1925年にウガンダの貧困家庭に生まれた。生家はカトリックだったが16歳の時にイスラム教に改宗、アミン・ダダと名乗る。当時のウガンダはイギリスの植民地だったが、アミンは植民地軍の王立アフリカライフル連隊に炊事兵として入隊した。身長193㎝の偉丈夫だったアミンはスポーツ競技で活躍、ウガンダのヘビー級ボクシングチャンピオンになり、ラグビー選手としても活躍した。1961年に植民地軍の中尉に任命されているが、小学校卒の学歴しかないのにアフリカ系軍人として最高の地位に進んだことは、ただ体格や体力がずば抜けていただけではなく頭脳もかなり優秀な人物であったことをうかがわせる。1961年、ウガンダが独立するとアミンは英国に留学、帰国後はウガンダ陸軍の将校として昇進していった。

独立後のウガンダはオボテ首相が政権を率いていたが、当時のウガンダは国内にブガンダ王国をはじめいく

インド系移民を追放し、軍や秘密警察を使って多数の国民を弾圧したイディ・アミン。虐殺による国民の犠牲者は30万人とも50万人とも推計されており、「アフリカで最も血にまみれた独裁者」と呼ばれた

1966年6月、イスラエル訪問時のイディ・アミン(写真中央左)。中央の壇上の人物はイスラエル首相のレヴィ・エシュコルで、2人を比べればアミンの恵まれた体格がよくわかる

つもの自治地域を含んだ連邦国家だった。1966年、オボテは憲法を停止し自ら大統領となるが、アミンはウガンダ陸軍副司令官としてブガンダ王国を制圧しオボテの中央集権化に貢献している。オボテ大統領は社会主義政策を進めて外国企業を国有化し、親アラブ路線を採用するが、これに反発したイギリスとイスラエルはオボテの追い落としを計画し、アミンに白羽の矢を立てた。それ以前から密輸入や公金横領の疑惑をかけられ、オボテ大統領に睨まれかけていたアミンは1971年1月25日、オボテ大統領の外遊中にクーデタを起こして自ら大統領に就任、オボテは隣国タンザニアに亡命する。

政権確立後のアミン

大統領となったアミンはイギリスで客死したブガンダ王の亡骸をウガンダに運んで国葬を行い、外国企業の国有化を見直すなど旧体制や宗主国との協調政策を採り、西側諸国もアミンを「アフリカの心優しい巨人」と呼んで歓迎した。しかしその間にもオボテ派の要人多数を殺害しナイル川が赤く染まったという。やがてアミンは国会を解散して政党活動を禁止、終身大統領及び元帥に就任した。国軍司令官とは言え軍内の支持が万全でなかったアミンは出身部族の兵士や外国人傭兵で周囲を固め、外国に武器援助を依頼する。だが最新鋭のジェット戦闘機やヘリコプターを次々と要求されたイスラエルが分不相応な援助を拒絶すると、アミンはリビアやパレスチナ解放戦線に接近し、この親アラブ路線政策でイギリスとの関係も悪化する。

アミンは1972年、「アッラーのお告げ」を口実に英国籍を持つインド系住民5万人を追放した。インド系住民は旧英国植民地一帯で広く商業者や技術者として活動していたが、インド系以外のアジア系住民も身に危険を感じウガンダ国外に退去し、怒ったイギリスは開発援助を打ち切る。だがアジア系住民がいなくなったウガンダは商業や流通が麻痺状態に陥った。貿易収支の急速な悪化とハイパーインフレによりウガンダの経済は破綻状態に陥り、専門家のいなくなった医療制度やインフラも崩壊しはじめる。

この混乱を見たオボテ元大統領は復権を試みてタンザニアから自派の手勢を侵入させる。この侵入を撃退したものの、猜疑心(さいぎしん)を強めたアミンは軍と秘密警察に命じ、元大統領支持者や疑わしい部族の粛清を開始した。その犠牲者は30万人に達したと言われる。さらに最高裁判所長官や中央銀行総裁、ウガンダ教会大主教といった国際的に知名度の高い要人たちも次々と「自動車事故」で死亡した。また離婚した妻の一人は死体で発見され、もう一人は行方不明となっている。

権力維持のための政治的パフォーマンス

アミンは冷酷な独裁者だったが気まぐれな狂人ではなかった。その容赦ない支配は王国や部族の寄せ集めであるウガンダを力で束ねあげようとするもので、挑発的な外交は宗主国イギリスの経済的影響力の排除を意図したものだった。手段や結果の正しさはともかく、そこにはアミンなりの一貫した政策があった。巨体をゆすらせて巧みな弁舌を振るうアミンは陽気な印象を与えたが、その本気とも冗談ともつかない突飛な大言壮語の数々には独特のユーモア感覚があった。とりわけイギリスはじめ西欧のメディアに対する発言……スコットランド国王を自称したりヒトラーをあからさまに賞賛したりしてみせたのは、ヨーロッパ人のアフリカ人への優越意識を逆手にとったブラック・ユーモアの趣があり、アフリカ人の溜飲(りゅういん)を下げるものだった。つまりアミンは国民から完全に遊離した独裁者ではなく、仮借ない虐殺で反対派を震え上がらせる一方、パフォーマンスで支持者の人気取りに励むタイプの大衆的な独裁者だったのである。

アミンの個人的蛮行については、追放の対象とされたアジア系住民がウガンダのメディアを握っていたこともあり、ネガティブ・キャンペーンの入り混じった真偽不明のものが少なくない。冷蔵庫に政敵や家族の生首を入れておいたとか囚人の肉を食ったという猟奇的な逸話が伝えられているが、「逆らう奴は食ってやる」という罵倒に尾鰭(おひれ)がついて報道されたものと言われ、日常生活は菜食主義者でチキンを時折食べるだけだったともいう。

ただしアミンの残酷なユーモア感覚が秘密警察の暴行に反映されたことは確かだろう。秘密警察の本部は地下通路で大統領官邸とつながっていて、アミンは気まぐれに政治犯を地下通路から官邸に連行させると囚人にカクテルを振る舞い、震え上がる囚人を鑑賞しながら酒を飲んだという。秘密警察の収容所ではびっしりと釘を植え

1972年、ウガンダを追放されたアジア系住民。ウガンダのアジア系住民は元々、イギリス統治時代に南アジアから連れてこられた人々で、アミン政権以前から教育や経済面でアフリカ系住民との格差が生じていた

た廊下を囚人に歩かせ、向き合った囚人同士が鍛冶用の大ハンマーで互いを殴り殺させられた。また一列に並ばせた囚人にリレー形式の処刑が行われた。後ろの囚人がハンマーで前の囚人を殴り殺すと後ろの囚人に回し、ハンマーが最後まで回りきったら看守が最後の一人を殴り殺すというものだった。アミンは「夢のお告げ」を口実に気まぐれな公開処刑を行い、わざわざ血が目立つように白い死装束を着せた囚人の斬首をテレビで放映させた。処刑された死体は無造作に川に投げ捨てられ、斬り落とされた手足は家族に送りつけられたという。

落日の巨人

イギリスとの経済紛争でインフレを招いたアミンは、苦境から脱するためリビアやサウジアラビアの産油国マネーを取り入れようと親アラブ路線に傾斜し、とりわけテロ組織として国際的な非難を集めていたパレスチナ解放機構に肩入れした。1976年6月27日、アテネ発パリ行の旅客機がパレスチナゲリラにハイジャックされる。ゲリラはウガンダの首都カンパラのエンテベ空港に旅客機を着陸させ、ユダヤ系の人質107人を空港ターミナルに監禁すると、服役中のゲリラの釈放を要求した。この時、アミンは空港に出向いて人質をねぎらい事件の解決を約束したが、ゲリラとつるんでいることは明白だった。この世界的に注目を浴びる事件でゲリラに恩を売りつつ、解決を仲介して国際社会での威信を高める計算だったと思われる。ところが7月3日にイスラエル特殊部隊がエンテベ空港に突入、ゲリラは射殺され人質が奪還されたばかりか、ウガンダ兵45名が戦死し、虎の子の戦闘機まで破壊されてしまい、アミンの面目は丸つぶれとなった。

1978年8月、副大統領による反乱計画が発覚すると、民心の離反を自覚したアミンは戦争により不満を外部に逸らせようとする。アミンはこの年の10月、ウガンダ反体制派を庇護しているタンザニアにウガンダ軍を攻め込ませるが、アミンの独裁政治の下で反体制派の殺戮にばかり励んでいたウガンダ軍は腐敗し、その実力は見かけ倒しであった。清廉高潔な指導者としてアフリカ諸国から信望を集めていたタンザニアのニエレレ大統領は反撃を宣言、ウガンダ軍を国外に撃退する。

この頃、アミンの下にはアントニオ猪木との試合の企画が持ち込まれ、本人も満更ではなかったようだが、このドリームマッチは実現することはなかった。反撃を開始したタンザニア軍とウガンダ人亡命者部隊がウガンダ国内に侵攻したのである。アミンは「ボクシングで決着をつけよう」とニエレレに強気の発言を繰り返す一方で、リビアからの援軍と傭兵を頼りに抵抗を試みたが、1979年4月11日、首都カンパラは陥落する。アミンはリビアへ逃亡するが、カダフィからは体よくサウジアラビアに追い払われた。アミンはイスラム教徒としてサウジアラビア王家の庇護の下に亡命生活を送り、復帰を夢見ながら2003年8月16日に腎不全で死亡した。ユーモアは最後まで健在だったらしく、亡命先では周囲の人々の人気者だったようである。アミンを追放したウガンダの政情もクーデターが繰り返され、狂信的なゲリラ勢力LRA（神の抵抗軍）が政府軍と内戦を繰り返すなど完全な平和にはいたっていない。

（文／司史生）

ジンバブエ共和国

ジンバブエ経済の破壊者
ロバート・ムガベ

生没年　：1924年2月21日～2019年9月6日
独裁期間：1980年（首相就任）～2017年（クーデターにより失脚）

武力闘争の時代

ロバート・ガブリエル・ムガベは1924年2月21日、英領南ローデシアに生まれた。イエズス会の学校で教育を受け、17歳で教師の資格を取得。教師としてアフリカ諸国をめぐり、南アフリカ大学を出た。

南ローデシアに帰国して民族民主党（NDP）に参加。後にジンバブエ・アフリカ人民同盟（ZAPU）となり、武力闘争を開始した。アフリカ統一機構（OAU）が創立した1963年、汎アフリカ主義の影響を受けたジンバブエ・アフリカ民族同盟（ZANU）が好戦的なZAPUから分裂した。ムガベはZANUに加わり、党書記長に任命された。

南ローデシア首相に就任したイアン・スミスが黒人弾圧を強化し、ムガベは1964年8月に投獄された。

その後、ZANUは武装闘争に方針を転換した。1965年、スミスはローデシア独立を宣言し、アパルトヘイト（白人至上主義）を強行した。

1980年の首相就任から2017年までの長期間、ジンバブエの権力を握り続けたロバート・ムガベ。かつては「理想的なアフリカ国家建設モデル」と称されたが、場当たり的な政策を繰り返してジンバブエ経済を崩壊させた

ムガベは1974年12月に釈放され、ZANUに合流した。合法闘争を進めようとするンダバニンギ・シトレ

ら穏健派に対し、ムガベは武力闘争を支持した。1975年、シトレが逮捕され、ハーバート・チテポ代表が爆殺されたことにより、ムガベがZANUの実質的指導者となった。

国際的な経済制裁を受け、ゲリラ活動にも疲弊していたスミス首相は1979年にイギリスの調停を受け入れ、翌年の総選挙実施を決定した。1980年2月の総選挙でZANUは圧倒的な勝利をおさめ、カナーン・バナナが大統領、ムガベが首相に就任。4月18日、ジンバブエ共和国が誕生した。

ジンバブエの奇跡

周辺アフリカ諸国で激しい武装闘争が展開される中、ジンバブエでは白人宥和政策による穏健な政権移行に成功し、アフリカの黒人国家建設モデルとなった。白人の協力による教育や医療の充実で低い乳児死亡率とアフリカ最高の識字率を達成し、「ジンバブエの奇跡」と称賛された。めざましい成功を収めたムガベは内閣を廃して1987年12月31日、第2代大統領に就任した。

1990年、ムガベは大統領に再選されたが、ジンバブエ経済は息切れの様相を見せはじめ、国際通貨基金の構造調整政策を受け入れざるを得なくなった。具体的には国土の3割以上を占める白人農地の再分配が最大の課題だった。ムガベは政府固定価格による農地接収法案を1992年に成立させるも、白人農主たちの反対を受け、一部の形式的な農地収用を実施するにとどまった。

1996年、大統領に3選されたムガベは41歳年下の秘書グレース・マルフと再婚（前妻とは死別）したが、給与引上げを求める公務員のデモとストライキにより行政機能が麻痺状態となった。さらに1997年、政府高官による退役軍人の支給年金横領が発覚し、ムガベとともに戦った老兵たちが年金を求めて大統領官邸を包囲した。ムガベは年金支払いを約束したが、政府高官による汚職はそれだけではなかった。

政情安定のため、白人に対して穏健策をとり続けていたムガベであったが、もともと白人と戦い続けてきた、毛沢東思想の多大な影響を受けたマルクス主義者であり、米英自由社会の解放的な風潮を嫌っていた。中でも同性愛者を激しく嫌悪し、国内で反同性愛キャンペーンを展開。1997年にはバナナ元大統領を同性愛の罪で逮捕、収監した。バナナは容疑を否認し、保釈中に南アフリカへ亡命したが、ムガベはその身柄引き渡しを強く要求した。

経済崩壊

１９９９年、ムガベはコンゴ内戦に介入し、約1万人を派兵したが、その真の目的はムガベ一族がコンゴ国内に保有するダイヤモンド鉱山の防備であった。この派兵に多額の予算が投入され、それまで優秀とされてきたジンバブエ国内の経済、医療や教育などが悪化していった。

財政に窮したムガベは２０００年、ついに白人農場の強制収用と黒人農民に対する土地再分配を実施した。しかし、この政策により白人農民がもっていた農業技術が失われ、アフリカの穀物庫としてジンバブエ経済を支えていた大規模な農業生産は収穫が激減、第二次大戦後最大といわれるハイパーインフレを招き、ジンバブエ経済は崩壊した。国民の失業率は80%にのぼり、コレラやエイズなどの疫病が蔓延、治安も悪化し、国内外からムガベ政権に対する批判が強まったにもかかわらず、２００２年の大統領選挙でも4選された。

２００８年の議会選挙では野党が勝利したといわれるが、ムガベ政権は選挙結果を明らかにせず、野党の弾圧によってこれに応えている。大統領選挙では最大の対立候補であったモーガン・ツァンギライが決選投票を辞退したため、ムガベの5選が決まった。とはいえ、後にアフリカ諸国の勧告を受け入れ、ツァンギライを含む包括政府を成立させてもいるが、憲法改正後の大統領選挙でも勝利して２０１３年には6選をはたしている。さらには２０１８年の大統領選挙においても与党候補として7選を狙っていたが、後継者争いから２０１７年にクーデターが発生して辞任を余儀なくされた。その後、健康状態が悪化して２０１９年に95歳で死去するが、最後は解放闘争の英雄として国葬に付されている。

（文／福田誠）

スーダン共和国

オマル・アル＝バシール

世界初の「お尋ね者大統領」

生没年　：１９４４年１月１日〜
独裁期間：１９８９年（クーデターにより大統領就任）〜
２０１９年（クーデターにより失脚）

遠い日本でもしばしば報じられたオマル・アル＝バシールの残虐さは、史上初の「国際司法裁判所（ＩＣＣ）から指名手配された国家元首」の汚名へつながり、最終的にはスーダン共和国の分裂まで招いた。

エジプトの影響の下で

イギリスとエジプトの二重統治という特異な植民地支配を受けたスーダンは北部のアラブ人勢力主導で１９５６年に独立したが、その前年から南部の黒人系キリスト教徒による反政府運動が内戦へと発展していた。首都ハルツーム近郊の農村で生まれたアラブ人のバシールは１９６０年に陸軍へ入隊し、１９７３年の第四次中東戦争では派遣先のエジプト軍の一員としてイスラエルと戦い、エジプトのナセルが提唱する汎アラブ主義や反欧米思想を体感していた。一方、当時のスーダン政府は内戦を続けながら欧米諸国との友好を保つ両立策に苦心し、１９８５年にはバシールがパラシュート部隊司令官として深く関与したクーデターが成功していた。

１９８９年、准将だったバシールは無血クーデターで脆弱な文民政権を倒し、国家元首兼首相兼国防相として独裁体制を敷いた。エジプト発祥のムスリム同胞団系に支持されたバシールは南部系を含む全政党の解散やイスラム法（シャリーア）の更なる徹底を打ち出し、苛烈なイスラム原理主義と南北内戦の激化を引き起こした。１９９６年には民政移管を総選挙への全面介入で乗り切り、バシールは大統領となったが、南部での混乱は続いた。「アラブの大義」を軸としたイスラム化と社会主義政策を進めたナセルの手法をスーダンで実施すれば、国家の分裂は避けられなかった。

ナセル死後にイスラエルと国交を結んだエジプトを支

援するアメリカはバシールを敵視し、1993年にスーダンをテロ支援国家に指定し、1999年にはハルツームの化学薬品工場を空爆で破壊した。特に後者は前年にケニアで死者213人を出したアメリカ大使館爆破事件への報復だったが、首謀者のアルカイダ指導者、オサマ・ビン＝ラディンは1996年にスーダンを追われていたため、2001年の同時爆破テロ事件後ではバシール政権は攻撃を免れた。

損切りの成功、そして失脚後は？

そして2003年、北西部のダルフール地方で始まった非アラブ系イスラム教徒による反政府運動はバシール政権に支援されたアラブ系民兵による大虐殺へ発展し、同時に発生した飢饉（ききん）の放置と合わせると死者は約30万人とされた。これを理由に2009年にICCはバシールへの逮捕状を出し、現職の国家元首が国際手配される前代未聞の事態になった。スーダン政府はこれに強く反発し、ダルフールに派遣されている国際監視団の活動が制約されたが、逮捕状の撤回はできなかった。

この苦境でバシール政権は最大の懸案、南部問題で

2009年、国際会議に出席したオマル・アル＝バシール。1989年のクーデターから30年後の2019年、反政府デモを発端とするクーデターによってその独裁政権は終焉を迎えた

の「譲歩」に踏み切った。2005年に包括和平協定が結ばれ、2011年の住民投票により同年7月に南スーダンが分離独立した。ただし南北の新国境に近い油田地帯は確保し、輸送ルートも抑えたため、「最新の独立国」南スーダンは貧困と内戦で世界最悪の失敗国家となった。一方、スーダン産原油の大半を買った中国の援助によりハルツームでは建設ラッシュになったが、こちらも腐敗と抑圧は続いた。

そして、この独裁も遂に終わった。前年末からの食料品値上げ抗議デモに対しバシールは2019年2月に非常事態宣言を出して治安当局による鎮圧を目指したが、4月になってデモは数十万規模になり、バシールは軍幹部からの辞職勧告を受け入れて辞任した。その後、バシールは刑務所に収監され、12月には汚職と不正蓄財で懲役2年の実刑判決を受けたが、今後の動向は定まっていない。2020年に入り、2月には軍事政権はICCにバシールの身柄を引き渡すと合意したが、7月には31年前のクーデターに関する国内裁判を優先させるという報道がなされた。バシールはスーダン国内にいる限り、高齢を理由に刑務所以外の場所で軟禁されるため、かつての部下達にある意味で守られているとも言える。なお、バシールは3度の結婚をしているが、いずれの妻との間にも子どもはいない。

（文／中西正紀）

中央アフリカ帝国

アフリカ最後の皇帝
ジャン＝ベデル・ボカサ

生没年：1921年2月22日〜1996年11月3日
独裁期間：1965年（クーデターにより大統領就任）〜1979年9月20日（クーデターにより亡命）

優秀な軍人から粗暴な独裁者へ

ジャン＝ベデル・ボカサはフランス植民地であった中央アフリカのムバカ族の首長の家に生まれた。第二次大戦直前にフランス植民地軍に入隊、ド・ゴール率いる自由フランス軍に従軍し、戦後もインドシナ戦争に参加しアフリカ人の最高位である大尉の地位に昇進して15個の勲章を授与された。ウガンダのアミン同様、まがりなりにも叩き上げの軍人としては有能であった。

１９６０年にフランスからの独立を果たした中央アフリカ共和国は、有力首長の門閥が政治を握っており、初代大統領のダビット・ダッコもボカサの従兄弟であった。ボカサはダッコ大統領の引き立てで中央アフリカ共和国の軍司令官に出世するが、１９６５年12月にクーデタを

1970年7月にルーマニアを訪問した際のジャン＝ベデル・ボカサ（写真左）とチャウシェスク（写真／Romanian Communism Online Photo Collection）

起こし、終身大統領となる。このクーデタで8名が殺害されたが、ダッコは殺害も追放もされずボカサの顧問に任命されている。

ボカサは虚栄心と猜疑心の強い性格で、反対派のみならず忠誠心の疑わしい側近を次々と粛清して閣僚を自分が兼任し、ついには16ある閣僚の14まで兼任するようになった。粗暴な性格でささいな軽犯罪にも死刑を命じて公開処刑を繰り返し、時には自ら囚人を殴殺したり小学生を杖で殴打した。奇妙なことに失脚させたダッコ元大統領との関係は良好で、親族や身内には甘い性格だったようである。

皇帝即位と戴冠式典

ボカサは旧宗主国フランスとの友好路線を採り、フランス大統領ジスカール・デスタンに高価な自国産ダイヤモンドを贈って好意をとりつけ経済援助を獲得した。フランスは自国の権益を保護してくれるボカサの乱行に目をつぶった。フランス植民地軍の兵士であったボカサはフランスの英雄を崇敬し、故ド・ゴール大統領の追悼ミサに自由フランス軍の制服を着用して参列、かつて仕えた将軍への敬意を示している。だが何といってもフランス最大の英雄はナポレオンである。ボカサは崇拝するナポレオンのように皇帝の地位を求めた。1976年に中央アフリカ帝国に国名を改称すると、皇帝サラーフ・アッディーン・アーメッド・ボカサ1世を名乗った。あまりの馬鹿馬鹿しさに文句をつける国も無く、彼の皇帝即位は国際的に承認された。ボカサは1977年12月4日、国家予算の2倍にあたる2500万ドルもの大金をつぎ込んだ豪奢な戴冠式を挙行した（ボカサは同じ皇帝として昭和天皇を即位式に招待したが日本政府は謝絶した）。200台の車両と200頭の馬に先導された馬車に乗り式典会場に到着したボカサは、78万個の真珠と130万個の水晶で飾られた礼服をまとい、重量3トンの金メッキの玉座に就くと6000個のダイヤモンドをちりばめた王冠を意気揚々と戴いて即位を宣言した。テレビで報道されたボカサの英姿は全世界の失笑を買うことになった。

皇帝の末路

即位は帝国の滅亡の始まりだった。粛清の連続で人材が枯渇した中央アフリカ帝国は行政も経済もがたがたになり、主要輸出品である綿花とダイヤモンドの生産が激減した。ボカサ1世の乱行と贅沢はナポレオン以上で、海外旅行で見つけた女性に片端から手をつけ、100人以上もの子供を作ってそれぞれ豪邸に住まわせていた。大学で憲法学や政治学の講義を禁止、これを批判した長男も追放され、その乱行はいよいよ歯止めがかからなくなる。

1979年1月、首都バンギで学生デモが勃発した。皇帝自らデザインして一族の工場で作らせた制服の購入強制への反対運動だった。学生といっても小中学生のデモだったが、ボカサは自分の部族と傭兵から組織した皇帝親衛隊を差し向け、小学生100人を含む400人が殺害される。ところがこれを知ったフランスは帝国への援助を停止した。頼みとするフランスからの縁切りに慌てふためいたボカサはカダフィに泣きつくが、リビアを訪問中の1979年9月20日、フランス軍空挺部隊が首都バンギに侵攻し元大統領ダッコを復権させた。皇帝の邸宅に踏み込んだフランス兵は、冷蔵庫やプールの底から死体を発見したと公表している。

ボカサはフランスに亡命を図るが追い返され、コートジボワールに逃亡する。その後フランスが再び亡命を認めたため、セーヌ河畔の豪邸で優雅な亡命生活を送っていたが、ナポレオンの百日天下を見習うつもりだったのか、1986年に突如として帰国を図った。もっともナポレオンと違って国民にも軍隊にも見放されていたボカサはあっという間に逮捕され、裁判で死刑を宣告される。その後は1993年に減刑されて釈放され、1996年に死亡した。晩年はフランス軍人としての年金で暮らしていたという。

（文／司史生）

マラウイ共和国

ヘイスティングズ・カムズ・バンダ

服装にうるさい英国嗜好の独裁者

生没年：1898年2月15日～1997年11月25日
独裁期間：1966年（大統領就任）～1994年（選挙により落選）

マラウイ建国の父

ヘイスティングズ・カムズ・バンダは、英領中部アフリカのカスングで生まれた。誕生日は定かでなく、公式には1906年5月14日とされているが、実際には1898年2月の可能性が高いという。教会や学者、財界人などの援助を受けてアメリカやイギリスへ留学。第二次大戦後、ロンドンで開業し、医者として自立した。

当時のマラウイは主にチェワ族が住むイギリスの植民地であり、英領中部アフリカ、後にニヤサランドと呼ばれた。1953年に南北ローデシアと合邦され、中央アフリカ連邦となった。

バンダは1958年に帰国して独立運動に参加したが、翌年逮捕された。しかし独立の気運はおさまらずに釈放され、1960年4月、ロンドンで独立に関する会談を実施した。バンダの率いるマラウイ会議党（MCP）は1961年のニヤサランド議会選挙で圧勝し、196

マラウイで長期政権を築いたヘイスティングズ・カムズ・バンダ。人種隔離政策で他のアフリカ諸国と対立していた南アフリカとも友好的な関係を築き、経済援助を引き出している
（写真／National Archives of Malawi）

2年には自治権を獲得した。

1963年、バンダは首相に就任して中央アフリカ連邦の解消に合意。1964年7月には自治領として独立を果たした。東岸の湖がフランスの古地図でマラヴィ(Maravi) 湖と記されていたのにちなみ、チェワ語で光や炎を意味するマラウイ (Malawi) と命名した。1966年に完全独立を果たし、マラウイ共和国が誕生した。

初代大統領に選出されたバンダは、憲法で大統領に大幅な行政権と立法権を付与し、MCPを唯一の合法政党とした。もっとも、独立直前の1964年選挙で全議員がMCP党員であったため、マラウイは独立時から一党独裁体制となっていた。1971年に終身大統領となることを議会承認され、以後、バンダの肩書はマラウイ共和国終身大統領となった。

偏執的な英国嗜好

イギリスでの生活が長かったバンダは常にスリーピースを着用し、フライ・ウィスク(アフリカの貴人が持つハエ払い)を持ち歩いていた。また、長年の海外生活でチェワ語を話せなかったバンダは、通訳を通じて国民に語りかけた。そして、バンダの少々偏執的な英国嗜好が国民生活に影響を及ぼした。

古き英国の威厳と規律を尊び、国民に保守的なドレスコードを課した。当時流行したヒッピー風の服装は認められず、男性は長髪が禁止され、違反者は逮捕されて強制的に髪を切られた。女性は膝丈より短いスカートやズボン着用が禁止されたが、バンダはこれを女性の尊厳を守るためであると説明した。外国人にも例外なくドレスコードが適用され、違反者は入国できなかった。

バンダの英国かぶれは教育面でも発揮され、イートン校を模したカムズ・アカデミーを設立した。学生はラテン語と古代ギリシャ語を教えられ、チェワ語を禁止された。厳しい教育だったが、学費は無料で制服から寝具、文房具の一切が支給された。卒業生はマラウイの医学、文化、ビジネスなどを担う人材として期待された。バンダが遺した唯一の業績だともいう。

女性の権利に関しては他のアフリカ諸国よりもはるかに優遇されていた。バンダはマラウイ女性支援団体(CCAM)を設立して女性の社会的立場の向上をサポートしたが、彼なりのレディーファースト精神の発露であろう。その一方で、バンダが到着した国内の空港では、女性のダンスによる歓迎セレモニーを強要していた。

28年間の独裁

マラウイは憲法で国民の権利と自由が保証されていたが、本質的には一党独裁の警察国家だった。手紙の検閲や電話の盗聴が実施され、密告が奨励された。バンダに批判的な言動を発した人物は逮捕されて国外追放され、ときには「怪死」することもあった。

国内での新聞発行や出版物は検閲を受け、ラジオ放送は1局に制限され、テレビ放送は禁止された。映画も事前にチェックされ、不適切な部分はカットされた。

MCP以外の政党は認められず、全国民はMCP党員でなければならなかった。党員カードを常に携帯し、公営市場での購買や交通機関の利用など、国内でのあらゆるサービスに提示が必要とされた。

国内治安で警察よりも大きな力を持っていたのがマラウイ・ヤング・パイオニア（MYP）で、MCPの悪名高い民兵組織であった。バンダのボディーガードでもあった彼らは秘密警察として反体制派の摘発にもあたり、マラウイの恐怖政治を演出した。

かくしてマラウイはバンダの独裁国家となったが、他のアフリカ諸国と違っていたのは、民族やイデオロギーによる対立が存在しなかったことである。このため、28年間の長期にわたってバンダの独裁が続くことになった。

しかし、国内外の民主化に対する圧力が強まり、1994年に実施した大統領選挙で大敗して引退。1997年に南アフリカの病院で死去した。（文／福田誠）

ソマリア民主共和国

失敗国家の立役者

モハメド・シアド・バーレ

生没年：1919年10月6日～1995年1月2日
独裁期間：1969年（クーデターにより大統領就任）～1991年（内戦により失脚）

クーデターで政権奪取

モハメド・シアド・バーレは1919年、エチオピアのシラボで生まれたと伝えられる。イタリア領ソマリランドの主都モガディシュに移り住み、警察部隊に入隊。現地人の最高位まで出世した。

戦後、ソマリアがイタリア信託統治領になると、バーレはイタリアの士官学校に留学。ソマリアに戻ったバーレは陸軍に転向し、1966年に最高司令官の地位についた。独立後にやってきたソ連軍事顧問との交流を通じて、バーレはマルクス主義に感化された。

1960年に独立したソマリアは民主主義国家であったが、伝統的なクラニズム（氏族主義）を統制することができない中、アブディラシッド・アリー・シェルマルケ大統領が暗殺された。バーレは大統領葬儀の翌日、1969年10月21日に無血クーデターを成功させ、大統領に就任した。

1969年11月1日、バーレを議長とする最高革命評

科学的社会主義を掲げたソマリアのシアド・バーレ。様々な改革を進めたものの、そのほとんどが失敗し、やがて廃絶を目指していたはずの氏族主義が復活、ソ連との関係が悪化すると西側へ乗り換えるなど、一貫性を欠く面も多かった

議会（ＳＲＣ）が設立された。ＳＲＣは憲法を停止し、国会と裁判所を解散して政党活動を禁止。「ソマリア民主共和国」と改名した。翌１９７０年には科学的社会主義へ転換し、国内の主要産業や農場、銀行などを国有化した。

バーレはソマリ語を公用語と定め、ラテン表記法を学校教育に導入し、国民の識字率向上を狙った。ただし、政府の要職は英語かイタリア語を話せる者に限られた。

近代化最大の阻害要因であったクラニズムの根絶を狙ったバーレは、国内の大干ばつをきっかけに強制移住を実施し、土着地から引き離すことによって氏族関係の弱体化を図った。

１９７５年には家族法を定め、近代化に不可欠な女性の社会進出と男女平等を強力に推進したが、これに反対したイスラム指導者10人を処刑するなど、宗教的反革命勢力を容赦なく弾圧した。

しかし、これらの急進的な改革はソマリア社会に混乱を招く結果となった。１９７０年代後半には特定氏族の権力独占と政府高官の汚職、経済活動の不振が顕著となり、バーレ政権に対する不信が増大していった。

国内の治安悪化にともない、バーレはソ連のＫＧＢを模倣した治安局（ＮＳＳ）を設立して治安回復を図ったが、反体制派に対する投獄や拷問などの激しい弾圧は、後に国連開発計画（ＵＮＤＰ）からアフリカで最悪の人権侵害であったと報告されている。

１９７６年にＳＲＣを解散してソマリ社会主義革命党（ＳＲＳＰ）を設立すると、バーレは権力を独占し、独裁体制を強化した。１９７９年に新憲法を公布し、人民議会選挙が実施されたが、実質的にはＳＲＳＰが支配を続けた。しかし、ＳＲＳＰは１９８０年10月に解散され、ＳＲＣが復活するなど、権力独占を狙ったバーレの政治的気まぐれは続いた。

オガデン戦争と内戦による政権崩壊

バーレはアフリカ東部のいわゆる「アフリカの角」をすべてソマリア領土とする大ソマリア主義を提唱したが、１９７７年にオガデン地方をめぐるエチオピアとの国境紛争が発生し、オガデン戦争が勃発した。緒戦はソマリア軍がオガデン地方の大部分を制圧したものの、後にソ連をはじめとした東側諸国の支援を受けたエチオピアが反撃に転じた。

ソマリアもソ連と友好関係にあったが、バーレはこれを機に断交し、アメリカとの国交を成立させた。アフリカの角を重要な戦略拠点と認識していたアメリカは、この地をソ連の支配下から奪取するため、ソマリアに億単位の米ドル支援を実施した。時代はまさに米ソ冷戦の真っ最中であり、オガデン戦争は米ソ冷戦期における代理戦争の様相を呈した。

戦争は長期化し、1983年にはエチオピア軍がソマリア領内に侵攻、エチオピア領内から多数の難民がソマリアに流入し、バーレ政権にとって大きな打撃となった。さらに1986年5月、バーレは交通事故によって重傷を負い、サウジアラビアで半年以上も治療を受けることになった。

バーレは12月に復帰したが指導力は大きく低下し、国内ではエチオピアの支援を受けた反体制派の氏族が勢力を盛り返したため、ソマリアはついに内戦状態に陥った。冷戦の終息と内戦の激化から1988年にエチオピアと停戦。1990年には国内の人権問題からアメリカの援助が停止されて国内経済と財政が破綻し、バーレ政権の致命傷となった。

1990年12月、モハメッド・ファッラ・アイディード将軍の統一ソマリア会議（USC）がモガディシュに侵攻し、激しい市街戦の末、1991年1月26日にバーレが首都を脱出、バーレ政権は崩壊した。その後、バーレは首都奪回を企図したが果たせず、最終的にはナイジェリアに亡命した。

1995年1月2日、バーレはナイジェリアのラゴスにおいて心臓発作で死亡したが、その後もソマリアは長い内戦と無政府状態が続くこととなった。（文／福田誠）

エチオピア
人民民主共和国

エチオピアの赤い皇帝 メンギスツ・ハイレ・マリアム

生没年：1937年5月27日〜
独裁期間：1977年（クーデターにより政権掌握）〜1991年（内戦により失脚）

エチオピア革命後の政争で権力奪取

エチオピアで革命を起こし、ジェノサイドを演出した独裁者、メンギスツ・ハイレ・マリアムは1937年5月27日、エチオピア南部のケファ州に生まれた。エチオピア軍に入隊し、1966年に士官学校を卒業して少尉に任官、昇進を重ねて1974年には少佐となった。米軍の士官学校にも留学したが人種差別を受け、その後は強い反米感情を抱くようになった。

当時のエチオピアでは皇帝制が続いていたが、皇帝ハイレ・セラシエ1世の独裁による腐敗政治が続き、国民は飢餓に瀕していた。オガデン地方で起きたソマリ解放運動、干ばつによる飢饉（ききん）、オイルショックによるインフレなどが重なり、首都アディスアベバでデモや騒乱が頻発した。

独裁政権下のジェノサイドや人道に対する罪により、死刑判決を受けたメンギスツ・ハイレ・マリアム。しかし、亡命先のジンバブエが身柄の引渡しに応じる様子はないという

軍と警察、国防義勇軍は1974年6月に治安維持と汚職根絶を目的とした軍部調整委員会「デルグ（Derg、ゲイズ語で委員会の意）」を設立。メンギスツが議長に

選出された。デルグは汚職に関わった多くの軍将校や官僚、知事、元首相や閣僚に至るまで逮捕し、同年9月にはハイレ・セラシエ1世を拘束、廃位した。

エチオピア革命で実権を握ったデルグはアマン・アンドム中将を議長とする臨時軍事行政評議会（ＰＭＡＣ）を設置、メンギスツは副議長となった。アマンら穏健派はスイスで療養中の皇太子を即位させて立憲君主制への移行を画策したが、これに反対して共和制急進改革を目指すデルグと対立した。

１９７４年11月23日、デルグは議長から解任したアマンを銃殺、60人以上の穏健派指導者、政府高官、皇族らも粛清した。テフェリ・バンテ准将がＰＭＡＣ議長と国家元首に就任したが、実権はメンギスツが掌握した。１９７５年には拘禁されていたハイレ・セラシエ1世が死亡し、皇帝制は廃止された。デルグ軍事政権はエチオピアの社会主義化を標榜して、国内の銀行や企業、農地を国有化し、皇族や富裕層の財産を没収した。

メンギスツの傀儡として据えられたテフェリであったが、次第にメンギスツの権力を制限しようとする動きに出たため、メンギスツは１９７７年2月3日にクーデターを実行。テフェリら執行部を粛清し、自らがＰＭＡＣ議長に就任した。

戦乱とジェノサイドの独裁者

１９７７年7月、ソマリア軍がエチオピア領内へ侵攻し、オガデン戦争が勃発した。エチオピアは国交を樹立したソ連やキューバなどの大規模な支援を得て反撃に転じ、翌年には被占領地の大部分を奪回した。以前から分離独立の闘争を繰り広げていた北部のエリトリアへも派兵し、エリトリア解放戦線（ＥＬＦ）の壊滅を狙った。

戦乱が続く中、国内では「白色テロ」と呼ばれるエチオピア人民革命党（ＥＰＲＰ）の反政府闘争が展開され、これに対するデルグ政権の弾圧は「赤色テロ」と呼ばれた。メンギスツは「反革命に死を！　ＥＰＲＰに死を！」と演説し、毛沢東の文化大革命をまねた思想統制を徹底、数十万人といわれる大学生や知識人、官僚などが粛清された。計画経済の失敗による飢餓の拡大もあって、エチオピアから１００万人の難民を出した。

メンギスツは１９８４年にエチオピア労働者党を設立し、書記長に就任した。１９８７年9月には新憲法を制定してエチオピア人民民主共和国を樹立。軍事政権を廃止して国民投票が実施され、国民議会による新政権へと移行したが、実態は軍事政権メンバーが留まり、エチオピア労働者党による一党独裁体制であった。

メンギスツは初代大統領に選出され、エチオピア労働者党書記長、国軍総司令官も兼任して権力を独占したが、ペレストロイカの影響でソ連や東欧諸国からの援助が激減し、権力を支えていた軍事力が大幅に低下した。干ばつによる深刻な飢餓を救援するため、西側諸国の慈善団体からも人道的援助を受けたが、大半は軍事費に投入された。

１９８８年にはエチオピア人民革命民主戦線（ＥＰＲＤＦ）を中心とした反政府勢力との内戦が激化。１９８９年３月、ＥＬＦとの戦いで大敗を喫し、国軍の弱体化を露呈した。同年５月には東ドイツ訪問中にクーデターが勃発。メンギスツはただちに帰国して反撃に転じ、クーデターを鎮圧したものの、求心力の低下は明らかであった。

１９９０年にはソ連が一気に解体への過程をたどって軍事援助が停止すると、各地で激化した反政府勢力の攻勢はさらに勢いを増した。１９９１年５月、ＥＰＲＤＦが首都アディスアベバを陥落させて政権が崩壊、メンギスツはジンバブエに亡命した。

２００８年５月26日、エチオピア最高裁判所は数々の虐殺による罪でメンギスツに死刑判決を宣告したが、ジンバブエ政府は引き渡しを拒否。２０２０年現在もジンバブエのハラレに存命中で、２０１０年には回顧録を出版した。

（文／福田誠）

ケニア共和国

東アフリカの光と影

ジョモ・ケニヤッタ

生没年　：１８９３年10月20日～１９７８年８月22日

独裁期間：１９６３年（独立による首相就任）～１９７８年（病死）

独立運動家の中の穏健派

ジョモ・ケニヤッタはケニアの事実上の建国者である。強烈で過激な反植民地運動が続いていたケニアを東アフリカでは例外的な親欧米国家へ切り替え、地域大国としての繁栄、そしてその陰の腐敗と混乱へ導いた独裁者でもある。

ケニヤッタは英領東アフリカ（現ケニア）の南部、中心都市ナイロビの近郊にキクユ族として生まれた事は分かっているが、正確な生年は推定のままである。幼い頃に父を亡くしたケニヤッタはキリスト教会の初級学校で学び、卒業後はナイロビ市庁の現場職員として働く一方、最初の結婚によって子どもも作った。

しかし、同地域最大の部族、キクユ人という出自がケニヤッタの人生を変えた。１９２４年に設立されたキク

出身部族であるキクユ族の優遇や政敵の排除など、独裁者としての批判もあるが、ケニアの発展と安定に果たした役割も大きかったケニヤッタ。なお、「ケニヤッタ」の名は「ケニアの光」という意味の他、愛用したマサイのベルトにちなむという説もある

ユ中央協会に参加したケニヤッタは、1928年にキクユ語の新聞を発行して民族の連帯を訴えた。ただケニヤッタは土地所有問題で一貫した穏健派で、急進化する他の活動家とは一線を画した結果、イギリス側からの信頼を得た。1929年には初めてロンドンに渡り、本名のカマウ・ヴェ・ンゲンギから「ケニアの光」の意味を持つ筆名、ケニヤッタとして『ザ・タイムス』などへ投稿した。一時帰国後、ソ連のモスクワを経てロンドンに戻ったケニヤッタは1934年にロンドン大学で学び、その後も働きながら現地で他のアフリカ人活動家と交友を持った。この時代は私生活も充実し、映画のエキストラ出演に続いて1942年にイギリス人女性と2度目の結婚をし、子どもも作っている。

帰国・逮捕・復権

1946年、妻をイギリスに残して祖国に戻ったケニヤッタを波乱が待っていた。第二次大戦によるイギリスの衰退を体感したケニヤッタはキクユ族中心の独立運動のリーダーとなり、早期独立と白人農園主からの土地返還を訴えたが、これは白人側からの暗殺予告を招いた。私生活でも帰国直後にキクユ人女性と3度目の結婚をしたが娘の出産時に亡くし、1951年に40歳年下、18歳のンギナを4人目の妻に迎えていた。

1952年、ケニヤッタは植民地政府に逮捕され、翌年に重労働7年の刑を宣告されて北西部の辺境地に追放された。キクユ族過激派が中心のマウマウ団による白人農園襲撃事件への関与が罪状で、ケニアではその後4年間で1万人以上が死亡したが、ケニヤッタは常に穏健路線で暴力を非難していたため、彼の有罪は当時も今も疑問視されている。ただ、この逮捕はアフリカ人の間におけるケニヤッタへの信頼を高めた。

1960年、ケニア・アフリカ民族同盟（KANU）の議長に選ばれたケニヤッタは大衆からの釈放運動に迎えられ、1961年に再び指導者として公然活動を再開した。植民地支配の継続は既に困難で、独立後の準備を進めるイギリスやその背後のアメリカにとっても、ケニヤッタは適した人物だった。

穏健路線の経済発展と部族主義の混乱

1963年、ケニアはエリザベス2世を女王として英連邦内での独立を達成し、ケニヤッタが初代首相となった。ケニヤッタはKANU議長として強い指導力を発揮し、1964年には大統領となって英連邦から離脱すると共に、KANUに対する最大の野党だったケニア・アフリカ民主同盟（KADU）をKANUに併合した。KANUのキクユ中心主義を止める勢力はなくなり、ケニヤッタはケニアの独裁者となった。

ただし、ケニヤッタはその後も自分の穏健路線を守り、英米との友好関係を維持した。南隣のタンザニアを含む多くのアフリカ諸国の多くは部族社会との親和性が強い社会主義路線を取り、非同盟諸国との友好を重視するソ連や中国に接近した。これに対し、ロンドンで長く暮らし、ソ連訪問でスターリン体制も体験したケニヤッタは、資本主義を維持して欧米との友好関係を保ち、白人所有農園にも国有化などでの追い立ては控えた。ケニアは独立前の混乱から見違える親英米国家となり、観光収入も得たナイロビは東アフリカ経済の中心地となった。周辺の混乱を後目に自国を地域の大国にしたケニヤッタの治世は安定し、1978年に推定85歳で老衰により天寿を全うした。

KANUによるケニアの経済発展は彼の死後も続き、ナイロビは高層ビルが建ち並ぶ近代都市となった。しかし、その光の影でキクユ中心主義や長期独裁政権による政治腐敗は止まらず、同時にスラムも拡大し、国民は貧富の差に不満を募らせた。KANUは1991年に一党制を放棄した後に国民からの反発に直面し、2002年の大統領選ではンギナとの間に生まれたジョモ・ケニヤッタの息子、ウフル・ケニヤッタが敗れ、初めて政権の座を失った。さらにウフルは2007年に死者1000人を超えた国内暴動の責任を問われ国際司法裁判所（ICC）から訴追されたが逮捕はされず、2013年に第4代の大統領に就任して2017年に再選された。ただ、その中でも「建国の父」ジョモへの評価は変わらず、サファリツアーの観光客は彼の名がついたナイロビの国際空港に降り、彼の肖像が入った紙幣を使い続けている。

（文／中西正紀）

リベリア共和国

チャールズ・テーラー

「自由の国」の気ままな独裁者

生没年：1948年1月28日〜
独裁期間：1997年（大統領就任）〜2003年（内戦により亡命）

流血とダイヤモンド

チャールズ・テーラーはリベリア、そして隣国のシエラレオネを10年以上も戦禍に巻き込んだ指導者である。彼はリベリアの歴史の負の部分により生み出されたが、それを更に陰惨にしたのは「血のダイヤモンド」に象徴されるその行動だった。

テーラーは1948年、首都モンロビアの高級住宅地でアメリコ・ライベリアンの家庭に生まれた。このアメリコ・ライベリアンは19世紀にアメリカで解放された黒人奴隷の子孫で、アメリカの支援を受けて1847年にアフリカ初の近代国家として独立したリベリアでは彼らが大多数の原住民を支配する体制が続き、黒人同士の対立が絶えなかった。その中、富裕層のテーラーはアメリカに留学し、ガールフレンドとの間に息子のチャールズ（チャッキー）も生まれていた。

ダイヤモンド密輸で得た資金で第一次リベリア内戦を戦い、大統領となったチャールズ・テーラー。しかし、資金源だったダイヤモンド取引が禁じられたこともあり、1999年からの第二次内戦では反政府勢力に追われて亡命を強いられた

1980年にクーデターが発生し、初の原住民政権としてサミュエル・ドー軍事政権が誕生してからテーラー

の政治的活動が始まった。テーラーは新政権の一般調達庁（政府の資材調達・経済開発支援機関）長官になったが、１９８３年に１００万米ドルの不正送金の疑いで解任・訴追され、１９８４年にはアメリカで逮捕されて本国に送還された。しかし翌年に脱獄し、リビアのカダフィ政権に支援されながら、アメリコ・ライベリアンや反ドー政権の各部族を集めたリベリア国民愛国戦線（ＮＰＥＬ）を隣国のコートジボワールで結成した。

１９８９年12月に他の武装集団と協力して蜂起を開始したＮＰＥＬは1年足らずで全国を制圧し、１９９０年9月にモンロビアに迫った。ドー大統領は虐殺され、その後の暫定政権との戦闘でもＮＰＥＬは優勢を保ったが、この資金源となったのがダイヤモンドだった。リベリアは隣国のシエラレオネと並ぶダイヤモンドの産地で、テーラーはリビアで知り合ったアハメド・フォディ・サンコーが率いるシエラレオネの反政府運動、革命統一戦線（ＲＵＦ）と共闘し、政権打倒を目指した。重火器と引き換えになったのがダイヤモンドで、テーラーはアメリカの保守派テレビ伝道師とも協力しながらその密輸を続けたが、暫定政権が不安定なリベリアや軍事クーデターが頻発するシエラレオネは共にこれを止められなかった。さらにＮＰＥＬやＲＵＦは農村を襲撃して住民の虐殺や手足の切断、少年の拉致と兵士化、少女への性的暴行を大々的に行い、対抗で同様の措置を採った政府軍と併せて内戦の悲惨さが更に拡大した。

１９９７年、暫定政権との間で和平合意を結んだテーラーは続く大統領選挙に75％の得票で圧勝し、彼は直ちに国軍の兵士を解雇してＮＰＥＬの兵士や自らの私兵で置き換え、名実共にリベリアの正式な支配者となった。１９９９年にはシエラレオネ内戦もＲＵＦに有利な形の停戦が実現し、テーラーの影響力は頂点に達した。私生活でも１９９７年に初めての正式な結婚を16歳だったジュウエルと行い、アメリカから呼び寄せたチャッキーは警護隊長として一般市民への虐待を繰り返した。

失脚と裁判

しかし、テーラーの没落を早めたのもダイヤモンドだった。１９９８年にリベリアやシエラレオネでの強制採掘や紛争資金化が国連で問題視されると欧米のダイヤモンド取引所や宝石製造業者が対策に乗り出し、２００

0年に「キンバリー・プロセス」と呼ばれる認証システムで産地証明や輸出の国家認証を定め、2001年には国連からリベリア産ダイヤモンドの流通が禁止された。この整備でテーラーは重要な資金源を失い、有名人による「血のダイヤモンド」批判は国際世論へ広がった。1999年に始まった反乱は再び全国に拡大し、盟友のサンコーも2000年にシエラレオネ政府に逮捕されて事実上失脚した。アメリカからもその非人道性が非難される中、1999年に再燃した内戦をテーラー政権は抑えきれず、2003年6月にリベリア民主同盟（LURD）などの反政府勢力と停戦し、8月にテーラーはナイジェリアへ亡命して政権から追われた。

テーラーへの追及は退任後も続いた。既に2003年3月にはシエラレオネでの残虐行為を裁く特別法廷が国連とシエラレオネ政府の協力で設置され、サンコーが起訴されていたが、6月にはテーラーへの起訴も公表された。2006年3月、テーラーはナイジェリア政府に逮捕され、国際司法裁判所（ICC）のあるオランダのハーグへ移送された。テーラーは無罪を主張し、出廷ボイコットなどで対抗したが、2012年4月に特別法廷はテロ・不法殺人・掠奪などの戦争犯罪や、レイプ・性的虐待を含む奴隷使役・少年兵の使用などの人道に対する罪など、11全ての起訴要因で有罪を認定し、テーラーに懲役50年を宣告した。2013年にはイギリス国内の刑務所へ移送され、テーラーは同地で現在も収監されている。また、チャッキーはアメリカで懲役97年の刑を宣告され、父子が大西洋を挟んで長期服役囚となった。ただし、新政権下で訴追を免れたジュウェルは2006年の離婚後もテーラー派のリーダーとなり、世界最優秀サッカー選手への選出経験を持つジョージ・ウェアが2018年にリベリア大統領になるとその副大統領に任命されて、テーラー家の復権を警戒する国際社会からの疑念を招いてる。

（文／中西正紀）

マリ共和国

古代王国への夢と現実

モディボ・ケイタ

生没年：1915年6月4日～1977年5月16日
独裁期間：1960年（大統領就任）～1968年（クーデターにより逮捕）

モディボ・ケイタはフランス領スーダン、後のマリの首都となったバマコの近郊にムスリムとして生まれ、ダカールで学んだ後に教師となり、同時に教員組合の設立に関与した。植民地政府の批判で収監された後、1946年にはフランス本国の国民議会議員となり、アフリカ民主連合でコートジボワールのウフェ＝ボワニと共同で活動した。ケイタは連邦制によるフランス領西アフリカ植民地全体の独立を志向したが、内陸のスーダン地域はコートジボワールより貧しく、ソ連が世界各国で支援した民族解放闘争路線を支持するケイタと対仏協調派のウフェ＝ボワニの路線対立もあった。1960年6月、スーダン地域は西隣のセネガルとマリ連邦を組んで独立したが、2カ月後にはセネガルも離脱し、結局ケイタはスーダン地域のみをマリ共和国と改称してその大統領となった。

ケイタが決めた「マリ」は13～15世紀に北部のトンブクトゥを首都として繁栄した帝国の名前で、ケイタは自らの夢をこの帝国になぞらえたが、絶対的な貧しさは変わらず、さらにケイタの経歴は欧米からの不信を招いた。ケイタはアメリカ訪問などで関係改善を図ったが、一党独裁や反体制派の拘禁という独裁体制は変わらなかった。分離後のセネガルとは険悪な関係が続き、国有化などの政策を行っても経済建設は全く進まなかった。

1968年、ムーサ・トラオレ陸軍中尉によるクーデターが発生し、逮捕されたケイタは9年間の獄中生活から解放されずに1977年に死去した。そのトラオレも砂漠化の進行まで加わった国家の危機を救えず、1991年の軍事クーデターで失脚して死刑を宣告され、2002年の保釈後も隠棲するなど、マリの政情不安は続いている。2012年には北東部を実効支配するイスラム過激派がトンブクトゥを占領して世界遺産の各遺跡を破壊し、フランス軍の直接介入を招くなど、ケイタが目指した自立の達成にはほど遠いままである。

（文／中西正紀）

マリ共和国の初代大統領モディボ・ケイタ

コートジボワール共和国

カカオリパブリックの奇跡と没落

フェリックス・ウフェ＝ボワニ

生没年　：1905年10月18日～1993年12月7日
独裁期間：1960年（首相就任）～1993年（病死）

予定通りの初代大統領

フェリックス・ウフェ＝ボワニはフランス領西アフリカ、現在のコートジボワール内陸部のヤムスクロで部族の首長の家に生まれたが、正確な生年には疑問もある。フランス流の高等教育を受けた後、ウフェ＝ボワニは医師の助手としてアビジャンで働き始めたが、転任先の農村でカカオ農民の虐待を目にして農民運動を指導し、最終的には政治活動に専念した。

第二次大戦後の1945年、フランスが制憲議会を開くとウフェ＝ボワニはアフリカ人の代表として初めて国政に登場し、アフリカ民主連合の総裁として植民地統治の再強化に抵抗した。ただし、国内を二分するキリスト教徒とイスラム教徒の双方を含む現地人の圧倒的な支持とは裏腹に党の路線は迷走し、1950年には議会内でのフランス共産党との同盟を切って、以後、ウフェ＝ボワニ自身もソ連とは距離を置いた。1956年には社会党政権に入閣し、1958年に保守派のド・ゴール大統領が始めた第五共和政でも閣内に留まった。アルジェリア紛争の収拾を目的としたこの第五共和政は1960年に植民地の完全独立を認め、前年から自治政府の首相も兼ねていたウフェ＝ボワニは8月7日にコートジボワールの独立を宣言して首相に就任、同年11月には初代大統領となった。

堅実路線からの踏み外し

完全独立後もウフェ＝ボワニはクーデター防止も兼ねてフランス軍の駐留を認めた。経済政策では特産品であるカカオの積極増産と輸出安定基金による価格維持に成功し、同時にコートジボワール民主党（ＰＤＣＩ）による一党支配の「アフリカ型社会主義」国家では珍しい西側寄りの外交政策を堅持した。一足先に独立していたガーナのエンクルマは急進的社会主義政策の末に右派のクーデターで失脚し、地域最大の大国であるナイジェリアはビアフラ内戦と底無しの政治腐敗で混迷を極める中、一党支配によるウフェ＝ボワニの安定統治は「イボワールの奇跡」と称賛され、首都アビジャンは西アフリカの経済中心地となった。

しかし１９８０年代後半にカカオの国際価格が低下して繁栄の条件が崩れると、社会資本整備に伴う巨額の対外債務が一気に重圧となった。ウフェ＝ボワニは１９８３年に故郷ヤムスクロへの遷都を宣言していて、成功すれば内陸部がモノカルチャー経済から脱却できたが、実際に完成したのは世界最大のキリスト教聖堂程度で、新首都の建設は国家財政をさらに不安定にした。

それでもウフェ＝ボワニの威光は絶大で、複数政党制を導入した１９９０年の大統領選挙でも圧勝で7選を果たしたが、１９９３年に前立腺癌のため現職のまま88歳で死去した。建国の父を失ったPDCI政権はその後の課題を解決できず、１９９９年に初のクーデターが発生した。さらに、西洋化が進んでいたコートジボワール社会にはフランス国民戦線の排外主義が直接流入し、２００２年には内戦で国土が南北に分断され、部族や宗教の違いを超えた国民統合国家の建設という点でも彼の業績は大きく損なわれた。

ウフェ＝ボワニは医師助手時代に結婚した最初の妻とは5人の実子、独立後の１９６２年に再婚した後は２人の養子を得て、愛人との間にも子どもがいた。自身はアニミズムから幼少時にカトリックへ改宗したが、最初の妻はセネガル出身のムスリムだった。（文／中西正紀）

コートジボワールの独立と発展を成し遂げたフェリックス・ウフェ＝ボワニ。カカオに依存した経済体制の衰退に加え、ウフェボワニの大きなカリスマが失われたこともあり、その死後のコートジボワールは混乱の時代に入る

トーゴ共和国

ニャシンベ・エヤデマ

コップの中の不倒翁

生没年：1935年12月26日〜2005年2月5日
独裁期間：1967年(クーデターにより政権掌握)〜2005年(病死)

ニャシンベ・エヤデマは1935年、エティエンヌ・エヤデマとしてフランス委任統治領東トーゴの農民の家に生まれたとされるが、実際はもっと早いという説もある。1953年、エヤデマはフランス外人部隊に入隊してインドシナ戦争に参加し、1960年に祖国がトーゴとして独立した際にはアルジェリアで戦っていた。1962年に帰国したエヤデマは翌年にクーデターを指揮し、初代大統領のオリンピオを殺害して軍の実権を握ると、1967年の再クーデターで今度は自分が大統領兼国防相となった。

その後数度のクーデター計画をエヤデマは摘発し、1974年には大統領専用機の墜落事故でも生き残る不死身ぶりを見せた。エヤデマはこの日を「邪悪に対する勝利の日」と祝日にし、アフリカ風に改名した。他にも自らを漫画の主人公にし、1000人の女性に自分への賛歌を歌い踊らせるなどのスーパーヒーロー伝説を作りあげた。これにより、名目上の民政移管を果たした1972年の選挙から3期連続で無投票、1993年の選挙でもオリンピオの息子らが率いる野党勢力のボイコットにより得票率96%での大統領4選を果たした。

ただし、経済運営で「奇跡」は起きなかった。元々周辺諸国より一段と細長く、天然資源にも恵まれないトーゴはカカオ栽培に依存したモノカルチャー構造で、その上不安定な独裁体制では外国からの投資も呼び込めなかった。首都のロメは1975年にエヤデマが調印式を誘致した、EC（後のEU）からアフリカ・カリブ・太平洋諸国への貿易投資支援協定によって名前を残したが、トーゴ自身は大統領選挙の不正や人権侵害を理由に1993年にECからの支援が停止された。現在に至るまでトーゴは下位10カ国に入るほどの世界最貧国の一つである。

これらの不満は野党勢力の拡大につながり、1998年の大統領選挙後の混乱ではEUの仲介で当期限りでの引退を含む妥協を強いられたエヤデマだったが、その後に憲法を改正して2003年に大統領6選を果たし、かつ立候補年齢を引き下げて次男のフォレ・ニャシンベの継承を可能とした。２００５年2月、エヤデマは病気療養のためのフランスへの飛行中にチュニジア上空で心臓発作により死去すると、フォレを軍が擁立し、５月の大統領選挙で改めて世襲が完成した。フォレは２０２０年に大統領4選を果たし、半世紀以上の世襲支配を維持したが、選挙不正に関する国際的な疑念は続いている。

（文／中西正紀）

1983年に撮影されたニャシンベ・エヤデマ。その死後は息子のフォレ・ニャシンベが大統領となっており、トーゴでは50年以上に渡ってエヤデマ一族による支配が続いている

ギニア共和国

強硬路線の妥協

セク・トゥーレ

生没年：1922年1月9日〜1984年3月26日
独裁期間：1958年（大統領就任）〜1984年（病死）

自由の元での貧困

アハメド・セク・トゥーレはフランス領ギニアの東部の貧しい農村で生まれたが、曾祖父が19世紀末にフランスの植民地化に抵抗した国民的英雄、サモリ・トゥーレという政治資産があった。郵便局員として労働運動に関わったセク・トゥーレはマルクス主義に接近し、他のフランス領アフリカ植民地の活動家とアフリカ民主連合を通じて連帯しながら、１９５６年にはフランス国民議会議員、かつ首都コナクリの市長となった。イデオロギーと統治政策の両面で植民地政府との対立は鋭く、ギニアは１９５８年にド・ゴールが提案した自治権付与を唯一拒否して完全独立を決め、２年後の大量独立の先駆けとなった。

ただし「自由のもとでの貧困」という強硬路線は統治

機構の空白を招き、初代大統領となったセク・トゥーレはソ連に接近、国内でもギニア民主党の一党独裁による社会主義政策を採用した。ソ連からはレーニン平和賞を受け、1966年には自分と似た統治を行った末に失脚したガーナのエンクルマの亡命を受け入れ、隣接するポルトガル領ギニアにはギニア・カーボヴェルデ独立アフリカ党（PAIGC）が進める植民地解放運動を支援して、1974年にギニアビサウとしての独立を実現させた。しかし、セク・トゥーレが「隷属の下での繁栄」と切り捨てた、親西側の資本主義路線を取ったウフェ＝ボワニのコートジボワールよりも経済発展は遅れ、反対派を抑圧する独裁体制を嫌った国民の大量脱出も続いた。

アメリカへの接近と死

経済不況を改善するため、1970年代後半からセク・トゥーレは欧米との関係改善に動いた。それ以前からケネディ政権以降に進んだアメリカの公民権運動を評価する一方、CIAによる政権転覆を恐れ、これが強制収容所での大量死を引き起こしたが、東西陣営の経済格差が開くのを見たセク・トゥーレは1982年に4選を果たすと欧米資本の導入を決め、旧敵フランスとの和解にも動いた。

しかし、全世界の3分の1が埋蔵されているボーキサイト鉱山開発などでこの経済自由化が軌道に乗る前にセク・トゥーレは病に倒れ、1984年3月、アメリカで心臓病の治療中に死去した。ギニア民主党は後継大統領の選定を進めたが、それが決まる前の4月にランサナ・コンテ大佐によるクーデターが勃発し、セク・トゥーレの遺産は完全に一掃された。ただし、コンテ政権も強権体制の継続という点では同質の体制だった。

（文／中西正紀）

「自由のもとでの貧困」を掲げたセク・トゥーレ。完全独立と引き換えにフランスは職員や技術者、物資を本国に引き上げてしまいギニアの政治経済は麻痺状態に陥ったため、セク・トゥーレは東側へ接近する道を選んだ

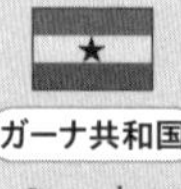

ガーナ共和国

フロントランナーの理念と実態

クワメ・エンクルマ

生没年　：1909年9月21日〜1972年4月27日
独裁期間：1957年（首相就任）〜1966年（クーデターにより失脚）

クワメ・エンクルマ（ンクルマ）は西アフリカのイギリス領植民地、ゴールドコーストの職人の家に生まれ、中等教育終了後は学校の教員をしていたが、その後アメリカのペンシルバニア大学で哲学修士号を得た。第二次大戦によって英仏の国力が大きく削がれたこの時期に植民地解放の汎アフリカ主義者となり、その後はケニアのケニヤッタなどとも親交を持った。

１９４７年に帰国したエンクルマは自治権拡大運動に参加したが、その穏健路線に反発して１９４９年に会議人民党（ＣＰＰ）を結成し、現地人から強い支持を得た。植民地当局はＣＰＰの強硬路線を鎮圧してエンクルマを投獄したが、１９５１年から56年まで各回の現地議会選挙でＣＰＰは勝利して、現地自治政府の首相となったエンクルマ指導下での平和独立路線が信任された。１９５７年３月、エンクルマは英連邦内でのガーナ独立を宣言して初代首相となった。

サハラ以南のブラックアフリカ諸国では第二次大戦後初の完全独立を勝ち取ったエンクルマは、その国家運営も先鋭的だった。アフリカ型社会主義の基礎は概ね部族社会に置かれるが、植民地体制でも内政権を事実上維持していた伝統王国の支配層と対決したエンクルマは強権色を強め、最終的には部族に依存した野党勢力を非合法化してＣＰＰの一党支配を固め、１９６０年には共和制を宣言して、大統領として個人崇拝を含む独裁色を強めた。小規模農民には集団化を開始し、ガーナ経済を支えるカカオは公定価格を定める販売公社への一括納入として、部族の長老ではなく国家が農村を支配する体制を厳格にした。また、１９６５年には世界銀行からの融資を活用しながら世界最大の人造湖であるヴォルタ湖を作ったアコソンボダムを完成させ、得られる豊富な電力を活かしたアルミニウム

2010年にはクーデター以来44年ぶりに単独の肖像が入った紙幣が発行されるなど、再評価も進んでいるクワメ・エンクルマ。また、エチオピアの首都アディスアベバにあるAU本部には、中国が寄贈したエンクルマの像が置かれている

生産を通じた工業化ももくろんだ。

これはアフリカ型よりむしろスターリンモデルの東欧社会主義国での国家運営に近く、植民地支配の構造を一掃する役割はあったが、1963年のアフリカ連合（AU）結成へと導いた事でさらに高まった国際社会での存在感とは裏腹に、経済の混乱と強権支配はガーナ国内でのエンクルマへの不信を高めた。

1966年、エンクルマが中国を訪問中に軍による無血クーデターが起きた。文化大革命を開始済みでソ連との対立が激化していた中国は第三世界のリーダーとして国を追われた大統領を手厚くもてなしたが、エンクルマはガーナには戻れず、結局は盟友のセク・トゥーレが大統領を務めるギニアへ移った。ここでもエンクルマは名目上の共同大統領として厚遇されたが、政治的影響力は失われていた。1972年、療養先のルーマニアで皮膚癌により死去し、自らの埋葬でようやくガーナへ帰国した。

なお、エンクルマはキリスト教コプト派のエジプト人女性ファティアと結婚し、アフリカ統一運動の同志でもあったナセルの名を付けた息子を含む3人の子どもは現在でも国際機関などで活躍している。（文／中西正紀）

ザイール共和国

世界最貧国で最悪の汚職大統領

モブツ・セセ・セコ

生没年：1930年10月14日〜1997年9月7日
独裁期間：1965年（クーデターによる政権掌握）〜1997年（内戦により亡命）

モブツ・セセ・セコはベルギー領コンゴ北部の村で生まれ、当初はジョゼフ＝デジレ・モブツと名乗っていた。19歳で強制的に送られたベルギー植民地軍で会計や政治の知識を得て、1956年の除隊後はジャーナリストとして民族運動家のルムンバと知り合った。

1960年6月にコンゴは独立したが、新政府は保守派のカサ＝ヴブ大統領と容共親ソ派のルムンバ首相が対立し、南部カタンガ州の銅鉱山の支配を狙うベルギーの介入でコンゴ動乱が始まった。陸軍参謀総長になったモブツは大統領に付き、9月にクーデターを起こしてルムンバを軟禁した。翌年1月にルムンバは混乱の中で殺害され、モブツはコンゴ各地でカタンガ軍やルムンバ派のゲリラと戦った。反植民地主義を支持する国際世論にも助けられてコンゴの分裂が解消されるとモブツの影響力は高まり、1965年に独力での無血クーデターを決行して第2代大統領に就任した。

モブツは腐敗した旧体制の指導者を非難し、秩序回復を約束して国民の支持を得たが、程なく前任者をはるかに上回る規模の蓄財と汚職に染まった。広大なコンゴにはその源となる地下資源が豊富にあり、かつ反共主義政権の中核としてアメリカが積極的に支援した結果、モブツは豪華な宮殿に住み、国家予算の実に20％、累計で約50億米ドルをその一族や取り巻きが欧米の秘密口座に預けた。経済建設は問題外で、1971年に国名がザイールと改称された後も反対派は秘密警察や警護隊に虐殺され、民衆は各種統計で世界最貧国の地位に苦しんだ。一方、独立前に結婚した妻は1977年に死去し、1980年に再婚した元愛人は買い物のためパリまで専用機で飛んだ。

1990年代初頭の民主化も限定的だったモブツ体制の残虐性と腐敗が広く知られると、アメリカの支援は途絶えた。さらにモブツに前立腺癌が発覚する中、1996年にローラン・カビラが指揮する反政府運動、コンゴ民主解放勢力同盟（AFDL）が活動を開始すると軍は総崩れとなった。フランスの支援も得られず、1997年5月にAFDL軍が首都キンシャサに迫るとモブツは国外へ脱出した。既にカビラ新大統領が国名をコンゴ民主共和国へ戻し、国を失ったモブツは滞在先のモロッコで癌が悪化し、同年9月に死去した。しかし、少なくとも14人はいるとされたモブツの子ども達は徐々にコンゴに戻り、2001年に暗殺された父を継いだジョゼフ・カビラ大統領の下で要職に就いている。（文／中西正紀）

1983年、訪米時のモブツ・セセ・セコ。32年に渡る長期政権の間に巨額の不正蓄財を築き、国内に宮殿や複数の豪邸を建設した

長い独立闘争の果てに

イサイアス・アフェウェルキ

生没年　：１９４６年２月２日～
独裁期間：１９９３年（大統領就任）～

エリトリア初代大統領となったイサイアス・アフェウェルキは、１９４６年にアスマラで生まれた。当時のエリトリアはエチオピアの支配下にあり、エリトリア解放戦線（ＥＬＦ）が独立運動を展開していた。

イサイアスは大学在学中の１９６６年、ＥＬＦに参加した。しかし、上層部の内部対立に嫌気がさして１９６７年に中国へ留学して軍事学を学び、毛沢東思想とゲリラ戦術を叩き込まれた。

帰国後はＥＬＦの政治委員となったが、イデオロギーや闘争戦術の相違から、１９７０年に人民解放戦線（ＰＬＦ）、１９７３年にはエリトリア人民解放戦線（ＥＰＬＦ）と、３つの勢力に分裂した。キリスト教徒だったイサイアスは、イスラム教のムスリム思想が強いＥＬＦと袂(たもと)を分かち、マルクス主義を標榜するキリスト教徒中心のＥＰＬＦ創設に加わった。

ところが、独立運動の主導権争いからＥＬＦとＥＰＬＦが対立、武装闘争に発展する。１９７２年から74年まで続いたエリトリア内戦で、それぞれの解放勢力は疲弊し、独立運動の鎮圧を図るエチオピア政府軍の攻勢を招いた。このため両者は和解するが、１９８０年に再び内戦となってＥＰＬＦがＥＬＦをスーダンへ撃退、エリトリア解放運動の中心的存在となった。

ＥＰＬＦ書記長となったイサイアスは、エチオピア人民革命民主戦線（ＥＰＲＤＦ）を中心とした反政府勢力と歩調をあわせ、エチオピアのメンギスツ・ハイレ・マリアム独裁政権を打倒すべく武力闘争を繰り広げた。１９９１年にメンギスツ政権が崩壊し、同年５月29日に独立を宣言。１９９３年５月にはエリトリア独立と国連加盟が承認され、イサイアスは初代大統領に就任した。

武装勢力だったＥＰＬＦは民主正義人民戦線（ＰＦＤＪ）と改称して政党化し、暫定政権を発足。１９９７年に憲法が制定されたが、翌年に港湾使用料をめぐる問題からエチオピアとの国境紛争が勃発したため、イサイアスはこれを名目に憲法の施行を延期。独裁への批判が強まると報道管制を実施し、ＰＦＤＪ以外の政党を非合法化した。

エチオピアとの紛争は2000年に終結したが、イサイアスは現在に至るまで憲法を施行せず、憲法に基づいた大統領選挙や議会選挙は無期延期され、事実上の一党独裁によるイサイアスの国内統治が続いている。

外国人記者の入国を認めていないエリトリアは、世界の報道機関からもっとも報道の自由がない国家のワースト1に選ばれているが、イサイアス政権による教育や医療、インフラ整備などの民生改革が順調であり、治安が安定していることもあって、海外からの観光客が増加している。

（文／福田誠）

エリトリア独立以来、独裁体制を敷いているイサイアス・アフェウェルキ。エリトリアは世界で最も報道の自由のない国の一つとされ、国民には無期限の徴兵制や強制労働も課せられているという

セーシェル共和国

観光立国に成功した独裁者
フランス＝アルベール・ルネ

生没年：1935年11月16日～2019年2月27日
独裁期間：1977年（大統領就任）～2004年（退任）

「インド洋に浮かぶ真珠」と呼ばれるセーシェル共和国の独裁者、フランス＝アルベール・ルネは1935年11月16日、イギリス領セーシェル諸島のファーカー島に生まれた。イギリス本土に留学して帰国後は弁護士となったが、留学中に社会主義思想の強い影響を受け、1964年に社会主義を標榜したセーシェル人民統一党（SPUP）を立党した。

セーシェルは1976年にイギリスから独立し、セーシェル共和国が誕生した。植民地時代の主席大臣だったジェイムス・マンチャムが初代大統領に選出されると、彼が代表を務めるセーシェル民主党はSPUPと連立し、ルネは首相に就任した。しかし、翌年の1977年にルネ支持派による無血クーデターが発生し、ルネが実権を掌握して大統領に就任した。マンチャムは南アフリカに亡命し、ルネ政権の転覆を図ることになる。

ルネは1979年に公布した新憲法によって一党独裁体制を築くと、セーシェルを社会主義国家へとシフトした。ソ連や東側諸国との関係を強化し、アメリカを中心とした西側諸国との対決色を強めた。特にディエゴガルシア島の米軍基地建設は、核兵器の配備先やテロリストの潜伏先になるとして反対した。

ルネ政権下のセーシェルでは西側諸国や南アフリカの支援するクーデターが何度も起きたが、いずれも鎮圧に成功して独裁を続けた。1981年には傭兵隊長として有名なマイク・ホアーのクーデター計画を空港で摘発、阻止している。この事件以降、セーシェルはソ連、中国、北朝鮮などから軍事顧問団を迎え入れた。

大統領在任中、セーシェルはインド洋の美しい島国という立地を生かし、海外のセレブを中心としたリゾート観光を振興した。リゾート政策は成功し、セーシェルはアフリカ諸国の中でもトップクラスの経済力を誇るようになった。また、教育や医療、環境問題にも力を入れ、乳児死亡率や識字率などを改善して、先進国に匹敵する福祉国家となった。

経済政策の成功により、長年にわたる国民の支持を受けたルネは大統領への再選を重ねて独裁を続けた。反体制派には人権侵害が加えられたというが、他のアフリカ諸国のように政治的混乱に陥ることもなく、安定した国家運営を継続する要因となった。

最大の支援国だったソ連が崩壊すると1993年に新憲法を制定し、複数政党制を復活した。亡命していたマンチャムが帰国して大統領選を争ったものの、実績に勝るルネが再選を重ね、2004年に健康上の理由で大統領を辞任し、長期政権に幕を閉じた。穏便に政界から引退することができたルネは、成功した独裁者の一人だったといえよう。

（文／福田誠）

観光振興によってセーシェルをアフリカで最も豊かな国に成長させたフランス＝アルベール・ルネ。2004年に大統領を辞した後、2019年2月27日に死去している（写真／Seychelles Nation）

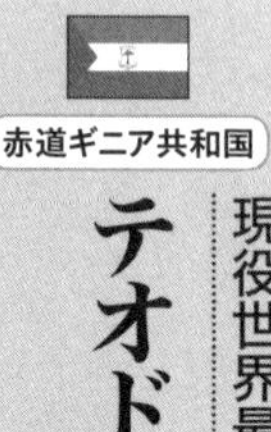

赤道ギニア共和国

現役世界最長の独裁政権

テオドロ・オビアン・ンゲマ

生没年　：1942年6月5日～
独裁期間：1979年（大統領就任）～

中央アフリカの小国、赤道ギニアのテオドロ・オビアン・ンゲマ・ムバソゴは軍人となり、スペインの士官学校で学んだ。スペインの植民地だった赤道ギニアは1968年に独立し、叔父のフランシスコ・マシアス・ンゲマが大統領に就任。マシアスは自身の与党労働者国民統一党以外の政党活動を禁止し、1972年には終身大統領を宣言。大統領への権力集中を定めた憲法を施行し、独裁体制を固めた。

オビアンは叔父の命で、首都マラボがあるビオコ島の知事と警護隊隊長、拷問で悪名高いブラックビーチ刑務所の所長などを勤めた。しかし、マシアスによる粛清で弟を失ったオビアンは1979年8月3日にクーデターを実施、マシアスを大統領の座から引きずりおろした。

軍事政権を樹立したオビアン・ンゲマは残忍で抑圧された政権からの離脱を宣言し、政治犯を釈放した。民政移管を定めた新憲法が1982年に採択され、唯一の候補者だったンゲマは大統領に選出された。その後も唯一の候補として再選を繰り返し、1996年からは対立候補も認められたが、2009年の大統領選挙まで圧倒的大差による再選が続き、民政移管が実現したとは言いがたい。

赤道ギニアは、ンゲマが1987年に結党した赤道ギニア民主党（PDGE）による実質的な一党独裁体制にある。欧米からの民主化要求で1992年から複数政党制に移行し、野党の政治活動を認めたが、議席のほとんどはPDGEによって占められている。

強権政治を続けるンゲマに対し、クーデター未遂事件が何度も発生した。もっとも有名なのは2004年3月の元英軍特殊部隊サイモン・マンによるクーデター計画

2020年現在、現役の独裁政権としては世界最長となっているテオドロ・オビアン・ンゲマ（※）

※…カメルーンの独裁者とされるポール・ビヤの首相就任は1975年だが、大統領就任はンゲマに遅れること約3年後の1982年。

であるが、ジンバブエでマンと傭兵部隊が逮捕され、未遂に終わった。ンゲマはスペインが関与したとして国連総会で激しく批判し、サッチャー元英首相の息子マーク・サッチャーも関与者として南アフリカのケープタウンで逮捕されている。

反体制派に対する人権弾圧は、ジンバブエのロバート・ムガベよりも質が悪いと批判される。報道管制のために新聞が発行されておらず、放送メディアのすべてが政府によって独占され、報道の自由が著しく制限されている。

かつてはカカオとコーヒーの生産が主産業だったが、ビオコ島沖で発見された油田による原油生産によって著しい経済成長を実現し、先進国並みの生活水準となっている。この経済的な成功がンゲマの独裁を支えているといえよう。

２０１１〜12年にかけてアフリカ連合総会議長を務めたンゲマは、現在でも強権支配を続け、リビアのカダフィ政権崩壊により世界で最長の独裁政権となった。しかし、前立腺癌に苦しんでおり、息子のテオドロ・ンゲマに大統領職を継承しようとしているとも伝えられている。

（文／福田誠）

チュニジア共和国

親欧米路線の改革者

ハビーブ・ブルギーバ

生没年：1903年8月3日〜2000年4月6日
独裁期間：1957年（大統領就任）〜1987年（退任）

ハビーブ・ベン・アリ・ブルギーバは１９０３年、フランス領チュニジアのモナスティルに生まれた。独立をめざす憲政党に入党し、仏ソルボンヌ大学に留学。帰国後、１９３４年に新憲政党を結成して民族主義を喚起したが、当局に逮捕された。１９３９年、独立デモ扇動により再逮捕。フランス本土に投獄されたが、１９４０年のフランス降伏によりドイツ軍に釈放された。独伊への協力を拒否したブルギーバは、終戦でチュニジアがフランス支配下に戻ると母国を離れ、世界各地を訪問して植民地解放とチュニジア独立をアピールした。１９４９年に帰国したが、１９５２年にまたもや逮捕、国外追放となる。しかしチュニジアの独立運動は収まらず、ついにフランスは自治協定を締結した。ブルギーバは１９５５年に再帰国し、国家制憲議会議長として交渉に尽力。１９５６年3月20日、ムハンマド8世アル・アミーンを国王に冠したチュニジア王国として独立し、ブルギーバは首相に選出された。

1957年7月25日、国家制憲議会は王制から共和制への移行を決定し、国名をチュニジア共和国に変更した。政治クーデターによって大統領に就任したブルギーバは1959年に憲法を制定。社会主義路線を標榜しつつも、行政や金融、経済政策など政治経済面の改革の他、教育の向上、女性の権利拡大、医療やインフラの整備など、多岐にわたる現実的な政策を実施し、チュニジアの近代化に成功した。

圧倒的な支持を得たブルギーバは1964年と1969年の大統領選挙で再選、1975年には終身大統領への就任を宣言。与党の新憲政党は社会主義憲政党と改称し、野党を禁止して一党独裁体制を確立した。

ブルギーバは親欧米的な外交路線をとり、アラブ諸国との友好関係を保持しつつ、後にイスラエルを承認。1979年にはアラブ連盟本部が首都チュニスに置かれ、1982年にはパレスチナ解放機構（PLO）本部を受け入れるなど、中東情勢の安定に努力した。隣国のリビアとは1974年に合邦を宣言したが、あまりにも性急で国民からの評判が悪かったため、数週間後に解消した。

1969年には補佐役として首相職を再設置したが、失政で内外の情勢が不安定となり、首相や閣僚の解任が相次ぐ。特に1980年代に野党を合法化したことがイスラム原理主義の台頭を許し、食糧危機や経済混乱、テロなどで社会不安が拡大した。

1987年10月に首相となったベン・アリがブルギーバに退任を迫り、1987年11月7日、高齢と病気を理由に終身大統領を辞任した。2000年4月6日、96歳の高齢で死去した。ブルギーバは独裁者であったが、進歩的な政策が国民に支持されて続いた長期独裁であった。

（文／福田誠）

ハビーブ・ブルギーバは社会主義を掲げながら親欧米路線をとり、アラブ諸国と良好な関係も維持した。また一夫多妻制の廃止、女性の結婚可能年齢を17歳に引き上げ、離婚も承認するなど、女性の地位向上にも努めた

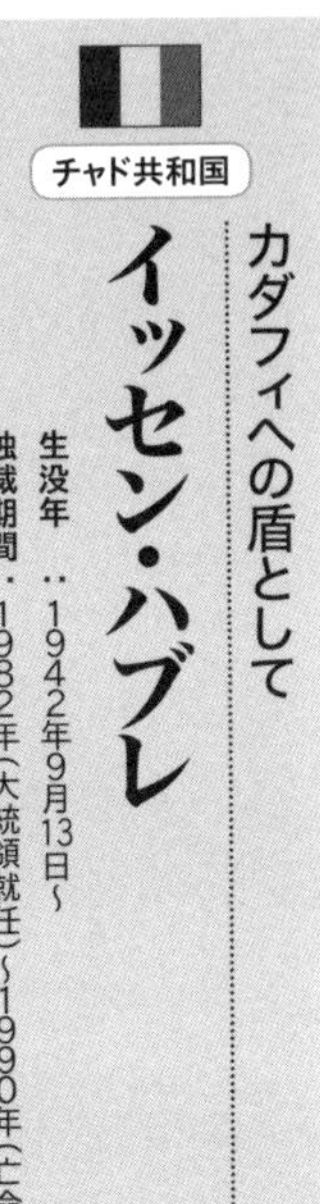

カダフィへの盾として

イッセン・ハブレ

生没年：1942年9月13日〜
独裁期間：1982年（大統領就任）〜1990年（亡命）

失敗国家の独裁者

イッセン・ハブレは、フランス領赤道アフリカ（現在のチャド）の北部に住むムスリム遊牧民の家庭に生まれ、18歳になる直前の1960年にチャド共和国としての独立を経験した。しかしチャドは高等教育をフランスに依存しており、ハブレも奨学金を得て留学したパリで政治学の学位を得て1971年に帰国した。日本の外務省が「アラブとアフリカの接点」と紹介するチャドの現実は、北部のアラブ系イスラム教徒と南部のキリスト教黒人勢力が果てしない内戦を続け、現在に至るまで「失敗国家」の上位の常連である。公務員となったハブレも南部系のトンバルバイ独裁政権では不遇で、結局リビアに向かってカダフィに支援されたイスラム系のチャド民族解放戦線（FROLINAT）に参加し、さらにその指導者の一人となった。

1975年の軍事クーデターでトンバルバイ大統領が暗殺されると、ハブレは1978年に軍事評議会指導者のマルームと協力して首相に就任した。翌年にはFROLINATのライバルであるグクーニを大統領に迎え、ハブレも国防相となった暫定政府が発足したが政情は不安定だった。FROLINATの内部対立はグクーニ派をカダフィが支援した事で新たな国際紛争となり、1980年にはグクーニ派に首都のンジャメナを制圧されたが、1982年、リビア軍の後退に乗じてハブレは首都を奪回し、同年10月に大統領に就任した。

カダフィの影響力拡大を封じたいアメリカ・フランス両国の軍事支援を取り付けたハブレは攻勢に転じ、1987年までにチャド北部へ残っていたリビア軍をグクーニ派と合わせて敗走させ、チャドの歴史では希有な中央政府による全国支配を達成した。ただし、彼は「民主主義」の重要性を掲げる彼の支援国とは程遠い強権軍事体制を採り、反対部族への民族浄化も含む大量虐殺が横行した。この混乱が続く中では国内に眠る原油の開発もできず、経済面の貧窮も続いていた。

亡命先での裁判

１９９０年、カダフィが新たに支援した反政府組織「愛国救済運動」のデビに東部から侵攻されてンジャメナを占領され、ハブレはセネガルへ亡命した。その後、チャドの新政権は２００８年に大量虐殺の罪で亡命中のハブレへ死刑を宣告し、身柄の引き渡しを求めたが、セネガル政府は拒否した。これは２０１２年、国際司法裁判所（ＩＣＣ）も人道に対する罪を理由にハブレの訴追を求めた時も変わらなかった。しかし国際社会での非難を考慮したセネガルは国内でのアフリカ臨時法廷（ＣＡＥ）設置を認め、２０１３年に逮捕されたハブレは大統領としての自国民４万人虐殺や性的被害などを罪状として終身刑を宣告された。２０２０年のコロナウイルス問題では一時的に解放されたものの再収監され、今でもセネガル国内の刑務所で服役している。

（文／中西正紀）

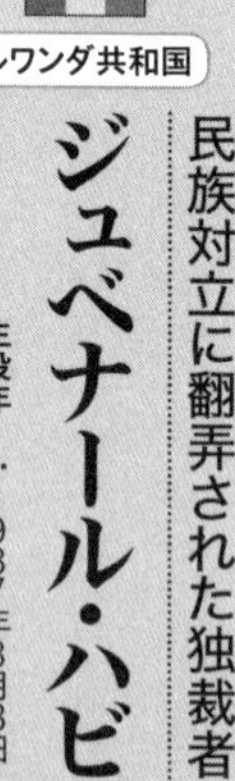

民族対立に翻弄された独裁者

ジュベナール・ハビャリマナ

生没年　：1937年3月8日～1994年4月6日
独裁期間：1973年（大統領就任）～1994年（暗殺）

ルワンダの独裁者、フツ族出身のジュベナール・ハビャリマナはベルギー領コンゴのロバニウム大学および聖パウロ大学で医学、人文科学、数学を学び、１９６０年に帰国すると首都キガリの国民防衛軍に入隊した。ベルギーの信託統治領であったルワンダは１９６２年に独立。その翌年、ハビャリマナは参謀長となった。１９６５年には国防警察大臣に任命され、治安部門を掌握した。

１９７３年７月５日、ハビャリマナはグレゴワール・カイバンダ大統領のフツ解放運動党政権をクーデターで倒し、政権を奪取した。大統領に就任したハビャリマナはすべての政党活動を禁止すると、１９７５年に結党した開発国民革命運動（ＭＲＮＤ）による一党独裁体制を築いた。１９７８年に施行した新憲法に基づく国民投票でハビャリマナ政権は承認され、大統領選挙でも唯一の候補として選出された。その後、何度かあったクーデターの危機を排除し、1983年と89年の選挙でも単独候補で再選された。

ハビャリマナはフツ族とツチ族のバランスをとった政策を実行していたが、カイバンダ政権の模倣であると多数民族のフツ族から非難を受けるにつれ、これまで優遇されていた少数部族のツチ族を次第に弾圧するようになった。ツチ族難民はルワンダ愛国戦線（RPF）を結成すると、1990年からハビャリマナ政権に対する武力闘争を開始、内戦に拡大した。隣国ウガンダの支援を受けたRPFによってルワンダ北部を占拠されたため、1993年、RPFとの権力分担を定めたアルーシャ和平協定を締結したが、今度はフツ族過激派から非難を受け、困難な政治コントロールを要求された。

ルワンダの政治改革が必要であることを強く感じたハビャリマナは、1991年に軍人の政治参加を禁止して複数政党制を認めた新憲法を制定すると、憲法に基づいて自ら軍を引退し、政治改革に乗り出した。1994年1月、権力分担移行政府の大統領に選出された。

1994年4月6日、ツチ族との和平交渉から戻ってきた大統領専用機がキガリ国際空港に着陸直前、何者かによって撃墜され、大統領官邸の敷地内に墜落した。ハビャリマナは同乗していたブルンジのシプリアン・ンタリャミラ大統領やルワンダ軍参謀長とともに死亡した。

攻撃者は不明であり、フツ族側はRPFの指導者ポール・カガメ（現大統領）らの犯行であると主張した。一方、ツチ族側はフツ族過激派による攻撃であると主張したことから、ルワンダ国内は紛糾し、ついにフツ族過激派による虐殺事件に発展、80万人以上のツチ族およびフツ族穏健派が殺害された。後にRPFが優勢に転じてルワンダ全土を掌握したが大量の難民が発生し、ジェノサイドの影響は現在に至るも継続している。

（文／福田誠）

ジュベナール・ハビャリマナ（写真中央）の暗殺事件を契機として、約100日間で100万人以上が犠牲になったとされるルワンダ虐殺が発生した。暗殺の犯人は2020年現在も不明のままである

コラム⑤ 独裁者の外交

東西冷戦と独裁者

1936年という年、もちろん冷戦よりもずっと前、に魯迅は書いた。

「筆と舌とによって、異民族の奴隷にされたときの苦しみを人々に教えてやるのは、むろん、まちがっていない。ただ、十分に注意しなければならないのは、人々に次のような結論を得させぬことである。『してみると、やっぱり俺たちのように、自国民の奴隷でいたほうがましなわけだな』」

冷戦期アジア・アフリカ諸国のあいつぐ独立は、人類中でこの台詞に共感可能な者の割合を大いに増した。

東西冷戦が生んだアジア・アフリカの独立国

冷戦の立役者である米ソは多くの共通点を持っていた。対外政策に関して言えば、まず両国は歴史的に植民地を持っていなかった。ロシア帝国は東方を征服し住民を圧伏し、合衆国は西部を征服し住民を抹殺した、しかしこれは海外植民地とは別の話である。ロシア帝国は西方のスラヴ諸国の守り手としてふるまい、合衆国はラテン・アメリカ諸国を自らの勢力圏と見なした、しかしこれも直接の植民地とは別の話である。次に米ソ両国は多かれ少なかれ植民地主義、植民地戦争、むき出しの帝国主義を批判してきた。この事実は米ソ、なかんずくソ連の政治宣伝に少なからぬ有利を与えた。だが、それだけではない。アジア・アフリカの独立にも大きな有利を与えた。

これらの諸国の独立はソ連の影響によって勝ち取られたのではなく、ましてや合衆国の影響によって勝ち取られたのでもなく、米ソの対立に乗じて勝ち取られた。そしてこれらの諸国ではしばしば独裁者が権力を握った（弱い王政が「君側の奸」を生むように、既存の社会基盤が植民地支配によって破壊された後の弱い民主制が独裁を生んだわけである）。

1980年末ごろから、アメリカの支持を受けて体制を維持していた独裁政権の多くが、冷戦終息により存在価値を失い崩壊していった。写真のノリエガ（P126参照）はその典型と言える

東西冷戦下の独裁者たち

そしてこれらの独裁者は米ソの対立によって「よほどまずくやらない限り、少なくともどちらかからは支援を受けられる」状況に恵まれた。もちろん……

①米ソの片方の支援を受けることは、もう一方の不興を買うことになる。そして、米ソの縄張りの線引きが確定しておらず、かつ政情不安な土地では、これは常に「大国の支援を受けた政敵」によるクーデターの可能性があることになる。

（一つの例が東アフリカ諸国。もう一つの巨大な例が生涯数百回にわたって暗殺とクーデターの企てにあったキューバのフィデル・カストロであろう。ただしキューバは「縄張りの線引きが確定していなかった地域」というよりはむしろ「確定していたハズの線引きが書き換わった地域」なのだが）

②外国の支援に頼りすぎて内政、外交両面でのフリーハンドを失う危険性は常にある。

（典型例が合衆国の都合で政権につき、合衆国の都合で放棄されたパナマのノリエガ大統領である。また韓国の朴正熙についても「フリーハンドを得ようとした瞬間に合衆国の不興を買って吹き飛ばされた」説は根強くある）

……のではあるけれども。

（なお理論上は「独裁者がよほどまずくやって、米ソのどちらからも支援を受けられなくなり潰される」こともありそうなものだが、実際に米ソのどちらからも支援されなくなって潰された政権群はむしろ非独裁的であった。米ソ双方に喧嘩を売ってしかも潰されなかった稀有な独裁者の例がアルバニアのエンヴェル・ホッジャである）

つまりポジティブに言えば冷戦が各国の独立を下支えし、ネガティブに言えば冷戦が各国の独裁体制を延命したわけである。

スターリン主義に固執するあまり、西側諸国のみならずソ連などの社会主義国とも断交したアルバニアのエンヴェル・ホッジャ（P59参照）

なお、この時期に一定程度米ソの助けの手を借りつつ、しかも他国に比べてより大きなフリーハンドを確保することに成功した独裁的権力者が2人いる。言うまでもなくド・ゴールと毛沢東である（次項『20世紀の〝準〟独裁者』を参照）。これには無論、個人の資質だけでなく、フランスや中国が一定以上の人口と有形無形の資源を抱えていたことも影響していよう。

やがて冷戦は終了した。それは多くの独裁者が（主に合衆国にとっ

1949年、モスクワで開かれたスターリンの誕生日を祝う式典で並ぶ毛沢東とスターリン。当初はソ連一辺倒だった毛沢東の外交路線だが、1970年代には一気に親米へと傾いた

て）用済みになったことを意味した。20世紀初頭にヨーロッパやラテンアメリカで独裁政権の立ち腐れ期が来たように、20世紀末から21世紀初頭にも独裁政権の倒壊期が来た。むき出しの独裁は幾分か力を失い、むき出しの植民地主義は幾分か力を取り戻すようになった。

今も世界に独裁者は複数存在するが、彼らは冷戦期の独裁者よりも概して国民の支持を得ている——逆に言えばそうでなければ独裁者として存在しつづけることができない——と言えるのではなかろうか。

（文／桂令夫）

コラム⑥ 20世紀の"準"独裁者

シャルル・ド・ゴール

ド・ゴールの略歴

独裁者と非独裁者の境界は、複数の要因でぼやける。仮想敵国の元首は仮想敵国の元首であるため独裁者と呼ばれる。秘密主義の集団指導体制のトップはよく独裁者と呼ばれる。一方、独裁志向を持ち独裁権力を行使したが独裁者と見なされにくい人物もある。典型例がフランスのシャルル・ド・ゴールである。

ドの付く人間の例にもれず没落した小貴族の子孫で、怪しげな系図を信じれば先祖は13世紀のフィリップ尊厳王の盾持ちであった。第一次大戦前夜、軍学校を出てペタン大佐のもとに配属され重用された。当時ペタンと同じ婦人を愛人にしていたともいう。いささか戯画化された描写によれば「常にふんぞり返ってまっすぐに歩いて」おり、決して人好きのする若者ではなかった。戦後、陸軍大学に通い最終試験を受けた際、敵をキル・ゾーンに誘導するという公式戦術を「敵も馬鹿ではない」と言って否定し、最優秀の成績を逃した。佐官となってもこの説を曲げず、機動力の優越を強調して機械化部隊の編成を唱え、「モーター大佐」と呼ばれて煙たがられた。

亡命政権での権力闘争

第二次大戦が始まると機甲戦力を集中運用して戦果を挙げ、フランス軍史上最年少の将軍となり、内閣の国防次官に任ぜられて戦争協力のために英仏を往復した。ほどなくドイツ軍の猛攻の前にフランス政府は降伏し、かつての恩人ペタン元帥が傀儡政府の首班となった。そしてイギリスに亡命したド・ゴールはいつの間にか「自由フランス」の首班となっていた。はじめはイギリス政府の決めた台本をラジオで読み上げることを強要されたが、やがて独自の台本をもとに放送を始めた。はじめはチャーチル首相を頂く英仏統一政府(!)の計画すら呑んだが、やがてこれを完全に無視するようになった。

自由フランス首班、臨時政府首相、第五共和制大統領を務め、強権的な政治姿勢が一部から独裁的とも評されるド・ゴール

イギリス政府はしばしばミュズリエ、ダルラン、ジローといった「ド・ゴール以外の駒」に色気を見せたがド・ゴールはこれをことごとく葬った。ダルラン提督は暗殺によって文字通り葬られた(ド・ゴール派の関与の有無は藪の中である)。ミュズリエ提督と対立した際には職をなげうって隠棲し、自分を迎えに来た人々から協力の約束を取り付けてミュズリエを事実上の引退に追い込んだ。イワン4世(雷帝)さながらの16世紀的手法であった。英外相イーデンが「これでは独裁だ」と批難するとド・ゴールは答えた。「至高の権力を振うという意味では独裁だが、フ

ランスを私物化するという意味では違う」

フランス解放

ド・ゴールはフランスの共産ゲリラやソ連と緊密な協力を維持したが、しかしパリ解放には自分が一番乗りする必要を感じていた。結局タッチの差で共産ゲリラではなくド・ゴールの機甲師団がパリに入城し、歓呼で迎えられた。戦後、議会の満場一致で首相に任ぜられたが、左派の多い議会とド・ゴールは最初から呉越同舟であった。この呉越同舟下で戦後復興は急ピッチで進む。フランス史にまままある奇蹟の一つである。基幹産業の国営化、護送船団方式、インフラへの大量投資、マルサス的人口論からの脱却と人口ボーナスの活用……などに支えられた

1944年11月11日、第一次大戦の休戦記念日にドイツ軍から解放されたパリ市街を歩くド・ゴール(写真手前右側)とチャーチル。亡命政府「自由フランス」の主導権を握ったド・ゴールは、救国の英雄としてフランス国民から熱烈な支持を受けた

「フランスの奇蹟」は、後に日本政府がそっくり模倣することになる。

だが結局、ド・ゴールは議会と対立し、自前の会派を作ったがこれも内部分裂、嫌気がさして2度にわたる隠棲に入った。

第五共和制と引退

その後、仏領アルジェリアで独立運動が起り、アルジェリアのフランス人植民者たちは本国政府の弱腰を不満として「ド・ゴール万歳」を叫んで本国への侵攻を企てた。隠棲中のド・ゴールは政府に乞われて再び首相となり、叛徒を懐柔した。国民の人気が頂点に達したこの時、ド・ゴールは大統領に強権を与える憲法改正案を策定し、ただちにこれを国民投票に付した。改正が成って成立したのが現在に至る第五共和制である。だがド・ゴール大統領は結局アルジェリア独立を認めて右派の支持を失った。左派には元からド・ゴールの独裁を警戒する風が強かった。1968年5月、学生デモをきっかけにパリ中を反ド・ゴールのデモが襲う。ド・ゴールは一時西ドイツのフランス軍基地へ逃亡、現地のフランス軍を使っての武力鎮圧も考えたというが、結局はデモ隊の要求の一部を呑んだ上で議会を解散、民意を問うことにした。運動の行き過ぎを警戒した層の支持を得てド・ゴール派は勝利、だがド・ゴール本人の人気は回復しない。これを見てド・ゴールは潔く政界から引退、ほどなくして病に倒れた。享年79歳。

死後その評価は無論分れたが、ゴーリスト(ド・ゴール主義者)と呼ばれる一派はフランス国内に根強く存在する。自他ともに認めるゴーリストの代表がド・ヴィルパン元首相である。

ド・ゴールは政治体制を変更し独裁権力をふるったが、言論への弾圧を強化しておらず(悪名高い事前検閲——後のミッテラン時代に廃止

——は第三共和制時代から引き継いだもの）、かつ引き際がきれいであったため一般に独裁者と見なされない例といえよう。（文／桂令夫）

1969年3月、ニクソン米大統領（写真前列右から2人目）と会談したド・ゴール（写真一番右）。学生デモに端を発した前年の5月革命を乗り切ったものの、国民からの支持を失ったド・ゴールは1969年4月に大統領を辞任する

桂令夫
著述・翻訳業。ボードゲームやテーブルトークRPGを愛好し、『コマンドマガジン』等の雑誌に記事を寄せている。現在RPG『ダンジョンズ&ドラゴンズ』シリーズ翻訳などで活躍中。著書：『イスラム幻想世界』（新紀元社）、『空中軍艦大和』シリーズ（イカロス出版）等。訳書：『ダンジョンズ&ドラゴンズ』シリーズ、『最初のRPGを作った男　ゲイリー・ガイギャックス』（ボーンデジタル）等。

瀬戸利春
1962年生まれ。戦史研究家。東洋大学文学部史学科卒。著書「日露激突 奉天大会戦」（学研パブリッシング）、「太平洋島嶼戦」（作品社）、「歴史群像」（学研パブリッシング）、「ミリタリー・クラシックス」（イカロス出版）などに記事を執筆。

司史生
1965年生。出版社勤務の後、1991～1995年株式会社遊演体に在籍、TRPG開発に従事。1996年以降フリーとして活動。作品世界設定、歴史関連書籍、シナリオ作成などに従事。

中西正紀
1969年、川崎市出身。東大文学部西洋史学科、東工大大学院社会工学専攻修士課程を経て、同大学院価値システム専攻博士課程を単位取得退学。現在、（株）古今東西社社長、（一財）桂石文化振興財団事務局長。鉄道史学会・日本選挙学会・土木学会会員。

福田誠
戦史・歴史系ライター、ウォーゲームデザイナー。著書に「機密空母赤城」（学習研究社）、「上杉軍神伝」（学研プラス）、「超弩級ミサイル戦艦大和」（コスミック出版）、「潜水戦艦ニューヨーク奇襲作戦」（実業之日本社）、「信長の野望合戦事典」シリーズ（コーエー）等。

松代守弘
兼業著述家。「歴史群像」（学習研究社刊）や「コマンドマガジン日本版」（国際通信社）で記事を執筆したほか、「日独最終戦争1948」シリーズ各巻（学習研究社）、「ネクロノミコン異聞1、2」、「ガールズバッドカンパニー」、「空中軍艦大和1944」、「空中軍艦大和1945」（すべてイカロス出版）の監修を務め、書き下ろし長編のクトゥルー神話異世界小説「拷問人の息子」を電子書籍出版している。

20世紀の独裁者列伝

2020年9月20日発行

著　者――――桂令夫、瀬戸利春、司史生、
中西正紀、福田誠、松代守弘

企画監修――――松代守弘
原案――――――鳥山仁
装丁・本文DTP―御園ありさ（イカロス出版制作室）
発行人―――――塩谷茂代
発行所―――――イカロス出版
〒162-8616 東京都新宿区市谷本村町 2-3
［電話］販売部 03-3267-2766
編集部 03-3267-2868
［URL］https://www.ikaros.jp/
印刷所―――――図書印刷株式会社